青少年人际交往的品质教育

QINGSHAONIANRENJIJIAOWANGDEPINZHIJIAOYU

苏成栋◇编著

贵州民族出版社

图书在版编目(CIP)数据

青少年人际交往的品质教育 / 苏成栋编著. —贵阳:
贵州民族出版社, 2013.5
ISBN 978 – 7 – 5412 – 2019 – 7

Ⅰ. ①青… Ⅱ. ①苏… Ⅲ. ①青少年 – 心理交往
Ⅳ. ①C912.1

中国版本图书馆 CIP 数据核字(2013)第 083038 号

青少年人际交往的品质教育

苏成栋　编著

出版发行	贵州民族出版社	
地　　址	贵阳市中华北路 289 号	
印　　刷	北京建泰印刷有限公司	
经　　销	新华书店	
开　　本	690mm×960mm　1/16	
印　　张	15	
字　　数	230 千字	
版　　次	2013 年 5 月第 1 版	
印　　次	2013 年 5 月第 1 次印刷	
书　　号	ISBN 978 – 7 – 5412 – 2019 – 7	
定　　价	29.80 元	

目 录

第一章 人际交往 …………………………………………… 1

  第一节 人际交往概述 …………………………………… 1

  第二节 人际交往的过程 ………………………………… 9

  第三节 人际关系的状态 ………………………………… 12

  第四节 人际关系的建立和维护 ………………………… 14

  第五节 人际关系中自我表露的广度和深度 …………… 15

  第六节 人际交往需要的形成 …………………………… 18

  第七节 人际关系敏感性训练 …………………………… 23

第二章 人际关系的基本原则 …………………………… 25

  第一节 真诚原则 ………………………………………… 25

  第二节 交互原则 ………………………………………… 25

  第三节 功利原则 ………………………………………… 27

  第四节 自我价值保护原则 ……………………………… 29

  第五节 情境控制原则 …………………………………… 33

第三章 人际关系的变化 ………………………………… 35

  第一节 人际关系的冲突 ………………………………… 35

  第二节 人际关系的退化 ………………………………… 40

  第三节 人际关系的破裂 ………………………………… 41

第四章 人际吸引 ………………………………………… 45

  第一节 人际吸引的社会心理基础 ……………………… 45

  第二节 人际吸引的规则 ………………………………… 51

  第三节 人际吸引的原因 ………………………………… 60

  第四节 人际吸引力的培养 ……………………………… 62

第五章　人际认知 ……………………………………………… 75
　第一节　人际认知心理机制 …………………………………… 75
　第二节　人际认知效应 ………………………………………… 79

第六章　人际沟通 ……………………………………………… 83
　第一节　人际沟通的概念 ……………………………………… 83
　第二节　人际沟通的结构 ……………………………………… 86
　第三节　人际沟通的背景 ……………………………………… 91
　第四节　人际沟通的种类 ……………………………………… 93
　第五节　非语言符号的人际沟通 ……………………………… 99
　第六节　改善人际沟通的方法 ………………………………… 111

第七章　助人行为 ……………………………………………… 118
　第一节　助人行力及其根源 …………………………………… 118
　第二节　责任分散与助人决策 ………………………………… 122
　第三节　助人行为的影响因素 ………………………………… 126
　第四节　助人行为的培养 ……………………………………… 133

第八章　侵犯行为 ……………………………………………… 138
　第一节　侵犯行为及其原因 …………………………………… 138
　第二节　影响侵犯行为的因素 ………………………………… 145
　第三节　日常生活中的侵犯行为 ……………………………… 149
　第四节　侵犯行为的预防与控制 ……………………………… 151

第九章　青少年的校园人际交往 …………………………… 155
　第一节　校园人际交往的特点 ………………………………… 155
　第二节　校园人际交往的意义 ………………………………… 157
　第三节　人际交往规律在学校教育中的运用 ………………… 159
　第四节　人际交往规律在自我教育中的运用 ………………… 161

第十章　青少年的班级人际交往 …………………………… 165
　第一节　班级人际关系概述 …………………………………… 165
　第二节　班级人际关系的心理结构 …………………………… 166
　第三节　班集体——学生的正式群体 ………………………… 169

第四节　同伴关系——非正式群体　………………………　172

第十一章　青少年的师生人际交往　………………………　178

第一节　师生关系的含义　………………………………　178

第二节　师生交往的特点　………………………………　179

第三节　师生交往的类型　………………………………　180

第四节　师生交往的过程　………………………………　181

第五节　师生关系的发展　………………………………　182

第六节　建立良好的师生关系的前提条件　………………　183

第七节　影响师生关系的因素　…………………………　184

第十二章　教学活动中的交往　………………………………　186

第一节　教学交往概述　…………………………………　186

第二节　教学活动中的交往原则　………………………　190

第三节　教师对学生的影响　……………………………　192

第四节　教学交往的心理功能　…………………………　196

第五节　实现教学交往的条件　…………………………　202

第十三章　青少年的同学关系　………………………………　210

第一节　同学关系的含义　………………………………　210

第二节　同学交往的特点　………………………………　211

第三节　同学关系的影响　………………………………　214

第十四章　青少年学生的异性交往　…………………………　216

第一节　青少年学生性意识的发展　……………………　216

第二节　青少年的心理发展阶段　………………………　217

第三节　青少年学生异性交往的原则　…………………　219

第四节　"异性效应"对中学生的积极影响　……………　220

第五节　对青少年异性关系的曲解　……………………　222

第六节　中学阶段异性交往的意义　……………………　226

第七节　青少年早恋的危害　……………………………　228

第八节　青少年学生异性交往的心理压力　……………　230

第一章　人际交往

　　人是社会性的动物，在社会生活中，我们几乎每天都要和他人打交道。从动机上说，人们也会寻求与他人关联，每个人都希望得到他（她）所关心和重视的个人和群体的支持、喜爱和接纳。没有了人际关系带给人的情感体验，人的心灵将是一片空虚、一片苍白、一片死寂。虽然，有人从与别人的关系中获得愉快和幸福，有人却只获得烦恼和不幸，但是，这两种人有一点是共同的，即他们都不能不与他人交往。

第一节　人际交往概述

　　人的一生是在别人搀扶下走完的。从社会依赖性的角度说，人永远是一个不能独立行走的婴儿。任何一个人，无论他多么成功、多么强大他都离不开别人，都不能不与别人交往，不能没有稳定而良好的人际关系支持。与人交往并通过交往建立和维持一定的人际关系，是人的一生中最为稳定、最为经常、最为强烈的需要之一。人作为社会的生物，必然要同他人发生这样或那样的关系。为了进行人类赖以生存的物质生产，人必须有协同的活动。个体不能在完全离群索居的状态下独立地进行人类精神产品的生产。因此人类的很多活动，无一不是在一定的客观关系的体系中实现的。

　　人们之间为了发生各种关系，就必须建立相互的联系。在相互接触中才能彼此传递信息，才能增进彼此的了解，才能产生相互的影响作用，从而实现活动成员之间的协调一致。因此，人际交往是社会和社会的成员所必需的。

　　在现实社会生活中，每个人都不能离开社会而孤立地存在着，都必然要同他人发生联系，进行交往，相互作用。由于人与人之间的相互交往和作用，就形成了各种各样的人际关系。良好的人际交往不仅对个体的生活、学习和工作具有极其重要的意义，而且是影响群体心理和行为效率的重要因素。学校中的人际交往，是现实社会生活中众多人际交往的一种，为了实现教育目标，同样需要建立良好的人际交往，所以研究和改善学校人际交往，具有重要的意义。

一、人际交往的概念

人际交往是由协同活动的需要引起的发展人际情感接触的多结构过程。人际交往是人与人之间在交往活动过程中直接的心理上、情感上的沟通，它反映了个体或群体寻求满足其社会需要的心理状态。需要的满足是人际交往的基础，人际交往的发生和变化取决于双方社会需要满足的程度。如果交往双方的社会心理需要都能得到满足，便会产生和保持亲近的心理关系。人际交往中的心理需求有三种：第一，包容的需求。具有这种需求的人希望与别人交往，与别人建立和维持和谐的人际关系。基于这种动机所形成的人际反应特质表现为交往、沟通、参与或随同等。与此动机相反的人际反应特质则表现为排斥、对立、疏远、回避或孤立等。一般来说，在人成长的不同阶段，在不同的工作岗位上，都有被自己称为朋友的人，都有交往的欲求，只是欲求的性质与目的不同，交往维持的时间也不尽相同而已。第二，控制的需求。具有这种需求的人，希望通过权力或权威，与他人建立、维持良好的关系。出于这种动机所形成的人际反应特质表现为使用权力、权威、威信去影响、支配、控制、领导他人。与此动机相反的人际反应特质则是反抗权威或追随他人、受人支配、模仿他人等。控制的需求是每个社会成员所共有的，并非身居高位的人所独有，它是社会成员相互交往的特点之一。从儿童的游戏活动到家庭生活，从生产活动到政治活动，都表现出控制的需求。第三，情感的需求。具有这种需求的人，希望在情感方面与他人建立并维持良好的关系，由此而形成的人际反应特质表现为同情、热爱、热情、亲密、友善等。与此相反的人际反应特质是憎恨、疏远、冷漠、厌恶、仇视等。人的这种情感的需求在其心理发展过程中自始至终存在，只是在不同的年龄阶段需要有不同的爱。

人际交往的变化和发展还会引起不同的情绪情感体验，影响人的行为效率。如亲密融洽的人际交往会让人获得愉快的情感体验，心情舒畅，干劲倍增；疏远冷漠和敌对的人际交往引起人们消极否定的情感体验，心情抑郁，烦恼不安。可见，人际关系不仅是人与人之间直接的心理关系，也是人与人之间的情感关系。人际交往所产生的情感的积淀，是人与人之间相对稳定的情感纽带。关系一旦形成，就会作为进一步相互作用的背景和导向系统，对后续的交往形成定向性影响。

人是有情感和寻求对象及自身行动意义的动物。无论是什么样的人，只要彼此之间有直接的交往，都会形成一定的、性质不同的意义联系，从而导致各种性质的人际关系产生。正因为如此，人际关系或人与人之间的情感联系，是人与人之间最具有普遍性的联系，它对人的生活与发展有着根本性的影响。

人际关系会强烈地影响到一个人的身心健康、成功和幸福。建立一个新的令人向往的关系，是使人感到快乐和振奋的生活事件之一，而失去一个已经建立的关系，则可能是最糟糕、最让人难过的事件之一。那些有许多朋友和拥有广泛社会支持的人，通常都较为积极，对生活充满信心，有较高的幸福感。

二、人际交往的特征

首先，交往是交往者之间的信息交流。不同的人相互接触，其中一方总要传达些什么东西给另一方，否则接触就没有了意义。交流信息的最重要的手段是语言，人借助语言这个工具把自己的意念、思想、情感、要求等传达给另一个人。

其次，交往是交往双方的相互认知。这包括交往者相互间的认识及在此基础上的相互理解。每个人对他的交往对象总会抱有某种态度，这种态度就是基于认知过程而产生的。交往过程中态度有可能发生变化，这种变化受认知结果变化的制约。人与人之间的相互认知，从而形成这样或那样的关系。

再次，交往是交往者的相互作用过程。以言语方式进行的交流，不仅有词语的交流，而且有思想的交流，即人通过交往，可以去影响对方的观念和行为。即使在不发生言语的情形下也可以发生相互作用，如商店里顾客购物付款、营业员向顾客收款和向顾客找零，也是交往活动。

交往的三个层面是统一的。交往中的信息交换是最基本的层面，相互作用是交往的基本目标。没有信息的交流，不可能有人际的认知和相互作用。但若只有信息的交换而没有相互了解和相互作用，则信息的交换就失去了意义。单有信息交换而没有正确的彼此认知和理解，就不会有顺利的符合主体愿望的相互作用。

三、人际交往的性格类型

在人际交往的过程中，人们的主导性格所表现出的最鲜明、最强烈的特征，就是人际交往的性格类型。不同的性格类型，有着不同的修养内容。弄清自己的性格类型，有助于把握自己性格的主导方面，从而获得人际交往的成功。

（一）内向型性格

内向型性格亦称内倾型性格，它是倾向于内心活动的一种性格。其主要特征是：①在注意力的稳定性和抗干扰方面具有较高水平；②不轻易暴露自己的内心世界，对外界事物一般采取回避态度，不够活跃；③偏重于思维活动，但思维不够开阔。此种性格的人，其优点与缺点并存：冷静、深沉、稳重，却也孤寂、羞怯、拘谨。

（二）外向型性格

这是倾向于外部世界的一种性格，其主要表现是开朗、活跃、善于交际。具体特征如下：①对外部世界反应敏捷、迅速，能很快适应环境；②情绪变化明显，易于冲动；③兴趣较广泛，但注意力有时不够集中；④易与人相处，善交际，常常能与陌生人一见如故。这是一种积极的性格类型，具有现代人的个性特征。它的缺点是情绪不够稳定，韧性差，易冲动，思考问题较肤浅。

（三）炫耀型性格

具有强烈而浓厚的情绪反应，自吹自擂，装腔作势。爱虚荣，说话喜欢夸张。以自我为中心，依赖性强。要求于人多，内心真情少。在人际交往中，与这种人打交道一定要十分注意。因为他们只求瞬间荣耀，只以我为核心。他们缺少责任感，很可能令涉世不深的人上当受骗。

（四）拘谨型性格

具有这种性格的人心理上总有一种无形的压力，遇事会毫无缘由地紧张，渴望表现自己却羞于表现，缺乏勇气。其特征是：①小心谨慎，做事瞻前顾后；②畏缩不前，不敢表现自己的才华；③缺乏潇洒的风度，在社交中总是处于被动的地位。这是一种十分消极的性格类型，对人的潜能的发挥十分不利。克服的办法是加强个人性格修养，多参加社交活动，提高自强自立的心理素质。

（五）暴躁型性格

暴躁型性格指急躁易怒、容易冲动的一种性格。这种类型的人的主要特征是情感外露、嫉恶如仇，为人很讲义气，但气量狭小、脾气暴躁、虚荣心强，难以成功地自我控制。这种性格的危害极大，具有这种性格的人往往在不想也不该发怒的时候发怒，不仅影响自己的健康，也影响了同事、朋友间的感情，破坏了正常的人际交往。要改变这种性格，应该注意培养豁达的胸怀，增强自己的涵养，消除虚荣，严于律己、宽以待人。

（六）鲁莽型性格

这是一种以急躁、鲁莽、马虎、冒失为基本特征的性格类型。具有这种性格的人多属胆汁质气质，其主要特征是胸无城府、做事不拘小节、大胆泼辣、敢作敢为。性格急躁，做事急于求成。这种人比较容易相处，但办事马虎冒失，往往好心办坏事。具有这种性格的人，应注意克服急躁、马虎的毛病，养成善于思考、注意小节、遇事沉着的好习惯。

（七）孤僻型性格

指那种喜欢独处一隅，不与人合作，将自己的心灵封闭起来，拒绝别人的友情的性格类型。这是心理变态的一种反应，具有这种性格的人大多带有心灵的创伤，而且往往具有极强的自卑感。孤僻型性格不利于良好人际关系的建立，不利于培养乐观、愉快的心境，久而久之亦会损害健康。改变这种性格的方法是多与人接触，增加对人的信任感，消除自卑与嫉妒。主动关心他人，学会心理置换，以求得与他人的心理沟通。

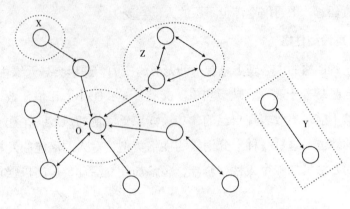

人际关系示意图

四、人际交往的基本方式

（一）说　服

说服是用理由充分的话使对方心服。这种方法使用广泛。为了提高说服的效果，有几个条件是必须重视的：①使说服对象消除怀疑，建立信任感；②提供的信息准确可靠，提出的观点必须理由充足、逻辑严密；③说服者在被说服者心中有威信。

（二）暗　示

暗示是用间接的含蓄的方式，对别人的心理和行为产生影响的过程。它可用言语、手势、表情、动作或其他手段来实施，往往使受暗示者于不知不觉中按照一定方式行动，或不加批判地接受某种意见或信仰。暗示起先应用于医疗领域，后来也广泛应用于广告、宗教和宣传领域。暗示的效果取决于施暗示者的威望、权力、年龄以及所用暗示手段的性质等因素，也同受暗示者的受暗示性的高低有关。

（三）感　染

感染是个体对某种心理状态的无意识的、非自主的趋从。它不是外力强加所致，而是受者不知不觉地对一种心理状态的接受；它不是对某种观念或规范的遵从，也不是对行为模式的模仿，而是以情绪的激起为主要内容。倾听一个人声泪俱下、感人至深的诉说，倾听者也会眼圈发红，受到情绪的感染。置身于群情激奋的万人聚会场景，在旗帜如林、鼓乐震天的气氛中，当事人的心情会不由自主地振奋起来，也是受感染的结果。感染和暗示不同，后者的影响出于主动的施予者，前者则是受感染者自发地向某种影响的趋从，难以明确区分作用的双方。再者，暗示者与受暗示者不一定产生相同的心理状态，而感染则是受感染者同感染源（人）具有相同的感受。

（四）模　仿

模仿是人们自觉或不自觉地模拟榜样的行为。人类社会中的模仿现象广泛存在。一般是模仿者对自己认为可取的行为的复制，所以它对个体的发展有积极意义。儿童自幼就有模仿成人的倾向，模仿乃是他们社会化和"自我"概念发展的一个途径。成年人中善于学习者，仍然有意无意地模仿他所服膺的榜样。在人际相互作用中，模仿的性质和效果受到三个因素的影响：①被模仿者在模仿者心中的地位。人们总倾向于仿效他所景仰、崇敬的人。②被模仿行为的特点。越是被人看作优秀的、先进的、值得欣赏的行为，越是容易激起人们的模仿动机。③模仿者的个性特点。通常有主见、自尊心强、自视甚高的人，不大倾向于模仿他人；自信心不足、缺乏主见者更易模仿他人。

五、人际交往的态度

人际交往的态度是我们对待自己和他人的一般看法。我们每个人都有一套对自己的一般性的感受，即"我行"或者"我不行"；也有一套对他人的一般性的感受，即"你行"或者"你不行"。在人际交往中，人们会表现出四种不同的人际交往的态度，即"我不行，你行"、"我不行，你也不行"、"我行，你不行"、"我行，你也行"。抱着不同的人生态度与人交往就会形成不同的人际关系。

"我不行，你行"是儿童最早形成的一种人际交往的态度。在人生的最初阶段，孩子总是弱小的，需要家长的照顾和帮助。大人可以胜任许多事情，而孩子却什么也不能胜任。"我不行，你行"是孩子从小时候的自身处境中得出的结论。成人以后还抱着这种人生态度的人，就容易听任别人的摆布，缺乏自信，自卑和不胜任感强，需要别人的帮助，做事不成功，常常表现出顺应的儿童自我。

儿童最初都认定"我不行，你行"。如果孩子遇到一位冷漠的母亲，随着婴儿期的结束，爱抚也消失了，孩子处于被遗弃的困境之中，就会形成"我不行，你也不行"的人生态度。如果一个人成人以后仍然确信"我不行，你也不行"，他就既不喜欢自己，也不喜欢别人；既不满意自己，也不满意别人；既不相信自己，也不相信别人。无论别人是否真诚，他都一概拒绝对方的关怀和帮助。总是在顺应的儿童自我和威严的家长自我这两种自我状态上徘徊。

一个最初认定"我不行，你行"的孩子转变为"我行，你不行"的人，主要是由于家长长期的虐待和羞辱所致。这种长期被家长残暴对待的孩子，会进行自我抚慰，会告诫自己：等着瞧吧，我会"行"起来的，你们想伤害我，办不到，你们"不行"。他们见多了凶狠和残暴，也就学会了凶狠和残暴，有着强烈的仇恨和报复心理。他们不能正视自己的内心世界，更不能客观地看待别人，从不信任他人，总是认为一切都是人家的错，常常用威严的家长自我对待别人。

"我行，你也行"才是正确的人际交往的态度。抱着这种人际交往的态度的人，喜欢自己，也喜欢别人；相信自己，也相信别人。他们常常通过表现慈爱的家长自我来帮助别人；通过表现自然的儿童自我来享受生活；运用自己的成人自我来进行决策，采取行动，完成任务。而只有在非常态的压力下或者身体极度疲劳、健康状况很差时才会表现出威严的家长自我或顺应的儿童自我。

六、人际交往的意义

交往活动对人类的生存和发展是极为必要和重要的。

（一）人际交往是人类社会的存在方式

人类社会的生存和发展，不可一日无交往活动。交往对社会有整合作用，使分散的个体得以联合起来，聚集成一个整体；交往又对社会成员起调节作用，使个体的行为得到调节和控制，以加强个体间的和谐配合，实现共同的社会任务。人类进行物质生产，必须有协同活动，而协同活动有赖于人际的交往。而且随着社会的进步，人类交往的范围和层次日益扩大和提高。

当今社会进入信息时代，每个人都能大量、快捷地接收他人信息。这意味着人类交往活动的量与质的发展，更加依赖于个体和群体间的空前频繁、空前高效、空前多样化的交往活动。

（二）人际交往是个人正常心理得以发展的必要条件

人类正常的交往活动是维持和发展心理机能的必要条件。如果一个人长期缺乏与别人的积极交往，缺乏稳定的良好人际关系，那么这个人往往有明显的性格缺陷。可见，人的心态与性格状况，直接受到人际交往状况的影响。

（三）人际交往是维持人的心理、生理健康的一个要素

交往活动伴随人的一生，以致成为人的基本的需要，人对交往的需求是人类合群倾向的表现之一。健康的个性总是与健康的人际交往相伴随的。心理健康的水平越高（亦即个性越健康），与别人的交往就越积极，越符合社会的期望，与别人的关系也越深厚。个性成熟的人，都同别人有良好的交往和融洽的关系。他们可以很好地理解别人，容忍别人的不足和缺陷，能够对别人表示同情，具有给别人以温暖、关怀和爱的能力。

正常交往活动的缺乏或被剥夺（如牢狱中的单身囚禁）会造成个体的消极情绪反应和心理紊乱，久之，会导致身心疾病。因此，交往是维持人的正常心理、生理健康的一个必要因素。

第二节 人际交往的过程

人际交往从建立到发展是一个动态的变化的过程，它使交往双方经历了从无关到关系密切的一系列不同程度的相互关联过程。

当两个人彼此没有意识到对方存在的时候，双方关系处于零接触状态。此时双方是完全无关的，谈不上任何个人意义的情感联系。如果一方开始注

意到对方，或双方彼此相互注意，则人与人之间的相互作用已经开始，不过，此时还都处于旁观者的立场，还没有相互的情感投入。直接接触是双方情感关系的起始点。真正的直接接触从双方开始谈话的那一刻起，随着双方沟通的深入，双方共同的心理领域也逐渐被发现。共同的心理领域是双方情感关系的基础，也意味着双方真情实感的融合。换句话说，共同心理领域的多少与情感融合的程度是相适应的。心理学家按照情感融合的相对程度，将人际交往分为轻度卷入、中度卷入和深度卷入三种。

根据交往双方的情感卷入水平、自我暴露水平的不同，可将人际交往分为四个阶段。

一、定向阶段

定向阶段涉及交往对象的选择，包含对交往对象的注意、抉择和初步沟通等多方面的心理活动。在熙熙攘攘的世界里，人与人发生关联的可能性很大。心理学家曾经通过实验发现，真实生活的确是一个所谓的"小世界"，我们几乎可以与任何一个没有关系的人只通过简单的中介就发生关联。然而，实际上我们并不是同任何一个相遇的人都能建立良好的人际关系，而是对人际关系的对象有着高度的选择性。在通常情况下，只有那些具有某种会激起我们兴趣特征的人，才会引起我们的特别注意。在一个团体中，我们会首先将这些人放在注意的中心，并试图与其发生实际的交往。

注意是自发的选择，它本身就是某种需要倾向的反映，但注意的选择是自发的、非理性的。人们会发现，在聚会和集体活动等场合，虽然有很多人参加，但是能够引起人们注意并与之产生交往行为的，可能只有很少几个人。

与注意不同，抉择是理性的决策。人们究竟决定选择谁作为交往对象，并与其保持良好的人际关系，往往要经过自觉的选择过程。只有那些在我们的价值观念上具有重要意义的人，我们才会选做交往和建立人际关系的对象。女孩子形象漂亮或男孩子英俊潇洒，就足以引起我们对他们的高度注意，这种注意完全是自发的，很多心理学家猜测这种自发性的注意选择有着深层的遗传因素基础。不过，我们是否会选择一个漂亮女孩或英俊男孩来做交往的对象，并试图建立深厚的情谊，还要决定于对象的许多方面。如果我们知道一个青年美丽的外表后面隐藏着极端自私、嫉妒的心，甚至作风轻浮，我们就会深感不安并决定退避三舍。

初步沟通是在选定一定的交往对象之后，试图与这一对象建立某种联系的实际行动。真正的交往和联系是由此开始的。如果我们属于社交主动型的人，会主动与选定的交往对象打招呼，并与之攀谈。在初步沟通的过程中，谈话只会涉及自己最表面的方面。初步沟通的目的，是对别人获得一个最初步的了解，以便使自己知道是否可以与对方有更进一步的交往，使彼此之间的关系发展有明确的定向。由于初步沟通实际上是试图建立更深刻关系的尝试，因此，尽管人们所暴露的有关自我的信息是最表面的，但都会希望在初步沟通过程中给对方留下良好的第一印象，以便使以后关系的发展获得一个积极的定向。

人际关系的定向阶段的时间跨度随不同的情况而不同。相见恨晚的人，定向阶段会在第一次见面时就很快完成。而对可能有经常的接触机会而彼此又都有较强的自我防卫倾向的人，这一阶段要经过长时间的沟通才能完成。

二、情感探索阶段

情感融合的含义是双方的共同信任，也就是相互之间建立安全感。从本质上讲，在哪种程度上建立安全感和信任，人际关系就会在哪种程度上融合。

情感探索是双方探索彼此在哪些方面可以建立信任和真实的情感联系的过程，而不是仅仅停留在一般的正式交往模式上。随着双方共同情感领域的发现，双方的沟通也会越来越广泛，自我表露的深度与广度也逐渐增加。在这一阶段，人们的话题仍避免触及别人私密性的领域，自我表露也不涉及自己深层的方面。尽管双方关系到这一阶段已开始有一定程度的情感卷入，但交往模式仍与定向阶段相类似，具有很大的正式交往特征，彼此都仍然注意自己表现的规范性。

三、感情交流阶段

人际关系发展到感情交流阶段，双方关系的性质开始出现实质性变化。此时双方在日常生活领域中的人际关系安全感和信任感已经得到确立，因而沟通和交往的内容也开始广泛涉及自我的许多方面，并有较深的情感卷入。如果关系在这一阶段破裂，将会给人带来相当大的心理压力。在这一阶段，正式交往模式的压力已经趋于消失，双方交往的行为表现可以超出正式交往的范围，显示出融合的自发交往关系。此时，人们会相互提供真实的评价性的反馈信息，提供建议，彼此进行真诚的赞赏和批评。

四、稳定交往阶段

在这一阶段，人们心理上的相容性会进一步增加，自我表露也更为广泛和深刻。推动人际关系进一步发展的动力主要就是双方的自我表露。向对方介绍你自己并探知对方情况，是一种加深人际关系的有效方法。自我表露在人际关系发展中起着特别重要的作用。但是，自我表露也有一个"最适宜的度"。如果双方在这一适宜范围内逐渐、缓慢地增加自我表露，会有助于加深和发展人际关系。有关研究表明，单方面、大幅度地增加自我表露，可能会产生反作用，中等程度的自我表露比极高或极低的自我表露更招人喜欢。此时，人们已经可以允许对方进入自己高度私密性的个人领域，分享自己的生活空间。彼此之间在情感、认识和行为上存在着一种亲密关系，双方或多或少地具有同样的感情、同样的想法和同样的行动。但在实际生活中，很少有人能建立这一情感层次的友谊关系。许多人同别人的关系并没有在第三阶段的基础上进一步发展，而是停留在第三阶段。一般来说，能够达到这种境界的人相当少，所以人们常说"人生难得一知己，千古知音最难觅"。

另外，同别人发展关系也应掌握好时机。一般人们在自卑的时候，特别容易重视和珍惜同别人的良好关系。

在人际关系发展的过程中，有许多不同的因素在起作用。在某种意义上，我们可以把这个过程看做是一个过滤过程。

第三节　人际关系的状态

人与人之间相互关系的形成和发展，需要经过一系列的变化过程。最初，当两人彼此没有意识到对方存在的时候，双方关系处于零接触状态。此时双方是完全无关的，没有任何情感联系。如果一方开始注意到对方，或双方相互注意，则人与人之间的相互关系已经开始，一方开始形成对另一方的初步印象，或彼此都获得了关于对方的初步印象。不过，在直接的语言沟通之前，彼此都还处于旁观者的立场，没有相互的情感卷入。

双方的情感联系，是从直接接触开始的。从交往双方开始直接谈话的那一刻起，彼此就开始了真正的情感关联。不过，在通常情况下，人与人的沟通是逐步深入的，最初的直接接触是表面的，彼此之间几乎没有情感卷入。但直接接触是双方情感关系发展的起始点，标志着一种新的人际关系的诞生。

共同心理领域是相互认同、接受、信任及关联的基础。共同的心理领域越多，双方之间认同、接受和信任的程度就越高，可能建立的情感联系也越广泛、越深刻和越稳固。完全有可能的是，两人虽然存在很多的共同之处，但由于沟通受到限制，缺乏广度和深度，这些共同之处没有被交往的双方所发现。在这种情况下，双方的情感联系仍然只处于较低的水平。

交往双方共同心理领域的发现，意味着双方真实情感的融合。发现的共同心理领域越多，情感融合的程度也越高。心理学家按照情感融合的相对水平，将人际关系分为轻度卷入、中度卷入和深度卷入三种。在轻度卷入的人际关系中，交往双方所发现的共同心理领域较小，双方的心理世界只有小部分重合，这一范围内，双方的情感是融合的。在中度卷入的人际关系中，交往双方已发现较大部分的共同心理领域。相应的，双方的心理世界也有较大部分的重合。在深度卷入的情况下，双方已发现的共同心理领域有可能大于相异的心理领域，彼此的心理世界高度（但从来不会完全）重合，情感融合的范围也覆盖了大多数的生活内容。在实际生活中，人们只同极少数人能够达到这种人际关系的深度，有些人则从来没有与任何人达到这种深度的关联。

第四节　人际关系的建立和维护

一、人际关系的建立

（一）第一印象

人们会在初次交往的短短几分钟内形成对交往对象的一个总体印象，如果这个第一印象是良好的，那么人际吸引的强度就大；如果第一印象不是很好，则人际吸引的强度就小。在人际关系的建立与维护的过程中，最初的印象同样会深刻地影响交往的深度。因此，在人际交往中成功地建立良好的第一印象是十分重要的。

（二）主动交往

很多人之所以缺乏成功的交往，是因为他们在人际交往中总是采取消极的、被动的退缩方式，总是期待友谊和爱情从天而降，这些人只做交往的响应者，不做交往的主动者。然而我们知道，根据人际交往的交互性原则，别人是没有理由无缘无故地对我们感兴趣的。因此，要想与别人建立广泛而良好的人际关系，就必须主动交往。

（三）移情理解

人际关系从本质上说是人与人在情感上的联系。这种情感联系越密切，双方所共有的内心世界的范围也就越宽，人际关系也就越亲密。而移情恰恰是沟通人们内心世界的情感纽带。所谓移情，就是指站在别人的立场上，设身处地为别人着想，用别人的眼光来看这个世界，用别人的心理来理解这个世界。这种积极地参与别人思想、情感的能力可以把自己和他人拉得很近，并能化解很多矛盾和冲突。

二、良好人际关系的维护

相对于人际关系的建立，人际关系的维护是一件比较困难的事。尤其是朋友之间发生了某些不愉快的冲突时，人际关系的维护就会遇到困难。这时候需要应用一些技巧来维护已经形成的人际关系，使它不至于破裂。以下简单介绍几种方法：

（一）避免争吵

青年人之间经常喜欢争论，这是很正常的事。我们会发现，这些争论往往都是以争得面红耳赤和不愉快结束的。事实证明，无论谁输了，都会很不舒服，更何况争论往往会演化成直接的人身攻击，对于人际关系是非常有害的。因此，解决观点不一致的最好途径是讨论、协商，而不是争吵。

（二）勇于承认自己的错误

虽然承认错误是一种自我否定，但承认错误会给自己带来巨大的轻松感。一方面，明知自己错了而不承认，会使自己背上沉重的思想包袱，使自己在别人面前不能自如地抬起头。另一方面，承认错误等于承认对方正确，会使对方显示出超乎寻常的宽容，从而维持人际关系的稳定。

（三）学会批评

学会批评是有必要的。介绍几种别人易于接受的批评方式：①先称赞和诚挚感谢后再批评；②批评前先提到自己的错误；③用暗示的方式提醒他人注意自己的错误；④应以启发而不是命令的方式来提醒别人的错误，即使你是领导者；⑤给别人保留面子。

第五节 人际关系中自我表露的广度和深度

人们都希望了解自己在别人心目中有多重要，也希望对自己在别人身上的情感深度进行评价。良好的人际关系是在交往双方的自我表露逐渐增加的过程中发展起来的。随着对一个人的接纳和信任感越来越高，人们也会越来越多地表露自我，同时也要求别人越来越多地表露他们自己。这样，自我表露的深度如何，就成了人们同别人的关系深度如何的重要标志。想要知道别人对我们的信任、接纳程度如何，只需要了解别人对我们的自我表露深度如何。因为，人们在哪种水平上表露他们自己，就意味着他们对交往的对象有哪种水平上的安全感和信任感。

所谓自我表露，就是我们常说的"敞开心扉"，即把有关自我的信息、自己内心的思想和情感暴露给对方。适当的自我表露可以增加他人对自己的好感度。自我表露本身具有很强的象征性，它给对方一个强有力的信号：你对他（她）相当信任，愿意有进一步的交往。而且，对他人进行的自我表露往往可以引发他人作自我表露，由此可以增进相互理解与信任。

一、自我表露的范围与深度

根据社会渗透理论的思想，人们对陌生人，对熟人和亲密朋友，在自我表露的广度和深度上是明显不同的。对于陌生的人，自我表露的深度和广度都极为有限，沟通的内容通常只限于非亲密性的话题。对于熟悉的人，自我表露的深度和广度会拓展，但对于亲密性的话题涉及的范围很小。亲密朋友是人们通常交流最为充分的对象，沟通的内容在亲密话题和非亲密话题上都会有很广泛的涉及。

当然，自我表露也必须注意分寸，过分的表露会让人不舒服。一般来说，表露的范围和深度是随着关系的发展而逐步拓展的，对于不同的关系对象，在不同的关系发展阶段，自我表露的广度和深度明显不同。在非常亲密的朋友中，自我表露往往十分深入，可能达到无话不说的地步。但是，需要注意的是，无论关系多么亲密，人们都可能存在不愿意暴露的领域，这就是所谓的"隐私"问题。因此，我们没有理由因为关系亲密而要求对方完全敞开心扉，更不能任意侵犯对方所不愿暴露的领域。否则，对方会产生强烈的排斥情绪，从而对你的接纳性大大降低。

在崇尚个人自由的西方社会，保护隐私被当做维护个人尊严与人格独立的必要条件，隐私权与自由一样被视为神圣不可侵犯的个人权利。

在西方历史上，对隐私权的哲学和法学思考主要源于洛克的自由主义思想。人是社会性的动物，一般人都不愿意也不可能离群索居，然而，人格独立的个人却绝对不等同于大海中的一滴水或机器上的一颗螺丝钉。一个人可以与他人生死相依，但是如果真的与别人共穿一条裤子，他就无法正常行走。

个人毕竟是作为个人生活在人海之中，他需要保持自己的自主性，享有一定的个人空间，在自我与他人之间保持某种距离，这样就有了隐私和隐私权。隐私权是一种得到社会认可的个人控制自己的私人信息、限制他人对自己的思想行为进行观察或了解的合法权利。除了个人的隐秘情感，隐私还包括很多内容，个人独处、人际亲密行为、私人通信、个人信息（如收入、年龄、身份证号码、信用卡密码等）、个人心理偏好（如人格特点、职业偏好、性行为偏好等）都属于隐私。因此，隐私不是不可告人的东西，而是不想告人、不必告人甚至不应告人的东西。不是隐私见不得人，而是人不应该探求他人的隐私。

在正常情况下，隐私并不是一种心理负担，更不是不堪回首的心灵隐痛，而是个人自主的栖居之地和个人情感放松的宁静港湾。一个自尊自主的人应该正视自己的隐私，认识到隐私的合法性和重要性，敢于并善于保护隐私，享受隐私保护带给自己的清静、自由和快乐。

亲密关系本身要求人们坦诚相待。但是，这并不意味着关系亲密的人之间就不应该有任何隐私。只有隐私需求和沟通需求之间保持适度的平衡，亲密关系才能正常发展。

二、自我的分层

人们自我最表层的内容，是人们的兴趣爱好及其有关的内容，如饮食、偏好、日常情趣、消遣活动等，都属于最表层自我的内容。

属于自我第二层次的内容，是人们真实的态度，如对某一个人或对某一事件的观点。很容易理解，涉及评价是否会被对方所接受，以及与个人利害关联更为密切的内容，我们不会轻易表露。它们已经属于深一层次的自我内容。如我们对某一课程教师的评价、对特定人物的评价等，都属于不轻易向不能确定对方态度的人谈及，它们属于自我第二层次的内容。

自我的第三层次通常是私密性更高一些的个人的人际关系状况与对自身的真实评价。对属于这一层次的问题，我们有很高的自我卷入，表露也需要以对对方的信任为前提。

实际上，从深层心理学的角度说，通常意义的个人隐私实际上并不是个人自我最深层次的内容。因为有些隐私虽然是社会舆论所不接受的，但这些经验对于个人并没有带来特殊心理压力和问题，个人在心理上已经适应有关的观念、行为和经验的存在。实际生活中，许多人的价值观念与社会的价值观念不是简单的对应关系，他们身上可能存在自己接受但社会并不接受的东西。

通过了解别人在何种层次上对我们暴露自己，我们可以很好地了解别人对于我们的信任和接纳的程度，了解我们同别人关系的状况。当然，我们自己对别人的信任和接纳程度，也可以通过我们对别人暴露哪一层次的自我信息来了解。自我表露的层次越深，说明我们在一种关系上卷入的程度也越深。

第六节　人际交往需要的形成

一、本能作用

强调本能作用的心理学家认为，人的交往需要是一种本能，是一种人类祖先就已经形成的生存能力，它可以通过遗传直接传递给后代。人类的祖先要想保护自己，要想保证自己的下一代出生后能够生存，维持自己的种族繁衍，他们就必须集群活动，依靠集体的力量来抵御敌害。经过长期的进化过程，人类的祖先终于形成了一种集群的习性，并通过种族繁衍传留给后代，因此，人天生就有与别人共处，与别人交往的需要。也只有与别人保持正常的、充分的人际交往，人才能真正具有安全感。

人际交往的生物意义，从婴儿一出生就十分明显。作为有机体，人一出生就需要周围环境存在某个能为其提供食物和安全的对象，以满足其本能需要。很自然地，这个对象就是母亲。寻找母亲、需要母亲、依恋母亲，是婴儿出生后自我生存的自然手段。母亲的自然特点，促使婴儿从一出生就把母亲作为一个特殊对象从周围环境中区分出来。

由于人类机体同样具有寻求安全感的本能，因而也同样存在依附温暖、舒适物体的倾向。几乎没有孩子不喜欢长毛绒玩具。毫无疑问，长毛绒玩具风靡世界，是有其自身的理由的。这个理由就是，温暖、舒适的物体能为人提供安全感，使人舒适、愉快。

母亲能为孩子提供安全感，已是人人皆知的常识。当孩子进入新的环境时，自己的母亲在场要比母亲不在场有更多的探究勇气。母亲在场使他们感到安全和有依靠。有趣的是，当用实验的方法使儿童与一柔软且可拥抱的"安全毯"形成密切联系后，这个安全毯居然也能像母亲一样，为儿童提供安全感和可依赖感。在把儿童与他们已经形成依赖的安全毯一起放到新的环境中时，他们的反应同另一组与自己的母亲待在一起的儿童竟然完全相同。相反，只带着十分可爱但不能拥抱、不舒适的玩具的儿童进入新环境时，则明显缺乏安全感，缺乏探究新的环境及同别人交往的勇气。可见，儿童之所以依恋母亲，并不只是因为她们能提供食物，更重要的是她们能为孩子提供温暖、舒适的环境，提供安全感。正如我们前面提到的，母亲的功能不是特定的，她对孩子的意义完全可以被孩子的其他照看者所取代。

二、交往过程中的社会角色和角色期待

任何个体都是社会的成员，因此两个（或多个）个体之间通过交往虽然可以影响彼此的思想和行为，但这种影响不能不受到社会的制约。换而言之，人际交往是在社会监督的条件下进行的。

社会监督通过社会规范来指导和约束个体的思想和行为。社会规范是社会所接纳的行为模式，它规定着人们的相互关系和相互作用。对违背社会规范的行为和个人，社会监督机制将做出相应的处罚（从批评、谴责到司法处置）。于是人们把社会规范作为一种标尺来对照自己的行为和他人的行为，据此选取社会所认可的行为，抛弃社会所不容的行为，从而调整自己并调节自己与别人的关系。

社会规范是怎样对个体的具体行为起制约作用的呢？这涉及角色扮演和角色期望两个概念。

社会作为一个整体，其职能是通过处于社会各个不同位置、承担不同社会角色的个人发生各种性质不同的联系来实现的。人生来就被置于一个特定位置并承担一定角色，并开始在一定的社会关系之中生活。任何一个人，要

履行自己的社会角色，必须与别人交往，发生一定的角色联系。任何人在与别人交往时，由于先定性的社会位置的限制和社会角色的束缚，都不可能还原成为没有社会角色概念的一个抽象的人，都必定受到其所处的社会位置和所担负的社会角色的影响。

社会角色关系的基本指向是人与人之间通过交往合作而履行社会角色，执行个人的社会职能。由这种过程所产生的情感联系尽管是这一过程自然的结果，但它仅仅是过程的副产品。由于对每一种社会位置和社会角色，社会已发展起相对系统而稳定的期望，并且这种期望对于人们的行为具有强迫性质，因此，如果人们不能表现得符合这种期望，他就不能得到对应社会角色承担者的充分合作，他也就不能很好地履行自己的角色，执行自己的社会职能。因此社会角色关系首先要遵循社会现实原则，受社会习俗、伦理、政治与法律等支配。

社会角色涉及社会中一类人与另一类人的关系。一个人的社会位置一旦被确定，他与他人的社会角色关系，也就在一定程度上被同时规定了。如果关系涉及个人与群体的关系，如师生关系，则不仅不同的教师被期望用同样的关系模式对待学生，同一位教师也被期望用同样的关系模式对待不同的学生。因此，由社会角色关系带来的社会经验是相对规范化、系统化、类别化的。人由此而社会化，形成与别人共有的心态。

个体如何能在日常实践中持续地按角色要求去执行呢？从个体外部环境而言，一个巨大的力量是社会的角色期望。角色期望是群体或个人对某种角色应当表现出的特定行为的期望。显然，角色期望体现了社会对处于不同地位的个体行为的要求和期待，是社会规范的具体化。因此角色期望是社会结构和角色行为之间的桥梁，它作为个体周围一个又一个具体的人对个体的期望和要求，不断地、方向一致地作用于个体，推动个体按照社会规范去扮演他的角色，其作用是十分巨大的。如小学生初入学校，家长就殷切地期望他"好好学习"，学校校长和所有的教师都要求他"好好学习"，学校的纪律和各种守则促使他"好好学习"，他认识的所有亲友都鼓励他"好好学习"，他周围的成人和同龄伙伴也都围绕着"好好学习"对他或褒或贬。所有这一切都向他表明：他的角色是个学生，他的角色行为必须满足"好好学习"的要求。外部的角色期望如果充分内化为他的自我期望，他就能较好地完成"好好学习"的角色扮演。同样的，一名教师，无论他有着怎样独一无二的个性特征，他既然在教师的岗位上，学校的负责人、学生、学生的家长以及邻居和其他人都以教师角色期望于他，他必须担负起传道、授业、解惑、为人师表的基本责任。他若在满足社会期望方面做得出色，他会受到种种肯定、赞扬和奖励；他若无法获得社会的认可，他就要受到周围人的非议或蔑视，他与群体成员的关系就要受损，他在群体中的地位就要受到贬抑，不仅他的个人目标难以实现，而且很可能个人生活也将受到干扰。

总之，角色期待虽然往往是无形的，却对个体的角色扮演起着重要的作用。它调节着个体的行为，也调节着人与人的相互作用。在某次具体的交往活动中，交往的一方 A 向对方 B 提出的观点、要求、建议是符合还是违背社会角色期望的总的方向，将引起 B 不同的反应，将影响他们交往的进程，影响他们的相互关系。

三、条件作用

人际交往需要形成的第三条途径是条件作用或条件学习。通常认为，条件作用是人的人际交往需要形成的最主要途径。儿童从出生开始，其基本需要的满足，就是与母亲或其他照看者的出现相联系的。别人的出现，总是给他们带来食物、温暖、舒适和安全需要的满足。孩子饿了、渴了，别人会给他喂食、喂水；他感到过冷或过热，别人会来给他增加或减少衣服；他感到不舒适了，别人会给他更换尿布或抱他去看医生；当小猫小狗或陌生人使他感到害怕时，别人会给他安慰，给他以安全感。

总之，别人的出现，总给他带来愉快的情绪体验。这样一个过程的多次重复，使得别人的出现，别人的形象与身体，与其愉快的情绪体验形成了稳固的联系，并使之与照看者之间形成情绪上的高度依附关系。至此，婴儿产生了一种希望别人出现、希望与别人交往的独立需要。这就是人际交往需要形成的条件作用或条件学习过程。在这一过程中，别人起先只是儿童满足自己生物需要的个体，这时别人对于儿童的意义，是由他所能带来的需要满足所决定的。随着别人的出现与儿童需要的满足形成稳定联系之后，别人就具有引起儿童积极情绪的条件作用。到这个时候，儿童就将自己生理需要的满足与对别人的需要分离开来，对别人的需要成了一种不依赖生理需要的独立需要。

通过条件作用过程，儿童先是慢慢学会了与母亲或其他照看者进行交往，然后随着年龄的增长，他们把握周围环境的能力越来越高。逐步地，他们会将与照看者的交往需要推广至别人，形成普遍的与人交往并建立和维持稳定良好人际关系的需要。

有关条件作用的研究是心理学对科学的重大贡献之一。大量的研究不仅证明了人际交往需要是条件学习的结果，以及不同性质的人际关系直接来源于不同性质的条件作用经验等事实，而且很好地证明，掌握条件学习的规律，可以有效地改善人际关系。

心理学家曾系统研究过个人成长史中缺乏与人交往经验的特殊个案。结果发现，由于偶然原因被动物养大的狼孩、熊孩、羊孩，在他们回到正常社会生活中以后，都没有常人所具有的与人进行交往，并试图建立稳定的可依赖关系的需要。他们逃避他人，喜欢孤独。而当经历了以前没有过的与人相联系的条件学习过程之后，他们又都可以养成与正常人同样的强烈的人际交往需要。

科学家的研究发现，不良的人际关系状况，是同痛苦的与人交往的经历相联系的。出生三个月的婴儿，在接受了若干次预防注射之后，就可以形成对于注射的强烈的消极反应。因为他的痛苦经历与医生的出现已经形成了稳定的联系，医生的出现变成了痛苦与危险的信号。有人曾研究过不喜欢老师的小学生，结果发现，这些小学生在情感上都曾受到过老师的伤害。一位二年级的女孩，对所有与教师和学校相联系的事情都很反感，拒绝上学。原来，她曾受到过教师的当众伤害。起先，她只害怕、讨厌伤害她的教师，以后则发展为对所有的老师都敏感和拒绝。

心理学的研究发现，随着新的条件学习经验的建立，人的交往关系的性质也会改变。有人做过一个有趣的实验。在小学生的学习中，将班上不受欢迎的学生的名字，与幸福、有知识、美好、漂亮、友好等肯定的词汇联系在一起，让大家学习。结果发现，这种做法有效地改变了那些人际关系处境不良的学生在人们心目中的印象，使他们变得受欢迎。而那些没有做过这些处理的孤立儿童，实验期间人际关系的处境没有任何明显的变化。另有心理学家证实，当一个人总是在愉快的群体中出现时，这个人会逐步与在群体中的愉快体验形成稳定的联系。以后，即使这个人单独出现，也会产生愉快的感受。可见，人与人之间社会交往的性质，直接取决于条件学习的经验。

任何一个群体总有多种变量，也可从多个角度来对其特征进行描述。然而在群体间相互作用时，要认识群体的一切变量是不可能的，对某群体成员的深入认识也需要时间和条件，因此人们头脑中常常只存有关于某群体或群体成员一些很少的变量。人们常常不由自主地只把注意指向那些自以为可以概括群体特征的少数变量，并把这些变量纳入评价群体成员的参照系中去，于是产生了刻板印象。

第七节　人际关系敏感性训练

敏感性训练是一种团体训练技术。它是从团体心理疗法发展起来的。敏感性训练最普遍的方式是训练团体。这类团体通常由 5 ~ 15 人组成，包括一名心理学家。训练期限可以是 1 ~ 4 周，活动方式主要是语言交流。

训练团体主要以非指导性的方式为参与者提供真实体验"此时此地"的情境。在活动的开始阶段，团体成员之间往往先谈论参加这种活动的意图、试图解决的问题和对什么样的目标感兴趣。随着沟通的深入，人们会逐渐了解别人会对自己的问题或当时的表现怎样反应。当团体成员之间的信任感建立起来之后，团体作为一个整体，不会容忍任何成员拒绝暴露自己的真正自我。此时参与者通常的角色伪装会被撕去，他们更多地看到自我的本来面目，并在其他成员的支持下理解并接纳自己真正的自我。

参与者也会在没有社会角色限制的条件下，通过各个成员所提供的多角度的见解，学会准确掌握、理解和评价别人的情绪状态和行为的意义，并在别人真实的反馈调节中，做出正确判断而为别人所接纳，同时又对人际关系起积极作用的反应。

训练团体的活动之所以能够成功地改变人际关系的状况，是因为它提供了一个不同于通常社会生活的特殊世界。在日常生活中，我们由于受多种社会联系的束缚，既不能自然、真实地表现自己，也难以得到有关自己行为或状况的真实反馈。由于人们在日常生活中必须进行印象控制和维持一定的良好关系，因此常常给我们提供不切实际的行为反馈。例如，明明我们能力平平，别人却说我们能力超群，实际上别人并不接受我们，却表现出与我们有很亲密的关系。这样，我们事实上很难知道自己和别人的真实状况，很难知道我们的行为适当与否。一个人社会地位越高，他的周围世界受到各种角色关系束缚的程度也越严重。所以，高地位的人更可能得不到有关自我的真实反馈，从而使其更脱离真实世界。显然，学会摆脱角色关系的束缚，以互相合作、互相依赖的方式维持真诚的人际关系，是人性真正向高水平发展的基本前提。

心理学家对训练团体的目的和功能做过如下总结：

1. 培养明确、坦诚的交往技能。

2. 学会摆脱角色关系的束缚，以互相合作、互相依赖的方式，建立和维持真诚的人际关系。

3. 学会用正常的人际交往技能解决纠纷和冲突，抛弃强制和操纵的方式。

4. 提高对自己内部的情绪反应和行为的觉察力和敏感性，增加对自己行为后果的觉察力。

5. 增加自我内在系统与外在情境的沟通。

6. 提高对别人情绪反应和行为的觉察力与敏感性。

7. 学会从多种立场来了解人与事物。

第二章 人际关系的基本原则

第一节 真诚原则

人作为社会的动物，需要自己在物理环境和社会环境上都处于一个安全的境地。真诚使人们对与自己交往的人将对自己怎样行为有明确的预见性，因而更容易建立安全感和信任感。而面对不真诚或欺骗，则意味着自己对对方究竟会做什么是不确定的，这就意味着自己有可能受到伤害。"不怕贼偷，只怕贼惦记。"在心理上，最使人感到恐惧的，不是一件不幸事件的发生，而是要随时担心一件事情的发生。这种担心会使人长期处于高度自我防卫状态，并使人在主观上感到焦虑与不安。为此，对于引发我们焦虑的不真诚对象，我们只能选择拒绝和逃避。

第二节 交互原则

一、人际交往的交互现象

任何人不会无缘无故地接纳和喜欢别人。人们希望别人能够接纳自己，喜欢自己，支持自己，承认自己的价值。这种寻求自我价值确立和安全感的倾向，会引导人们在社会交往中愿意表现自己，对吸引别人的注意感兴趣，并处处期待别人首先接纳自己、喜欢自己。这种以自我为出发点而不是以他人为出发点的交往倾向，恰恰是导致人们在人际关系的发展、维护上常常遇到困难的原因之一。人际关系的基础是人与人之间的相互重视和相互支持。人际交往当中喜欢与厌恶、接近与疏远是相互的。在一般情况下，对于真心接纳、喜欢我们的人，我们也倾向于接纳对方，愿意同他们交往并建立和维持关系。相反，对于不喜欢、排斥我们的人，我们也倾向于排斥、疏远对方，避免与其有进一步的交往。

二、人际交往交互性的原因

任何人都有维持自己心理平衡的倾向，都要求自身同他人的关系保持某种适当性、合理性，并根据这种适当性、合理性使自己的行为及与别人的关系得到解释。这是人们在社会化过程中学会解释自己的行为，并由此维护自己的心理平衡的重要适应能力。当实际发生的事情偏离人们已经建立的解释轨道时，会引发人的强烈的情绪反应。因此，日常生活中人们需要使自身与别人保持某种适当的关系，并根据这种适当性来解释自己的行为及与别人的关系。如果别人对我们做出一个友好行动，对我们表示接纳和支持，我们觉得"应该"对别人报以相应的友好应答的心理反应就会被激发，并引导我们用同样的行为方式做出回答。否则，我们的行为就是不合理、不适当的，就会打破自己以合理性观念为基础的心理平衡。

另一方面，当我们自己对别人做出一个友好行动，表示对别人的接纳以后，我们也会期望别人做出相应的友好应答。如果别人没有做出我们期望的行动，我们会感到不愉快，"较真"的人甚至会认为对方不值得我们以友好的态度去对待。

同样道理，对于排斥、拒绝我们的人，其排斥与拒绝对我们是一种否定，我们也只有报之以相应的排斥和拒绝才是合理和适当的。如果我们对这样的人反而友好地接纳与喜爱，那我们的行为就得不到合理的解释，我们就难以达到心理上的平衡。所以，在实际生活中，对于排斥、拒绝我们的人，我们的反应也是相应的，对他们也会合理地采取排斥、拒绝的行为方式。佛家倡导"以德报怨"，实际上是一种理想的至高境界，而不是常人的心态。

"爱人者，人恒爱之；敬人者，人恒敬之。""己所不欲，勿施于人。"在实际的人际交往行为和人际关系的建立与维持的实践当中，我们需要遵循交互原则，对于同我们交往的人，我们应首先学会接纳、喜爱他们，保持在人际关系上的主动。而拒绝别人或试图自我显示以赢过别人，都是人际交往中需要摒弃的误区。

第三节 功利原则

一、人际交往的本质是社会交换

人际关系的交互原则所强调的是人际交往行为倾向的相互对应。人与人之间的交往不仅需要倾向的相互一致，还需要保持对等的社会交换。

人际交往在本质上是一个社会交换的过程，交换关系中的每个个体都会评估自己和他人在贡献和收益两方面的相对大小。根据人际交往的交互原则，人际交换中回报与付出应当是对应的。如果他们觉得自己的投入获得了大致相等的回报，他们就会认为这种社会关系是公平的。公平性的关系是比较稳定和使人愉快的关系，当关系中存在不公平时，双方都可能感到不舒服，产生恢复公平的动机。

"费力最小原则"是人类行为的基本原则之一，即人都有用最小付出换取最大回报的倾向。在人际交换上，人们都希望交换一种对自己来说是值得的关系，希望在交换关系的过程中得大于或至少等于失。不值得的交换是没有理由去实施的，不值得的人际关系也没有理由去维持，不然我们就无法保持自己心理的平衡。所以，人们的交往行动和人际关系的建立与维持，都是人们根据一定的价值观进行选择的结果。对于那些对自己来说是值得的，或得大于失或至少等于失的人际关系，人们就倾向于当成一种"值得的"关系，愿意去努力建立和保持；而对于那些对自己来说不值得，或失大于得的人际关系，人们则倾向于逃避、疏远或终止。

在实际生活中，我们要想与别人建立和维持一种人际关系，就必须使我们同别人的关系对别人而言是"值得的"。为此，我们必须遵循人际交往的功利原则。也就是说，我们要想自己被别人所接纳，与别人建立和维持良好的人际关系，就必须了解人们在人际关系方面的价值倾向，并在与人的交往当中，始终让他人感到得大于或至少等于失，从而使他人感到同我们的交往是值得的。也只有这样，我们同别人的关系才能够顺利建立、维持和发展。应该指出，强调在同别人进行交往时要注意关系维护，强调使别人在同我们交往中得大于或至少等于失，并不意味着我们一定要吃亏，或必须多投资少收益。在关于交互原则的论述中已经说明，人们在心理上需要维护合理性和心理平衡的倾向，使人们倾向于在实际的人际交往中会自然地选择给双方都带来最大满足的行为。因此，实际生活中的人际关系更多时候都保持着一种礼尚往来的动态平衡，人际关系都被很好地维持在平等、合理和平衡交往的范围内。

然而，社会交换理论也会有一些例外的情况。比如在某些情境下，人们并不愿意做那些在关系中收益最大的人。一些学者认为，关系满意度最重要的决定因素是关系中的公平程度。按照公平理论，当人们在关系中体验到的收益和成本之比大致与他人体验到的相等时，人们是最为快乐的。

二、增值交换与减值交换

在日常生活的观察中可以发现，有些人彼此的交往不再维持交往得失的相对平衡和礼尚往来状态，而是出现双方都感到欠对方情谊，而希望为对方付出更多且不希望对方回报的双赢局面。另一种极端情况是双输，即人际关系的双方都感到对方欠自己的，并期待对方为自己付出更多，并且不愿意对对方的付出给予回报。这种双赢和双输式的人际关系，可以很好地通过自我价值定向引导的增值交换与减值交换机制来解释。

价值取向的不同，引导着人际交往中不同的社会交换机制。对于重内在情感价值的人来说，他们在人际关系当中个人情感的卷入更多，因而有明显的重情谊、轻物质的倾向。这一类人与别人的交往倾向于增值交换过程，他们对于交往媒介的价值估计往往高于交换行动的发出者，从而他们在人际关系当中总感到欠别人的情分，因此，他们的回报往往也超出别人的期望。这种过程的循环往复，使得卷入增值交换过程的双方都感"到得大于失"。

同样，人际交往当中也有与增值交换相对应的减值交换机制的存在。对于重外在物质利益的一类人来说，他们在人际关系当中，纯粹的物质利益交换意识要多于个人情感的卷入，因而他们倾向于用物质价值来衡量自己在人际关系当中的得失。这类人与别人的交往是减值交换过程，他们对于交换媒介的价值估计，往往低于交往行动的发出者，他们总感到自己在人际交往中吃亏，别人对他们没有做到应该做的，这样，他们在对别人的交往行动给予回报时，就往往低于别人的期望。卷入减值交换过程的双方最终都感到"失大于得"，同对方的交往不值得。心理学家认为，人际关系双方都感到得小于失，正是由减值交换机制引起的。

第四节　自我价值保护原则

一、自我价值保护倾向

根据自我价值定向理论，保护自我价值不受威胁和提高自我价值，是个人先定的优势心理倾向。在我们将自己的成功归于自身特点，而将别人的成功归因于外部条件时，我们是自我支持的，因为用自身特点解释自己的成功，可以提升自己，而用外部因素解释他人的成就，可以减轻我们处于社会比较的不利局面时的自我压力。例如，当考试取得了好成绩时，我们会解释为这是自己的能力优于别人的缘故；当别人比我们考得好时，我们又会解释为别人仅仅是机遇好而已。这样的解释就不至于降低自我的价值感，伤及自尊心。

二、自我阻抑策略

所谓自我阻抑策略，是指个人为未来可能的失败制造保护性借口所采取的措施。

人们对于自己能力的确切状况，通常是难以进行自我评估的，成功或失败的经验是人们确认自己能力的必要参考。由于人们总希望事情的结果是有利于自己的，希望自己获得成功的经验，使自我胜任感得到确认和加强，因此，当人们面临能力的挑战时，就会有意无意地用一定的方法来阻抑自己，增加自己获取成功的难度。这样，如果结果真的是失败，人们就有了合理的解释失败的借口，而避免使自己面临"无能"标签的威胁。如果结果是成功，则人们就更好地证明了自己的能力与克服困难获取成功的巨大潜在可能性，使人们原有的在过去成功经验基础上建立起来的自我胜任（对能力的自信）概念继续维持或得以促进。

人们在不期望的行为结果出现之后，会有意无意地寻找各种理由来解释行为后果，使行为看起来合理化，从而减轻自己的心理压力。这种心理倾向被称作合理化作用。与合理化作用相比较，自我阻抑现象可被称为自我阻抑作用。合理化作用是对不期望行为结果的事后心理反应，而自我阻抑作用则是人们对于可能遇到威胁的预先心理反应。

与合理化作用一样，自我阻抑作用通常也是在人们意识不到的情况下发生的。人们对于未来的重要挑战越是缺乏信心，越是恐惧，所引发的无意识的自我阻抑作用也越强。有些运动员在大赛前有习惯性的扭脚、感冒等症状，其实质可能都是一种自我保护性的自我阻抑反应。

当然，自我阻抑、合理化作用也完全可以在意识到的状况下发生。从这些心理反应倾向，我们可以看到，人们的自我价值保护是一种普遍而强烈的心理需求。

自我认同的形成确立

	个人的	相互的	集体的
认知	感知到作为独特个体的自我概念	感知到自尊并加入到人际交往中	感知到作为集体成员的集体自我
	区别和个性化	和他人具有联系，角色间的关系	
情感	不和团体在一起时仍具有积极的情感	积极的自尊	以最大的利益和最小的伤害来处理情感
		信任	
		和别人一起很愉快	
行为	依据自我兴趣而行动和力求积极人格	行动中考虑到他人的利益	依据集体中的自我兴趣而行动
		行为素质高	职业发展

	个人的	相互的	集体的
社会	洞察自身和他人的关系	与他人交往的频率	与他人交流的频率和质量
	对自我去人格化的感觉		共同的团体认定

三、人际吸引水平的增减规律

研究结果发现，人们对于原来否定自己而最终变得肯定自己的交往对象喜欢程度最高，明显高于一直肯定自己的交往对象。而对于从肯定到否定变化的交往对象喜欢程度最低，大大低于一直否定自己的交往对象。显然，我们最喜欢的是对我们的喜欢水平不断增加的人，而最厌恶的是喜欢我们的水平不断下降的人。心理学家称这一现象为人际吸引的增减原则或得失原则。

有学者认为，一个人在遭到否定评价的情况下会产生焦虑和自我怀疑，从而使人们更需要肯定。因而当肯定评价最终真的来到的时候，它比通常的肯定更有意义。有人则解释，人们在归因判断上，会认为一直给予自己肯定评价的人也会同样评价别人，缺乏对人的区分或诚意，因而贬低来自这种人的肯定。而对原来持批评态度，但后来变得肯定自己的人，人们更相信他们，因而更高地评估来自他们的肯定评价，并回报以更高水平的喜欢。

很显然，这些心理学家的解释并不能令人满意。而且，他们没有解释人们为什么更拒绝原来肯定自己而后又转向否定的人。这一否定维度的"失去的抛弃得更彻底"现象，与肯定维度的"新的爱更有吸引力"现象同样重要。

人在任何一个时期的自我价值感，都是既有的一切自我价值支持信息的总和。既有的自我价值支持力量无论多大，都已成为一个人自我价值感的有机构成部分，它并不带来任何特别的关注。然而，由于人们的自我价值感对外界自我价值支持性信息的依赖，当外界有关自我价值的参照信息出现变化时，人们的自我价值感也会出现相应变化。这一点已经被大量有关自尊心的社会心理学研究所证明。如求职时优越或低劣的装扮，会有力地增强或挫伤人们的自尊和接受挑战的勇气。人寻求自我价值确立的需要，会使人尤其敏感于自我价值支持信息的改变。

自我价值支持的变化无非是两个方面，一是符合人们的期望，有利于自我价值增加的积极变化，即自我价值支持力量的增加。另一方面与人们的期望相反，人们面临自我价值威胁，必须进行自我价值保护的消极变化。

新出现的自我支持力量，再小也意味着自我价值的上升，也是一份珍贵的自我支持。相反，对于原来就否定自己的力量，人们在自我价值概念中已经将其置于一个特定的位置并适应它的存在，人们不用时刻对其设定心理上的防卫。

而原来肯定我们的人转向否定我们，意味着我们正在丧失既有的自我价值支持力量。在这种情况下，我们有两种选择：一是承认别人转变的合理性，否定自我，贬低自我价值；二是进行自我价值保护，尽可能维护自我价值，降低所失去的自我价值支持力量对于自己的重要性。很显然，这要通过贬低提供这些支持力量的对象来实现。

人们在上述两种选择中，更倾向于选择有利于自我价值保护的方式。自我价值否定是痛苦的。人们在面临自我价值威胁时的优先反应，不是否定自身，而是尽可能维护自己。这样，先喜欢而后转向否定我们的对象，必定会激发起我们强烈的自我价值保护意识，使我们对其持高度否定和拒绝的态度。正因为如此，我们对这种人的否定和拒绝，比对原来就同样否定我们的人更为强烈。

人们对自我评价的敏感和强烈的自我价值保护倾向说明，在人际交往和人际关系维持上，必须遵守自我价值保护原则，即必须在同别人的交往和关系维持中作为别人的自我支持力量而存在，只有支持别人的自我价值，才可能被别人接受。在任何情况下，只要我们威胁到别人的自我价值，别人就会警觉起来，自我价值保护的优势心理倾向就会引导其用防范、拒绝和贬低我们的方式来进行自我价值保护，我们建立和维持良好人际关系的目标就会遭受破坏。这些实验和心理分析的结论是，在人际交往中我们需要学会始终支持对方的自我价值。

人际关系的自我价值保护原则，在实际的交往和人际关系方面也有着重要的应用意义。一个家庭，无论多么优越，如果一个成员在其中没有得到尊重，其自我价值不能以这个家庭为立足基点，那么可以预见，或早或晚，他必定摆脱这个不时给他痛苦体验的家庭。

支持别人的价值并不意味着处处讨好别人，虚伪的讨好同样会引起人们的警惕。在人际交往方面，人是非常敏感的动物。在我们真心支持对方的前提下，即便我们是批评别人，对方也能从中感受到真情的支持。此时让人感受到的批评非但不会妨碍人情，反而可以深化人情。

第五节　情境控制原则

一、情境控制需要

探究环境，了解环境对于我们的意义，从而把握环境，使我们在该环境中的行为有一个明确的定向。

每个人对一个新的情境，总是要有一个适应的过程。这个适应过程本身就是一个逐渐地对情境进行控制的过程。情境的不明确，或不能达到对情境的把握，会引起机体的强烈的焦虑，并处于高度紧张的自我防卫状态，使人们倾向于逃避这样的情境。比如，新入学的学生由于对周围的人和周围的环境都缺乏了解，因而会在相当长的一段时间内处于高度紧张的自我防卫状态，直到他们熟悉了周围的环境，了解了经常发生联系的同学、老师，才真正开始放松，真正适应。

对于人来说，不仅对物理环境的不明确和不能把握会引起焦虑，对社会环境的不明确和不能把握，也同样会引起机体处于高度紧张的自我防卫状态。因此，人们对于这类社会情境也倾向于逃避。我们可能都还记得，在我们新入学或新调入某一工作单位时，由于对周围环境和人都缺乏了解，因而机体会在相当长一段时间内都处于高度紧张的自我防卫状态。直到我们熟悉了周围的环境，了解了经常发生联系的领导和同事，我们才真正比较轻松、真正适应。

二、寻求平等与自由

情境控制原则的含义是指人都需要实现对所处情境的自我控制目标。因此，要想使别人从内心深处真正接纳我们，就必须保证别人在同我们共处的时候能够实现对情境的自我控制，得到表现自己的自由。如果我们增加了人们进行情境自我控制的难度，或是与人们对情境的控制不对等，使别人的自我表现受到限制，而不得不保持一定水平的自我防卫，那么，别人实际上不可能对我们有深层的接纳，我们与其关系的状况也只能停留在表层的水平。

人作为有机体，其自然的安全需要扩展至社会安全方面，就成了寻求平等与自由的需要。只有在处于平等、自由的人际情境中，人才能够真正实现自我控制目标，获得充分的安全感。在人的社会安全需要受到威胁时，它所激发的机体的焦虑与防卫状态，与原来作为基础的原发性生物安全需要受到威胁时所激发的机体状态是同质的，具有类似的行为动力作用。因此，人作为一个有机整体，无论在怎样的社交情境中，都是用整个身心来进行交往的。当人面临威胁时，整个身心都会投入到自我防卫的行动中去。了解了这一点，就不难理解人们为什么会经常因为非常细小的事情而引发不可调和的强烈冲突。尽管不同的人采取的自我捍卫的策略和方式是不同的，然而人面临威胁时都必定会进行全力自卫这一点却是共同的。

心理学家研究发现，任何一种关系，无论在社会位置上的关系多么紧密，只要关联的双方对于情境的控制是不均衡的，一方必须受到另一方的限制，那么这种关系就必定不能深入，必定缺乏深刻的情感联系。因此，当教师抱怨难以了解学生，家长抱怨孩子不信任自己时，更可能是因为他们没有摆脱权威身份的束缚，而与人们保持真正平等的交往。在这种情况下，无论人们的关系表面上看来如何接近，他们之间也必定会缺乏实质性的情感纽带，而情感正是真正良好的人际关系的本质。

第三章 人际关系的变化

第一节 人际关系的冲突

一、对人际冲突的认识

当人们开始交往，建立关系之后，分歧就难以避免，冲突也就可能出现。在各种人际关系中，都难免出现冲突。冲突的结果可能是负面的、消极的，也可能是正面的、积极的，因此，如何管理冲突已经成为人类生活中的一个重要议题。

第一，可以让我们认识到冲突是一件很寻常的事情。心理学家发现，从18个月开始，儿童就与父母之间存在冲突。对于青少年来说，冲突更是频繁。

第二，可以提高我们管理冲突的能力，可以提高我们处理人际关系的技能。在人际冲突中，双方往往具有不一致的目标，如何在满足关系与情境的需求的同时，实现自己的目标，是一件需要较高技能的事情。

第三，使我们认识到人际冲突对于个人成长的重要性。在社会化过程中，我们会经历许多人际冲突，包括与父母、老师、同伴等不同对象的冲突。正是在这些冲突中，我们学会了如何探询他人的思想和情感，如何了解他人的行为动机，如何理解社会规则的运作方式，如何运用谋略去实现自己的目标。经过人际冲突的历练，我们逐步成熟起来。

第四，有利于提高人际关系的质量和家庭生活的满意度。美国的一些研究发现，在恋爱和婚姻关系中，大约有20%的人曾经受到对方的暴力攻击；在有青少年的家庭中，有20%～25%的家庭曾经发生父母与子女之间的激烈冲突，导致情感上和心理上的伤害。在我国，父母与子女之间因为学习问题、交友问题而发生的冲突也相当普遍，前几年还曾经出现子女杀死亲生父母的悲剧。在西方社会心理学中，有关亲密关系中的冲突研究是一个相当活跃的课题。

第五，有利于维护和改善个人的健康。研究表明，人们处理冲突的方式与他们的身心健康之间存在直接的关系。

二、冲突的实质

冲突是一种对立的状态，表现为两个或两个以上的相互关联的主体之间的紧张、不和谐、敌视甚至争斗关系。冲突发生的原因多种多样，可能是各方的需要、利益不同，或者对问题的认识、看法不同，或者是价值观、宗教信仰不同，或者是行为方式、做事的风格不同等等。总之，当相互关联的两个个体或者多个个体之间的态度、动机、价值观、期望或实际行动是不兼容的，并且这些个体同时也意识到他们之间的矛盾时，个体间的冲突就发生了。与冲突密切相关的一个概念是竞争，它们的共同点是都希望取得胜利，但在竞争中，人们并不会主动去伤害别人，而在冲突中他们可能会这么做。在某种程度上，冲突是一场战争。

对于人际关系来说，冲突可以带来挑战，也可以带来机遇。冲突的负面功能主要表现在：由于心存芥蒂，双方沟通不良、情感隔阂，甚至相互诋毁、相互拆台，或者互不相让、恶意攻击导致双方关系破裂。但是，冲突也可以有很强的正面功能，这类似于俗话所说的"不打不相识"。正面功能主要有：其一，双方把隐藏的不满、误解公开表达出来，可以通过辩论而得以澄清、化解，从而消除隔阂，增进理解，加深关系；其二，双方把各自的看法及其理由摆出来，通过建设性的争论，可以形成"头脑风暴"，彼此激发新思想，最后找到解决问题的更好的方案。

人际冲突区分为三个层次。第一层次是特定行为的冲突，即双方对于某个具体问题存在不同意见，例如，夫妻两人一起外出度假时，对搭乘什么交通工具意见不一，一个想坐飞机，一个想坐火车。第二层次是关系规则或角色上的冲突，即双方对于如何处理两个人的关系，及关系中各自的权利、义务有不同的理解。例如，一对夫妻可能在家务劳动分工上存在分歧。在人际关系中，有些角色规范比较明确，也有一些角色规范比较模糊，如果两个人对于规则看法不同，就难免发生冲突。第三层次是个人性格与态度上的冲突，这往往牵扯到双方人格与价值观的差异，因此是比较深层次的冲突。例如，一对夫妻可能因为性格不合而闹矛盾，在周末，一方很喜欢找一大堆朋友来家里玩，另一方则喜欢两个人单独在一起。在人际交往中，这三个层次的冲突有可能是交织在一起的。行为上的分歧，可能引起关系规则上的矛盾，并进一步导致个性上的冲突。一般来说，冲突层次越深，涉及的因素就越多，情感卷入程度越高，矛盾就越复杂，解决起来也越难。

三、冲突的类型

其一，在平行的冲突中，存在客观的分歧，而且双方都准确地感觉到了这种分歧。例如，你和你的朋友在一起看电视，你很想看一个电视连续剧，你的朋友却想看足球比赛的转播，你们俩都清楚地知道对方的愿望，却不愿意相让。

其二，在错位的冲突中，一方可能有一个客观的理由，而且感觉到冲突的存在，但是却不直接针对真正的问题本身。例如，你觉得老师在期中考试时给你打的分数太低，心里不满，但是又不好直接去说，于是你就在课堂上故意提一些刁难他的问题。

其三，在错误归因的冲突中，存在客观的分歧，但是双方对这种分歧并没有准确的知觉。一位母亲发现屋子里面有烟味，她很讨厌这种气味，她以为是女儿的男朋友吸了烟，所以见面时就警告他不要在家里吸烟，事实上，吸烟的是她女儿。

其四，在潜在的冲突中，存在客观的分歧，但是双方对这种分歧并没有什么感觉。

其五，在虚假的冲突中，双方有分歧，但是这种分歧并没有客观的基础。例如，你的朋友召集了一个聚会，你没有得到邀请，为此你很不高兴，而他也正在因为你没有去参加聚会而不满。事实上，他本来打电话邀请你，因为你不在，便托你的同事转告你，但是你的同事忘记了这件事。这时，双方的冲突纯粹是因为误会。

在工作关系中，根据冲突的性质，可以区分工作性冲突与情绪性冲突。前者是因为对工作本身有不同的理解和不同的做事的方法，后者则是因为情绪上的对立或敌意。一般来说，工作性冲突往往是良性的，也比较容易解决，而情绪性冲突往往比较复杂，可能带来不少负面影响。

四、冲突的过程

冲突是一个动态的过程，在这个过程中，冲突双方的认知、情绪和关系都可能发生变化。美国学者潘迪曾经提出冲突的五阶段模式：冲突潜伏阶段、冲突知觉阶段、冲突感受阶段、冲突外显阶段和结果阶段。

在冲突潜伏阶段，可能导致双方冲突的客观条件已经基本具备，也就是说，双方相互依赖，而且在某些方面存在差异，难以兼容，但是，双方还没有明确意识到这种不兼容。当双方认识到他们之间的差异，而且认为不能相容时，就进入了冲突知觉阶段。当双方开始分析冲突的性质，思考应对的策略，而且出现一些情绪性的反应（如紧张不安、不舒服、愤怒等）时，就进入了冲突感受阶段。在这个阶段，双方都需要做出选择，是回避冲突，还是公开面对冲突？只要一方将冲突公开化，就会进入冲突外显的阶段，这时，双方可能发生言语上的争执、情绪上的对立甚至行为上的对抗。在这个阶段，很容易出现冲突的升级，将矛盾扩大化。

冲突意味着人际平衡关系的破坏，经过一段时间的互动，双方关系一般会达成一个新的平衡，这时就进入冲突的结果阶段。冲突的后果可能是两败俱伤，也可能是一胜一负，如果处理得当，也可能双赢。当然，能否达到双赢的效果，要取决于冲突的性质与双方管理冲突的水平。

五、冲突的管理模式

冲突管理指的是人们采取一定的行为来应对、处理冲突。在处理冲突时，存在明显的个体差异，不同的人有不同的"冲突风格"，即对于冲突的习惯性反应。

一些学者认为，人们处理冲突的方法可以从两个维度上来分析，一个是合作性，即关注他人需求、愿意满足他人需求的程度。另一个是坚持性，即关注自己的需求，坚持满足自己的需求的程度。根据人们在这两个维度上的表现，可以区分五种比较典型的冲突处理方式。

一是竞争模式。当一方比较关心自己的需求，对对方的需求并不在意时，他采用的就是竞争模式。竞争行为表现出比较强的权力意识和支配性，其结果往往是一胜一负。

二是回避模式。对自己的需求与他人的需求都漠不关心，即运用逃避的方式来处理冲突。采用这种模式的人希望尽量不使冲突公开化。

三是顺应模式。这是一种向对方让步的做法，它高度关注对方的需求，忽视自己的需求。

四是妥协模式。双方都放弃部分利益，以便在一定程度上满足部分需求，即双方都有所坚持，也有所退让，没有绝对的赢家，也没有绝对的输家。

五是合作模式。将冲突作为需要双方来共同处理的问题，通力合作，努力寻求双赢的结果。

一般来说，前三种处理冲突的方式效果不佳。它们可能进一步加剧冲突，使人感到不舒服，或者使问题搁置、隐藏起来，得不到解决。后两种处理冲突的方法就比较有效，但是并不见得适用于所有情境。

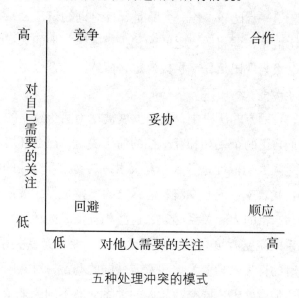

五种处理冲突的模式

冲突处理的模式存在文化差异。例如，美国文化更注重竞争，在冲突管理中更倾向于采用竞争的方式。中国文化比较强调"和为贵"，推崇合作。在个人主义的文化中，像美国和其他一些欧洲国家，人们通常以一种相对直接的方式来处理冲突，他们比较关心自己的"面子"与利益，并主动将自己与对方分离开来；而在集体主义的文化中，人们处理冲突的方式往往比较间接，所关注的是保全对方的面子并尽可能维持一团和气的关系。

第二节　人际关系的退化

导致关系的亲密程度退化的原因主要有：①空间上的分离，交往的一方迁移到别的地方，虽然分离的双方可以通过书信、电话、电子邮件等形式保持联系，但是最现代的通讯工具也取代不了面对面交往；②新朋友代替了老朋友；③逐渐不喜欢对方行为上或人格上的某些特点，一方面，个人的喜好标准可能发生变化，另一方面，交往中可能发现对方的一些新的特点，而这些特点恰恰是另一方不欣赏的；④交换回报水平的变化，即一方没有按照另一方所期望的水平给予回报；⑤妒忌或批评；⑥对与第三方的关系不能容忍，在亲密关系中，这一点比较突出，尤其是异性之间的亲密关系往往有一定程度的排他性；⑦泄密，即将两人之间的秘密透露给其他的人；⑧对方需要时不主动帮忙；⑨没表现出信任、积极肯定、情感支持等行为；⑩一方的"喜好标准"发生了改变。

总的来说，在西方的研究中，关系发展被视为两个独立的个体之间的事情，主要由他们自己的个性和相互交往的情况决定，社会环境因素的影响似乎很小。个体之间的相似性是导致相互吸引，启动相互交往的重要因素。在交往过程中，自我表露、内心交流、情感上的支持是促成关系往较深层面发展的关键行为，亲密的人际关系必须靠这些相互依赖的活动来维持，不履行这些就会使关系的亲密程度减弱。交往动机的转变是亲密关系形成的标志：由关注个人一时的得失，转变为关注双方共同的利益，对共同利益产生责任感。这意味着人们对处于不同交往阶段的关系会有不同的期望，关系的双方往往会对他们关系的水平或类型以及与此对应的交往法则或期望达成默契。这种默契达不成的话，关系就不能顺利发展。如果一方突然不按照已经形成的默契来交往，关系就会发生改变。人们在亲密关系中有形成利益共同体的动机，这种动机所要求的并不只是相互帮助及合作，而是利益上的一体化，即你中有我、我中有你的高度的相互依赖。

第三节　人际关系的破裂

一、人际关系破裂的过程

人际关系从融洽的状态走向终结，通常要经历五个阶段：

（一）分　歧

人际关系的本质是情感的相互联系、相互卷入、相互拥有。它的基础是卷入关系的双方必须有共同的情感。共同的情感存在，彼此的关系就存在。共同的情感消失，彼此的关系就破裂。而分歧，正是共同情感消失的开端。分歧意味着人际关系双方不同点扩大，心理距离增加和彼此的接纳性下降。随之而来的是双方在知觉和理解上都朝不利于双方关系的方面倾斜，彼此都感到开始难以准确地判断对方。

（二）收　敛

当关系开始出现裂痕时，双方总的沟通量会出现下降。此时谈话会高度注意、高度选择，并都指向减少彼此的紧张和不一致。在这一阶段，关系的发展还没有足以使人们明确表示对彼此的关系不再有兴趣，情感上的拒绝水平也还较低。因此，双方在表面上仍试图维持良好关系，但实际上，此时彼此的关系已出现明显的困难。双方自发沟通的减少，实际上就会降低双方自然的情感融洽的程度。

（三）冷　漠

在这一阶段，交往的双方开始放弃加强沟通的努力，人际关系的气氛变得冷淡。通常情况下，此时人们已不太愿意进行直接的谈话，而是多凭非语词方式来进行必要的沟通和协调。但与情感融洽时的状态不同，此时的非词语沟通是缺乏热情的，目光是冰冷的，也没有热情的期待。许多人都将与别人的关系在这一阶段上维持很长时间。原因有两方面，一是期望关系仍然朝好的方向发展，因而不愿意一下子就明确终止关系。另一个原因是考虑到自身的利益。有时人们在情感上和实际生活的许多方面，如经济支持或相互服务等方面，很难一下子适应突然失去某种关系的支持。

（四）逃　避

随着关系进一步恶化，人际交往的双方会尽可能地相互回避，特别是避免只有两个人在一起无所适从的窘境。关系恶化到这一阶段，人们往往感到很难判断对方的情感状态和预言对方的行为反应。因此人们通常避免直接地询问、提出要求等。在知觉和理解上，这一阶段很容易发生纯粹主观的误解。因为在这种状态下，人们都有强烈的自我保护倾向，对许多本来正常的人际行为都会有过敏的反应。

（五）终　止

关系的终止可能是立即完成的，也可能拖延很久。关系终止的方式也各种各样。在某些情况下，关系终止有一个明显的标志，即在先前关系恶化的基础上发生一次直接的、激烈的冲突。而在另一些情况下，关系的终止则是前几个阶段关系恶化的自然延续。随着彼此相互交往的中断，或彼此利益依存关系的解脱，冷漠和逃避的关系状态会转变为关系的最后终结。

二、建设性的争执

每一种亲密的关系都是伴随冲突存在的。世界上没有一种长久的亲密关系是长期和平的。分歧、争执，而后和好，是一切让人感到满足和幸福的关系的恒定特征。为此，人际关系的双方必须懂得，争吵是关系存在的一部分，也是相互了解的一种方式。而要想维持双方融洽的感情和温馨的关系，双方都必须学会如何建设性地应对这些一定会或早或晚、或急或缓地发生的冲突。可以说，冲突本身就能成为双方相互了解得更深的机会，在争执开始就已经为和解准备了机会，并会在争执后产生真正的，甚至更深的融和。避免破坏性争执的方式很多，一般是不要草率地道歉，逃避争论，冷处理，或者退出争执，使用你所了解的对方隐私来不择手段地伤害或侮辱对方或引入无关的话题假装达成一致，实则心存愤恨地将自己的感觉告诉对方，通过批评对方所重视的事物来间接地攻击对方，通过增强对方的不安全感或者以灾难性的后果为威胁伤害对方。

三、预防人际关系破裂

心理学家发现，认清人际冲突或分歧的本质，并学会建设性地处理分歧或冲突，可以有效地减少人际关系恶化和破裂的发生。

首先，我们必须懂得，由于每个人有其不同于其他人的经历，有自己独特的情感和利益背景，因此，人与人之间出现不一致或冲突是不可避免的。无论什么样的关系，也无论交往的双方关系有多么深厚，情感有多么融洽，都可能出现冲突。因此，我们在交往的过程中，都应对可能出现的冲突有所准备。

预计冲突是正确了解冲突，并建设性地处理冲突，避免在冲突中付出不必要的更大代价的最有效途径。一般情况下，如果一个人在毫无准备的情况下被直接卷入冲突，那么在整个冲突过程中仍然保持理性是十分困难的。人是情绪化的动物，在人过于激动的时候，思维会受到明显的干扰，很难做出对事情的正确判断。

在实际生活中，许多人际冲突都是可以避免的。学会用移情的方式去体验别人为什么会那样做，可以有效地帮助我们正确理解别人，避免判断错误，也可以防止发生不恰当的行为。

对于已经发生了的冲突，如果处理得当，就事论事，往往不会给人际关系带来太大危害。心理学家经过研究，提出了解决冲突的有效步骤。实践证明，这些步骤可以有效地帮助人们控制和消除冲突。这些步骤的具体内容是：

第一，相信一切冲突都可以理性而建设性地获得解决。

第二，客观地了解冲突的原因。

第三，具体地描述冲突。

第四，向别人核对自己有关冲突的观念是否客观。

第五，提出可能的解决冲突的办法。

第六，对提出的办法逐一进行评价，筛选出最佳的解决途径，最佳方法必须对双方都最有益。

第七，尝试使用选择出的最佳方法。

第八，评估实现最佳方案的实际效应，并按照给双方带来最大利益和有利于维持良好人际关系的原则给予修正。

第四章　人际吸引

人是社会性的动物，具有合群与群居的倾向。与他人进行有意义的交往是人类社会生活的前提。在学习与生活中，我们都要与他人建立种种特定的关系。人际吸引现象普遍存在于各种人际交往中。

人际吸引是指在人际交往过程中形成的，以感情因素为主的，对他人的一种特殊形式的社会态度，是个体给予他人积极和正面评价的倾向。

人际吸引是人际关系中彼此相互欣赏、接纳的亲密倾向，它是人类的基本心理因素之一，是形成良好人际关系的重要基础。归属的需要是人类最重要、最基本、最广泛的社会动机。人们寻求与他人交往并进一步发展成为亲密关系的倾向源于自身生存的遗传特质，为了生存，人们需要和他人交往。

第一节　人际吸引的社会心理基础

人需要别人、需要交往并建立和保持良好人际关系的具体动机很多。从社会心理学的角度来看，所有这些复杂的具体动机，都可以归结为人们对于确立自我价值、安全以及交往与独处的需要。为了使自己的人生具有价值，获得明确的自我价值感，人需要了解别人，需要通过别人来了解自己，需要爱与被爱，需要归属和依赖，需要助人或得到别人帮助，需要有机会显示自己的优越或展现自己的专长等等。所有这些，都使人需要别人，需要同别人进行交往，需要同别人建立并维持一定的人际关系。另一方面，人为了获得明确的安全感，就需要在面临危险的情境时有别人在场，需要在自己面临困境时得到别人的帮助，需要在自己不确定的情境中得到别人的指引，需要在自己烦恼、忧愁或悲伤的不安宁时期，有别人来抚慰和排解。然而交际交往需要是有限的，当人们感到交往过多，必须应酬各种人际关系时，人们又会为交往的过多和人际关系的过于复杂而不安。所有这些，导致了一个人对别人的依赖，导致了人们产生对交往和稳定人际关系的需要。

一、自我价值寻求的需要

（一）自我价值感

人是一种理性的动物。从一个人自我意识的出现那一天起，他就开始用一定的价值观来进行自我评判。当自我价值得到确立时，人在主观上就会产生一种更加自信的感受。人生有价值，生活才富有意义并使人充满生活的热情。相反，如果一个人的自我价值感得不到确立，他就没有正常的自信、自尊和自我稳定感。此时人就会自卑、自贬、自我厌恶、自我拒绝、自暴自弃。自我价值感完全丧失，人生就不再有意义，人就只能走上自毁、自绝的道路。

人的自我意识的保持和自我价值感的确立，是通过社会比较过程来实现的。人是社会性的动物，其自我意识是在社会化的过程中随着语言的掌握形成和发展起来的。一个人用来进行自我评判的价值标准，也是从社会化过程中获得的，是社会性的。因此，人只有将自身置于社会的背景之中，通过将自身与别人进行比较，才能确立自己的价值。心理学家大量的研究已经证明，人的自我意识高度依赖于个人的新近经验，而新近经验的变化，也会引起自我意识的变化。一个人必须不断地通过社会比较获得支持性的信息，相信自己是有价值的，才能保持其稳定的自我价值感。如果社会比较的机会被长期剥夺，则会缺乏有关自我状况的社会反馈信息，从而导致个人自我价值感的危机，并使人产生高度的自我不稳定感。人是不能忍受自己的价值得不到肯定的，因此，自我不稳定感会引起人的高度焦虑，并促使人去同别人进行交往，进行有意无意的社会比较，以便获得有关自我状况的社会反馈，从而了解自我，使自己的行为具有明确的方向，并使自我价值感重新得到确立。

（二）社会比较

1. 意义。对社会比较现象的揭示和社会比较规律的发现，是社会心理学家近年来的杰出贡献之一。大量的科学研究揭示，人们对于自己的能力、性格与心理状态的评价，以及对人、对事、对物所持有的看法，常常是不确定的。人们要想在这些方面做出正确的判断，必须通过将自身的状况与他人的状况进行比较，即通过社会比较的过程来实现。人只有在找到了一个参照系，并确定了自己在这一参照系中的位置之后，才能形成明确的自我评价。一个人对自身状态的不确定感越强，进行社会比较的需要也越强。由于这一原因，学生在考试结束以后，往往不只关心自己的成绩，而且还很关心其他同学的成绩。因为只有既知道了自己的成绩，又知道了同学的成绩，并将自己的成绩与同学的成绩进行对比，自己的成绩才有明确的评价意义。比如，同样是80分，若同学的成绩都超过了80分，那80分便成了最后一名，这时就会感到强烈的挫折感。但是，如果恰好考题特别难，80分是名列前茅的成绩，甚至是第一名，那就会感到莫大的成功与满足。了解这种社会比较原理的家长、教师，常常并不草率、简单地凭一个学生的成绩单评价他的水平，而是根据他的学习水平或能力在全班、全年级或全校所处的位置来确定其水平。其中的道理，就在于一张脱离了参照系的成绩单所能提供的信息，远远少于基于一个特定的参照系所做的评价。

在实际生活中，我们对于自己及周围世界关系的了解，对于别人及别人同周围世界关系的了解，都必须借助于社会比较的过程来实现。只有通过社会比较，明确了自己、他人及其他被评价事物在某一特定参照系中的位置，我们才能建立起对自己、对别人及对周围世界的明确概念，才能把握自己和周围世界，使自己的行为获得明确的引导，并在此过程中保持明确的自我意识，保证自我价值感的确立。

2. 对象与过程。在社会比较的过程中，人们选择的比较对象一般是与人们在各种自然和社会特征上相接近的人。一个人往往首先认同于与自己特征最为接近的群体，以这个群体的反应或状态作为评判自己反应或状态的标准。也正因为如此，人们的社会交往对象，都倾向于在年龄、阶层、性格、社会职业、种族或地域相同的人群中选择。人们稳定的人际关系，也首先倾向于在年龄、阶层、社会职业、性格和经历一致的人群中建立。"物以类聚，人以群分"这种现象是有其心理学依据的。

社会比较过程是直接以确定自我价值的需要为基础的，因此，它几乎随时随地都在影响着人们的观点、情绪和行为。大量的心理学研究证明，在社会比较的过程中，人们会有意无意地将参照群体的反应或状态，当做自己的反应或状态是否恰当的评判依据。当自己的反应或状态与别人的反应或状态出现差距时，人们会产生偏离焦虑，心理上出现不平衡。这种不平衡会促使人们矫正自己的反应或状态，使其更接近参照群体的反应或状态，并最终消除心理上的不平衡。当然，从别人的角度来说，人们的反应或状态，也会对其发生性质相同的影响，使其反应或状态向人们的反应或状态接近。这种相互作用、相互比较的结果，最终会使一个群体达到高度的一致。

日常生活中，社会比较的效应是常见的。一所学校、一家单位、一个社区、一座城市，都有其主导的"风气"。许多人从价值倾向上认同于某一群体的那一天起，就不知不觉地接受了"风气"的影响，并很快具有与风气相一致的行为特征。

二、安全感确立的需要

获得明确的安全感的需要，是人们需要别人，需要交往并建立和维持一定人际关系的另一基本的社会心理原因。

（一）生物安全感

人作为有机体，同样要遵循生存是第一要义的生活法则。没有人会怀疑，自我保存是人的最根本的原发性需要。因此，人都需要自己所处的情境能够为其提供充分的安全感。社会心理学家所做的大量研究揭示，与人交往，是获得安全感的最为有效的途径。当人们面临危险的情境而感到恐惧时，与别人在一起，可以直接而有效地减少人们的恐惧感。

与别人待在一起或与别人交往，可以成为一种有效的安全手段。就是说，既然别人处于同样的情境不感到害怕，那么自己也没有理由感到害怕。这种心态的相互感染，可直接起到为人们提供安全感的作用。

科学家对各种威胁人类安全感的情况做过广泛研究。结果发现，无论在什么场合，当人们不可避免地介入一种情境，自己不能把握，从而安全感得不到充分确立时，人们需要别人或与人交往的倾向便明显加强。如果我们有在漆黑的夜晚独自走路或独自去深山的经验，那我们更会体会到对同伴的需要有多么强烈。有人研究过在战场上与部队失散了的士兵的心理，发现最令散兵恐惧的，不是战场的炮火硝烟，而是失去同战友联系的孤独。一旦一个散兵遇到自己的战友，哪怕战友完全丧失了战斗力，哪怕他还只有一口气，这个散兵也会感到莫大的安慰，其独自一人时的高度恐惧感会大大减缓甚至消失。

（二）社会安全感

人不只有生物性的需要，也有社会性的需要。同样的道理，人不只有生物性的安全需要，而且还有社会性的安全需要。当人置身于自己不能把握或控制的社会情境时，人同样会缺乏安全感。例如，当一个人调到一个完全陌生的新单位工作，或一个学生转到一个完全陌生的学校时，由于突然脱离了原来的人际关系支持，新的人际关系支持又尚未建立，其在自我稳定感和社会安全感方面都会出现危机。在新的人际关系建立起来之前，人们会一直处于高度的自我防卫状态。

心理学的研究发现，同生物安全感的建立相似，获得社会安全感的最有效的途径，同样是与人交往并由此建立稳定的人际关系。当一个人的社会安全感出现危机时，进行社会交往的需要就十分强烈。不过，与生物安全感的建立不同，一个人要获得充分的社会安全感，仅有别人的伴同或表面交往还不够。

社会安全感的本质是人与人之间的情感联系。只有在人们通过交往同别人建立起了可靠的人际关系（亦即稳定的情感联系和支持）之后，人们的社会安全感才能得到确立。人到了新的社会环境之中，之所以尤其看重同别人的交往，注重别人对自己的评价，珍视别人对自己的接纳和帮助，以及希望尽快同别人建立良好的人际关系，都是由确立社会安全感的需要决定的。

三、独处需要与交往需要

研究表明，当人们感到孤独，感到缺乏情感依赖和理解，感到没有足够的人际关系支持时，就会为人际关系的缺乏而烦恼。而当人们感到交往过多，必须应酬各种人际关系，难以把精力集中在自己所选择的目标上，做出决定必须考虑各种人际关系时，人们又会为交往的过多和人际关系的过于复杂而不安。

（一）独处需要

所有这些矛盾现象的根源，都在于人身上存在着两种截然不同、彼此对立的需要。一方面，人需要获得明确的自我价值感和安全感，需要进行社会比较，因而需要与别人共处，需要与别人交往并建立和维持稳定的关系。另一方面，人也需要有内省的经验，有无拘无束、自由表现自己的机会，因此需要有独处的时间，需要暂时地远离和逃避别人。我们知道，任何人，无论关系多么亲密，哪怕是自己的丈夫或妻子、父母或孩子，都会对自己构成一种评价压力，对自己的行为有所限制。

每个人对于在社交生活中的行为必须检点这个问题，都有自己的体会。实际上，检点本身就意味着某种限制。社会交往的情境越正式，人们受限制的感觉也就越强烈。正式的社交情境的评价压力，甚至常常使人表现失常，难以自由自在地表现自己。由于社会规范和由此产生的社会期望的存在，我们在同别人共处时，无论自己的实际感觉如何，都需要尽可能地表现出一个从他人、从自己和从一般社会评价的角度来说都可以接受的形象。我们需要顾及别人的面子，顾及自己的身份和角色，需要考虑我们的言行对别人有什么样的影响，需要考虑别人对我们的言行会做出什么样的反应。

因此，实际上，在任何社会交往的情境中，我们都不可能完全按照自己的真实感受和真实期望去做。高兴时，我们不能得意忘形、抓耳挠腮；悲伤时，我们也不能随意痛哭流涕。更重要的是，在社交情境中，我们必须将注意力或多或少地投向别人，留心别人的状态和反应，这就使我们不能潜心于体会自己的经验，对自己的外部表现进行自我评价，更不能很好地反省自己的内部状态。不能有良好的自我观察和自我评价，自然就缺乏有效的自我矫正，缺乏应有的自知。哲学家曾说，过多的交往使人浅薄。从心理学的角度来看，这一命题是有其科学根据的。

（二）交往需要与独处需要的平衡

最新的社会心理学研究证明，就像缺乏与人共处、与人交往的经验会使人焦虑不安一样，过多的社会接触所造成的独处经验的缺乏，同样会使人产生焦虑情绪。可以设想，如果某个人成天对我们说个不停，我们会很快从认为这个人热情、健谈转而感到其啰唆、饶舌，并很快从欢迎他变为越来越不能容忍，以致最后不得不寻找借口逃避，甚至直言拒绝。再者，如果我们的人际关系过于丰富，成天不断有人来电话、来访，那我们也会有意掐断电话或不得不闭门谢客。科学研究证明，人的机体作为一个信息加工和综合性的需要系统，不仅需要使自己接受的刺激总量保持最佳水准，也需要保持各种刺激量的匹配和平衡。刺激总量的过多或过少，或者某种刺激的过多或过少，都会引起机体的调整反应。如果机体在某一阶段接受的刺激总量超出了机体承受能力，那么机体会以疾病方式强迫人进行调整，以减少此阶段的刺激量。同样道理，对于交往性的刺激，人们也需要保持一个最佳水平。交往过少，机体的调整方向是促使人们与人交往。而交往过多，机体的调整方向则是促使人们逃避别人，增加自己的独处时间。虽然，不同的人交往需要和独处需要的强度是不同的，但不论是谁，都存在着这两种相互对立的需要，并且必须使二者维持在某种水平的平衡状态。人际交往是重要的，但同时人们对它的需要也是有限的。

心理学研究还证明，过多的社会接触，常常具有破坏性的后果，即导致正常的人与人之间相互接纳和依赖的情感被破坏，使人变得不能容忍别人、不合作甚至敌对和冲突。有人将这一原理运用于日常的人际关系，认为无论怎样亲密的关系，也需要适度的分离。如果一味认为关系亲密、情感甚笃就应长相厮守，甚至自觉不自觉地侵犯别人的隐私，伤害别人的情感，那么，终会有一天，你会发现，这种亲密的关系实际上早已在危机之中挣扎。

第二节　人际吸引的规则

人际吸引受多种因素的影响。总结社会心理学家在人际吸引领域的研究，可以发现，影响人际吸引的主要因素有情境、个人特点、相似和互补等。

一、熟悉效应

人们的交往是在一定的情境下进行的，不同情境下的交往常常是不一样的。这种情境因素作为人际关系的载体，反映了人际关系的结构和性质，对人际吸引有着重要的影响。这些因素包括熟悉度与现代居住环境等。

（一）熟悉与人际吸引

熟悉对人际吸引的影响毫无疑问是很大的。随着熟悉程度的加深，大家对不喜欢的事物会变得越来越喜欢。巴黎的埃菲尔铁塔就是一个很好的例子。它在刚被建立起来时备受责难，不少巴黎人都无法忍受这个钢铁怪物，认为它非常难看，是对巴黎美丽风景的破坏。可是今天，它变成了令人喜爱的纪念塔，成为巴黎的象征，是熟悉培养了人们对它的喜爱。

熟悉不仅能引起人们对事物的喜欢，也能引起人们对他人的喜欢。人们在相互交往的时候，往往是同周围的人进行交往。通过不断地接触，彼此相互了解，相互喜欢。人际关系由浅入深，也正是从相互接触和初步交往开始的。

1. 熟悉引起喜欢。熟悉本身就可以加深一个人对于某种对象的喜欢。一个人仅仅经常在我们面前出现，便能加深我们对他的喜欢。

2. 熟悉对象的性质与喜欢。熟悉不是影响喜欢的唯一变量。所接触对象的性质，也影响着人们喜欢的程度。熟悉性导致喜欢的最常见的就是曝光效应，某个人只要经常出现在你的眼前，就能增加你对他的喜欢程度。每个人所看到的自己的脸与他人看到的是不一样的，自己看到的经常是镜中的像，而他人看到的经常是客观的形象。根据曝光效应的假设，外人应该喜欢他们从平常的角度所看到的脸，而自己应该喜欢这张脸的镜中影像。之所以如此，因为自己经常看到的是镜子中的像，而他人看到的则是正像。当然，曝光效应也有限制：一开始对他人的态度是喜欢或是中性时，见得越多才越喜欢。如果一开始就讨厌对方，那么见得越多反而越讨厌。

如果发现别人对某一事物的态度与自己相同，则熟悉会增加喜欢的水平。如果知道别人对某一事物的态度与自己不同，则熟悉不影响喜欢程度。

熟悉使人们更为容易辨认事物。学习过程的本身改进了人们辨认事物和对其进行分类的能力。这种改变本身会使人变得更为积极。人在长期演化过程中，形成一种不喜欢和恐惧未知事物的特征。人需要了解周围世界，并明确它们的意义。

许多研究还表明，不仅人们意识到的熟悉会增加人们对事物的喜爱，甚至我们没有有意注意的对象的重复出现，也可以使我们产生更为积极的体验。对于经常一起听自选课的同学，尽管你完全不知道他们的任何事和名字，你也倾向于越来越喜欢他们。

在进化过程中，人类经常小心地应付不熟悉的物体或情境，而这种针对不熟悉情境的谨慎加强了生物适应性。通过与这些环境不停地相互作用，给人们带来危险的不熟悉的事物逐渐为人们所适应，也就变得熟悉与安全了。随着戒心的解除和舒适性的上升，人们对该事物的正面情感也必然增加。也有一些人从其他方面解释熟悉性的影响，他们认为重复出现可以增加对某个人的再认识，这是开始喜欢的第一步，同时熟悉他人时对其行为的预测变得容易，熟悉性也引发了相似性。

（二）居住环境邻近性对人际吸引的影响

俗话说，近水楼台先得月，远亲不如近邻。居住位置越近的人之间关系往往更亲密，得物理距离上的接近性成为影响人际吸引的重要因素。相比之下，那些距离较远的人之间关系可能就不是那么亲密。人与人在地理位置、空间距离上越接近，越容易形成密切的关系。因为距离近，人们相互接触和交往的机会增多，双方间更容易了解。如同班、同组、同院的人更易成为朋友。我们知道，自己所喜欢的人往往是邻近的人，而自己厌恶的人，也有邻近的人。邻近性是相互吸引的一个重要条件，但不是充分必要条件。

居住环境在人际吸引方面影响显著。居住距离越近的居民，越容易成为朋友。在一个较小范围内，如同一栋公寓或者宿舍里面，如果人们住得很近，就比较容易互相喜欢。

居住环境的相邻性能引起人际吸引的主要原因：

第一，接近性增加了熟悉程度。相邻的人之间往往"低头不见抬头见"，接触的机会比较多，熟悉程度越来越高，彼此间会逐渐有好感，从而使人际吸引增加。

第二，接近性常常和相似性联系在一起。相似对人际吸引的影响我们将在后面谈到。居住在同一个地方的人，在生活方式上往往一样。另外，我们选择与我们相似的人一起居住和工作，而地理位置的接近又反过来增强了我们的相似性。

第三，人们能从居住接近的人身上以相对较少的代价获得社会性报酬。我们可以很方便地跟邻居聊天维持人际关系，在需要帮助时，从邻居那里能更方便地得到帮助。而那些居住距离远的人之间建立和维持友谊的代价要高得多，需要时间、金钱和计划，因此人们倾向于和居住在周围的人发展和维持友谊。

第四，基于认知一致性，如果和我们住在一起或者一起工作的人是我们不喜欢的，会引起我们心理上的焦虑。认知压力会改变我们对他们的看法，从而喜欢他们。

空间上的邻近是密切人际关系的重要条件，但不是越邻近吸引力越强。有时空间过于邻近，交往过于频繁，反而容易产生摩擦和冲突，从而影响人际关系的发展。这充分反映了人际吸引与空间距离上的辩证关系。

二、个人特征

（一）仪 表

一个人的仪表包括长相、仪态、风度、穿着等，这些都会影响人们对这个人的知觉和评价，也影响人们与他（她）的互动。尤其在初次见面时，由于第一印象的作用，仪表因素在人际交往中占重要地位。虽然人们能理智地认识到"人不可貌相，海水不可斗量"、"不可以貌取人"等，但是在实际生活和交往中，人们往往还是难以摆脱仪表所起的微妙作用。在其他条件相等的情况下，漂亮的人更招人喜爱。爱美之心，人皆有之。

仪表之所以能成为影响人际吸引的一个重要因素，是因为爱美是人类的一种普遍需要。美丽的仪表能使人产生愉悦的情绪，构成一种精神酬赏，从而容易对交往的对象产生好感。另外，仪表的美丑可以产生晕轮效应，即由一点推及其他。美丽的仪表可以使人认为这个人还具有其他一系列的较佳品质。

虽然我们一直被告诫不要因为一个人的外貌好看就认为这个人很好，但是我们很难避免外貌对印象形成的影响。外貌对于人际吸引的影响是显而易见的。爱美是人的天性，无论在哪种文化背景中，美貌都是一种财富，都令人向往。

"漂亮的就是好的"刻板印象的基本特点在跨文化中是一样的，包括社会技能和胜任力。人们认为让别人看到自己和特别漂亮的人在一起，能提高自己的大众形象，就像对方的光环笼罩着自己一样。有人说美貌是一张特殊通行证，美是一种诱惑，一种吸引。如果一个人有一张美丽的面孔，再加上善良和智慧，那么他（或她）将永具魅力。

社会心理学实验表明，外貌魅力会引发明显的辐射效应，使人们对高魅力者的判断具有明显的倾向性。有吸引力的人被认为拥有与外貌毫不相干的优秀品质，如健康、智力等。与普通教师相比，学生们评价吸引力高的女教师是更好的老师，讲课也更有趣。

虽然一般情况下美貌会产生辐射效应，使人们对有美貌的人各个方面做更为积极的评价，但是，如果人们感到有魅力的人在滥用自己的美貌，则会反过来倾向于对她们实施更为严厉的惩罚。

美貌并不见得在所有情况下都好。在中国民间，就有所谓"红颜薄命"的说法，认为貌美的女子可能会遇到更多的坎坷。一些人也相信美丽的女人比较自我中心，而英俊的男人可能头脑简单等等。

对于相貌美的标准，人们通常有大体一致的看法。但是，也存在文化差异（例如东方与西方对美女的标准有所不同）、时代差异（例如唐朝的美女形象比较丰满，现代的美女形象则比较苗条）、个人差异（例如有人喜欢双眼皮，有人喜欢单眼皮）与关系差异（例如情人眼里出西施）。

综上所述，仪表在人际交往过程中起了不可忽视的作用，但是研究也表明，随着交往时间的增长，双方了解程度的加深，仪表因素的作用也会越来越小，人际交往的吸引力将会从外在的仪表逐渐转向人们内在的品质。

（二）姿　态

思想家培根说："形体之美要胜于颜色之美，而优雅行为之美又胜于形体之美。"我们在日常交往中除了要注意仪表因素外，还要注意姿态这一人际吸引的因素。

生活中人们可以发现，我们无论是举手投足，站立坐行都会在一定程度上透露自我心理，人们可以通过姿势、动作了解你的内心活动、心理状态。日常生活经验表明，当我们与身份、地位低于我们的人交往时，姿势最为放松，甚至相当随便；在与同等地位的人交往时，姿势一般比较放松；而在与身份、地位高于我们的人交往时，往往较紧张、拘谨，甚至会出现手足无措的状态。比如校园中师生交往，作为教师，应用亲切的态度、和缓的语词，使学生放松，而学生应克服不必要的自卑感、拘谨感，以平等自然的态度交往，这样更易取得教师的好感。既然姿态可以反映人的心理和生理状况，那我们平时应注意分析自己的身体语言的姿态，进一步认识自己，从而注意在交往中如何正确地运用体验，增强自己的人际吸引力。

（三）表　情

表情是内心情绪的外在表现，它往往会透露出人的真情实意。学会观察面部表情的各种细微差别，对于我们在交往过程中准确判断对方的内心世界是十分有益的。观察到对方的表情，并相应地改变自己的交往方式和内容，无疑会帮助我们提高交往的效率。

（四）微　笑

微笑是愉悦的表情，人际交往应中应多一点真诚的微笑，要善于交往，就应善于微笑，笑能使你轻松自如，也能使别人心旷神怡。

（五）才　能

一般说来，人们喜欢那些有能力的、聪明的人，喜欢那些善于交谈的朋友，喜欢技术出色的篮球运动员，喜欢有见识的教授。与有能力、聪明的人在一起可以让人获得更多的东西，也会觉得更安全。

才能与人际吸引之间的关系是复杂的。有研究发现，在一个群体中，最有能力、最有头脑的成员，往往不是最受喜爱的人。因为人对于别人有着两种不同的需要。人们在交往中，一方面希望自己周围的人都很有才能，有一个令人愉快的人际交往背景。但是，如果别人非凡的能力使人们可望而不可即，则会给自己造成一种压力。因此，当一个榜样被描绘成在各方面都完善到普通人不可企及的地步时，人们就只好敬而远之了。

如果一个英雄、伟人、名人偶然暴露些小缺点，或者遭受一些小挫折，反而会使人更喜欢接近他。但是，有些小缺陷而才能卓越的人对两种人缺乏吸引力。心理学家阿龙森等人的实验研究证实了它的正确性。实验给被试者呈现四种人，包括才能出众而犯了错误的人，才能出众而未犯错误的人，才能平庸犯了错误的人，才能平庸未犯错误的人，然后让被试者评价哪一种人最有吸引力。结果表明，才能出众但有错误的人被认为最有吸引力，才能平庸而犯同样错误的人被认为最缺乏吸引力，才能出众但没有错误的完美者吸引力排第二位，才能平庸但没有错误的人吸引力居第三。这一实验提供了一个有力的证据，即小小的错误会使有才能的人的吸引力更增加一层。后来心理学家称这一现象为"犯错误效应"。

进一步的研究揭示，犯错误效应直接受性别角色与自尊心的影响。在性别方面，男性更喜爱犯了错误的才能出众的男性，而女性则更喜欢能力出众而没有错误的人，对男女对象都是如此。

在自尊心方面，中等水平自尊心的男性，更喜欢能力出众而有错误的人，而低自尊的男性则更偏爱没有错误的能力出众者。这种现象意味着，人们对喜爱对象的选择，会受到其自我价值保护心理的影响。中等自尊心的被试，自觉与才能出众者相去不远，而才能出众者有错误，会使双方的距离缩短。而对于低自尊者，能力出众者已是高高在上，双方的距离更大一些，反而可以减少社会比较的压力。

可以看出，才能与被人喜欢的程度，在一定限度内成正比关系，才能越高，越受人喜欢。超出这个范围，其才能所造成的压力就成了主要的作用因素，使人倾向于逃避或拒绝。任何一个人，无论如何不会去选择一个总是提醒自己无能和低劣的对象来喜欢。

（六）个性品质

在影响人际交往的诸多因素中，个性品质是最重要的因素。在人际交往的初期，一个人的外表美往往具有较大的影响，但随着交往的加深，这种影响会逐渐减弱，而个性品质的影响则逐渐增大。同外表美相比，优良的个性品质具有更持久的人际吸引力。优良的个性品质主要包括诚实、正直、真诚、热情、豁达、宽容、善良、机智、幽默、乐于助人等。性格是一个人的内在美，尽管这些人未必容貌出众，但这种人能给人带来欢乐。通常人们不喜欢邪恶、虚伪、冷酷、自私自利的人，尽管这些人可能长相不错。

三、相似规则

在人际交往过程中，人们愿意与那些与自己相似的人交往，即所谓物以类聚，人以群分。相似使人们更加容易相互理解，有共同语言。相似性因素有很多，包括年龄、性别、学历、兴趣、性格、气质、态度、道德观念、宗教信仰、社会地位、教育程度等。在相似性因素中，态度是最主要的因素，例如在政治观、宗教信仰、对社会现象的看法等方面比较一致的人，在感情上更为融洽，即所谓志同道合、情投意合。

相似的人可以为我们的信仰和态度提供支持，使我们感到自己不是孤立无援的，甚至感到自己的态度和信念是正确的。当情境不明确的时候，人们往往通过与他人的比较来确认自己。选择那些在某些方面与自己相似的人交往，能使自我概念得以确认，与自己相似的人一般同意我们的主张，对我们的观点加以支持，使我们有信心。这种认同感会令人感到安宁和愉快。当个体对自己的某种观念或态度的正确性还不能完全肯定时，听到有人同意自己的观点和态度，是一种对自己的强化。而他人与自己观念不同，会提醒人们自己可能是错误的。

相似性能引起喜欢，反过来喜欢也能引起相似性。研究表明，最初的相似把大家引到了一起，随着关系的发展，他们分享经验和想法，逐渐变得更加相似，这样就形成了一个良性循环。

四、互补规则

互补性是指双方在交往时所产生的互相满足的心理状态。当交往双方的特点和需要正好成为互补关系时，双方会产生强烈的吸引力。例如，一个优柔寡断的人往往喜欢和果断的人在一起，而一个内向的人往往也会和外向的人成为好朋友。一个支配欲较强的人喜欢和依赖性强的人交往，这就是互补性需要在人际交往过程中的作用。研究证明，互补性因素增进人际吸引往往发生在感情深厚的朋友交往中。

另外一种互补的情况是他人的某一特点满足了自己的理想，从而加深对这个人喜欢的程度。这不是严格意义上的互补，而更像是补偿作用。如一个人喜好某专业而自己又失去了进入该专业学习的机会，因此尤其看重学习该专业的朋友，就属于这种情况。

五、协同规则

（一）相似与互补的协同

表面上，相似与互补是矛盾的，但事实上，二者有时是协同的。比如支配型男性与依赖型女性结成的婚姻，他们可能都认为婚姻幸福取决于双方的配合，丈夫在婚姻中应起支配作用，而妻子则应处于服从地位。这样，双方的支配与服从，实际上都是在有效地履行自己在婚姻中的角色。在这种情况下，互补是建立在态度与价值观一致基础上的，相似与互补获得了协同。

（二）相似与互补的不同作用

当交往双方社会地位接近或平等，社会角色作用相同时，如通常的友谊关系，决定人际吸引水平的主要因素是相似性。

当互补涉及人际吸引中的关键因素或社会角色相互对应时，互补就成了影响人际吸引的主要因素。如一个依赖型的人需要支配型的人引导的时候。

六、报偿规则

报偿指的是人们喜欢那些向他们提供报偿的人，或者喜欢那些与自己的愉快经验有关的人。这种现象可以用学习原则加以解释。别人给予的报偿，或某人从别人得到报偿的愉快的体验，作为积极的刺激物而与这个"别人"相联系，某人也就倾向于喜欢这个人。

人们喜欢那些也喜欢他们的人，人们一般不喜欢那些讨厌他们的人。中国古话"爱人者人恒爱之，敬人者人恒敬之"，表达了人与人之间爱与敬的相互性。

报偿原理的基础，似乎是人对别人有着一种报偿的需要，但这种需要又是因人而异的。人们希望得到别人的报偿，喜欢那些说自己好话的人。但是，这并不是说，任何迎合奉承之词都一样地博得人的好感。对提供报偿的人，其动机的信任度是影响好感实际产生与否的一个因素。

看来，人们固然企盼别人的喜欢，但是并非不顾这种喜欢的真实与虚伪。正是由于人们具有对他人真诚度的辨别力，那些惯于虚情假意的谄媚奉承者才不至于总是得逞。

如果一个人自始至终都对我们表达喜欢的话，我们可能不仅不珍惜，反而还因为对其动机和智力的怀疑而不喜欢他；而当另外一个人，起先表现的是对我们的不喜欢，但是经过一段时间的交往后，他变得喜欢起我们了，这反而会确定我们对其智力和诚意的判断是正确的，我们会更强烈地表现出对他的喜欢。

第三节　人际吸引的原因

一、人类的亲和动机

有两种动机影响人们的社会交往：一是亲和需求，它是指一个人寻求和保持许多积极人际关系的愿望；二是亲密需求，指人们追求温暖、亲密关系的愿望。这两种动机合称人类的亲和动机，即人类和他人在一起，并不断发展亲密关系的动机。

人类的亲和动机与两个方面的因素有关：第一个因素与社会比较有关，它强调人们通过社会比较获得有关自己和周围世界的知识。人类具有亲和动机的第二个因素与社会交换有关，它强调人们通过社会交换获得心理与物质酬赏。按照社会交换理论的观点，人们会尽量寻求并维持酬赏大于付出的人际关系。亲和需求可以提供六种重要的酬赏：

一是依恋。指最亲密的人际关系所提供给个体的安全感及舒适感，这种依恋小时候指向父母，成人后则针对配偶或亲密朋友。

二是社会整合。通过亲和与他人交往，并与他人拥有相同的观点和态度，产生团体归属感。

三是价值保证。得到别人支持时所产生的自己有能力有价值的感觉。

四是可靠的同盟感。通过与他人建立良好的关系，意识到当自己需要帮助时，他人会伸出援助之手。

五是得到指导。与他人交往可以使我们从他人那里获得有价值的指导，比如从医生、朋友以及老师等得到指导。

六是受教育机会。与他人交往能够使我们有机会接受来自他人的教育。

二、克服寂寞

人们与他人交往的第二个原因是为了克服寂寞。每个人都有过寂寞的体验，寂寞是指当人们的社会关系缺乏某些重要成分时所引起的一种主观上的不愉快感。当你远离自己的故乡到外地的时候，在最初的几周内，由于人生地不熟，你会觉得自己的社会关系当中缺乏你所需要的支持与关爱，你必然会有寂寞的体验。

寂寞分为情绪性寂寞和社会性寂寞。情绪性寂寞是指没有任何亲密的人可以依恋而引起的寂寞。社会性寂寞则是指当个体缺乏社会整合感或缺乏由朋友或同事等所提供的团体归属感时产生的寂寞。比如远在国外生活的人常常会因为观念和行为很难融入当地人的生活中去，产生社会性寂寞。

在谈到寂寞的时候，还需要弄清楚它与孤独的不同，孤独是一种与他人隔离的客观状态，孤独可以是愉快的或不愉快的，如宗教领袖与伟人经常是孤独的，但是他们是在孤独中探索精神的启示与世俗的进步，所以尽管孤独却并不寂寞，可以说它们之间没有任何的关联。

寂寞对人们的生活有着重要的影响，如果一个人经历长期寂寞，有时也叫慢性寂寞，他的生理与心理健康将会受到影响。心理学家发现，有许多因素对人们的寂寞感有影响，这些因素包括：

一是婚姻与经济状况。一般说来，贫穷的人比富有的人寂寞感强，这也许与后者有较多的时间和金钱从事休闲活动有关。

二是年龄因素。青少年最寂寞。这与年轻人的生活变化多有关。确实，随着年龄的增长，人们的生活会日趋稳定，加上社交技巧的发展和对社会关系预期的日益实际化，人们的寂寞感会降低。

三是人格因素。寂寞的人比较内向、害羞、自尊心低、社交技巧差。寂寞也常常与焦虑和忧郁联系在一起，这些人格因素里有一些可以同时是寂寞的起因及结果。例如，自尊心低的人可能不愿在社会生活里冒险，使得他不易和他人建立人际关系，从而加重了寂寞；反过来长期的寂寞可能使一个人认为自己是个社交上的失败者，使自尊心更低，更不愿意与他人交往。

尽管上述因素对寂寞感有影响，但更多的心理学家则相信寂寞与社交技巧有着更紧密的关系。有慢性寂寞的人常常是那些缺乏社交技巧的人，所以要想克服寂寞，首先需要提高他们的社交技巧。有人提出了一些提高社交技巧的建议，包括以下两个方面：一是提高对他人的关注。向他人多问问题，并表现出对他人话题的兴趣，而不要只是被动地对他人的问题做出回答，或者只谈自己感兴趣的事情。二是培养自己认识并遵从社会规范的能力，用社会技巧训练来提高自己在这一方面的能力。这种训练先让社交技能较差的人观察很会交往的人的行为（示范作用），接着让他们用角色扮演的方式解决自己在不同情境中遇到的交往问题，之后让他们观看自己与他人交往的录像，并提供必要的反馈信息。采用这种训练方式可以使人们学习到怎样开始一个话题，怎样处理沉默期，怎样使用非语言的交流以及怎样倾听别人的观点等。

第四节　人际吸引力的培养

现代社会最鲜明的特征是开放性，较强的人际交往能力是现代人必备的素质。

一、美化形象，完善第一印象

俊美漂亮的外表有不可抗拒的吸引力，正如古希腊哲学家亚里士多德所言："美丽是比任何介绍信更为巨大的推荐书。"一个人若想增进人际吸引，则应做合适的"印象修饰"。从自己的服饰、举止、面部表情、精神状态等做出适合于自身的角色和当时情境需要的改变，产生令人愿意接近的吸引力。

微笑是一种最简单有效的使人漂亮动人的方法，微笑传达着友善，暗示着自信，代表着乐观，是一种动态的形象。保持阳光般的微笑，有助于营造出明朗的人际氛围。

二、主动交往，提高熟悉程度

一般而言，人们有喜欢、亲近熟悉的人的倾向，因此，要想增强人际吸引力，就要主动提高对方对你的熟悉程度。提高熟悉程度的主要方法是互动接触，互动接触越多，熟悉程度越高，人际关系越容易密切。正如常言所说的："亲戚越走越亲，朋友越走越近。"亲密的人际关系形成以后，相互之间如果不再沟通交往，也会产生陌生感、疏离感，亲密的人际关系也会趋向淡化，即"日亲日近，日疏日远"。此外，熟悉可以增进好感，与我们接触及交往越频繁的人，越容易成为我们的朋友，这就是所谓的"曝光效应"。当然，如果我们熟悉的对象在人格或行为上存在污点时，越熟悉，我们反而会越不喜欢他。一般来说，如果没有这种负面的印象，熟悉是可以增加吸引力与好感的。

三、寻找共性，产生人际共鸣

"物以类聚，人以群分"，人们一般喜欢和自己相类似的人。人们在年龄、经历、学历、籍贯、社会地位、经济收入、兴趣爱好、态度价值观等方面相似点越多，越能够方便沟通，加深理解，获得支持，达成共识，产生共鸣，密切关系。寻求友谊的过程，在某种程度上是寻找相似点的过程。用你的慧眼去"求同"，在对方身上发现相似点，用心珍惜相似点，你便容易产生人际共鸣。

四、注重人际间的互惠

人际交往的过程实质上是交往双方需要满足的过程。人与人之间的交往是向着增加酬赏和减弱代价的方向发展的。在交往中，如果你能够适度满足对方的物质或精神需要，你对对方来说就会有较强的吸引力。所以，在人际生活交流中，每个人都难免会对酬赏和代价进行衡量。一般说来，功利的互惠较为现实，但不能长久；而心理的互惠较能满足人的基本需求，能长久。因此，如能把感激的心情准确传达给对方，对方也将会为你做更多的事、更多的服务。与朋友相处，如果我们恪守"己欲立而立人，己欲达而达人，己所不欲，勿施于人"的原则，设身处地去体悟对方之所欲、之所不欲，才能成为一个善解人意的人，一个走近对方心灵的人。

五、由衷赞美，拨动情感之弦

对他人表达赞美，表现出喜欢是增进人际吸引的有效途径。卡耐基曾经指出，"大方地给予别人赞美"是赢得友谊的良策。这一点得到了心理学实验的证实：在大多数情况下，人们会比较喜欢那些对他们有正面评价而非负面评价的人。当然，尽管人们喜欢听到赞美，但是不喜欢别有用心的赞美，如果人们对赞美者的动机有怀疑，就反而可能产生厌恶。相对而言，用行动表现出来的喜欢，如友善的对待，要比口头的赞美更容易产生人际吸引力。

六、善于倾听，关注对方所思

人们总是喜欢尊重自己，关注自己，对自己感兴趣的人。善于倾听，显示了对对方人格的尊重、观点的重视，是赢得友谊的诀窍之一。卡耐基曾说："只要你对别人真心感兴趣，在两个月之内，你所得到的朋友，就会比一个要别人对他（她）感兴趣的人，在两年内所交的朋友还要多"。

善于倾听有两点基本要点：注意力集中，主动反馈。

听别人谈话时精力集中，富有耐心容易赢得对方好感。如果别人讲话时，你注意力不集中，表现得心烦气躁，似听非听，浏览报纸杂志，或者做其他小动作，就会减弱或者抑制对方谈话的兴致，甚至招来不满与反感。如果是正式谈话最好记笔记，这样既有利于提神，也有利于归纳对方谈话的要点。

倾听的同时应主动反馈，用微笑、点头等方式暗示你能理解他的感受、见解，鼓励对方更加自由、流畅地谈论他的感受、见解。没听懂的话可以适当提问，请求对方详尽的解释。如果对方的观点与你相左，切忌硬邦邦、直来直去地反驳、批评对方，以免伤害对方的自尊心，失去对方对你的好感。温和、委婉的质疑，软化的批评，对维护对方的自尊更有利，对方也更容易接受。

七、加强个性修养，拥有持久磁力

外貌、仪表是人的外在，它一般在人际交往的初期对人际交往作用明显。个性品质、能力是人的内在，它们对人际交往的影响持久、稳定、深刻。尤其是个性品质，往往是人们选择朋友的首要因素，吸引朋友的个性品质有真诚、宽容、自信、幽默等。

（一）真　诚

一般人总把真诚作为选择朋友的首要要素，真诚是友谊的灵魂和核心。真诚是人际吸引的关键要素。孔子曰："民无信不立。"庄子曰："真者，精诚之至也。不精不诚，不能动人。"韩非子曰："巧诈不如拙诚。"如果你能做到言行一致，遵守诺言，讲究信用，不说大话假话，不轻易许诺，答应别人的事，竭尽全力，及时回应，你就容易赢得推心置腹、肝胆相照的良朋知己，拥有轻松愉快、稳固长久的社交圈子。相反"逢人只说三分话，未可全抛一片心"的结果只能使自己最多拥有点头朋友、普通朋友，而不可能拥有要好朋友、知心朋友。

（二）宽　容

"大度集群朋"，宽容待人能扩大交往的范围，化解人际矛盾。要想拥有宽容的品质，一般需做到：

1. 对对方的缺点、过失，容忍谅解。宋人袁平曾说："人之性行，虽有所长，必有所短。与人交流，若常见其短，而不见其长，则时日不可同处，若常念其长而不顾其短，虽终身与其交流，可也。"与人交往，总是苛求对方，盯住其缺点不放，交往可能一刻也进行不下去，最终落得"水至清而无鱼，人至察而无徒"的结局。对对方不期望过高，不求全责备，容忍其短处，谅解其过失，人际关系就容易和睦、从容。

2. 对待人际矛盾、争论，谦让自克。人际交往中产生摩擦、矛盾在所难免，发生矛盾时，不斤斤计较、耿耿于怀、盲目对抗、竭力争论，而是心平气和、克制冲动，得理饶人，化解纷争，尽力做到"猝然临之而不惊，无故加之而不怒"，"退一步，海阔天空；忍一时，风平浪静"。有了这种气度、胸襟，就容易化干戈为玉帛，拥有宽松、和谐的人际环境。相反，锱铢必较、睚眦必报，只能伤害感情，破坏友谊，激化矛盾。

3. 对待人际差异，尊重包容。多元化的社会造就人们多样化的个性，每个大学生都有不同的态度、价值观、兴趣爱好、行为习惯。有的人进取，有的人颓废；有的人热情，有的人冷淡；有的人好动，有的人喜静；有的人学业拔尖，有的人能力非凡。与人相处"求同"的同时必须"存异"，以开放博大的胸怀接纳不同的观点、见解、行为方式，承认它们的正常性，平等地对待它们。不一味地从自身狭隘的立场思考问题，不把自己的观点主张强加于人，不以固定的标准评价别人。设身处地地为对方着想，体会他们的心理感受，理解对方的感情和行为，交往就容易继续。

（三）自 信

在人际适应不良者背后，往往会找到一个缩小的，或者夸大的、虚幻的自我。自卑和自负是人际关系的大敌。自卑者一般妄自菲薄，过低评价自己，在交往中往往羞怯胆小、局促不安、畏首畏尾、消极被动，或者人云亦云，或者回避退缩，严重的甚至自我封闭，拒绝交往。自负者常常自命清高，过高评价自己，在交往中往往骄傲自大、盛气凌人、颐指气使、自吹自擂，或者独断专行，或者大包大揽，严重的甚至自我膨胀，孤芳自赏。心理学家柯里说："如果一个人只看到自己比别人好，别人都比不上自己，这样就会产生盲目乐观情绪，自我欣赏，自以为是，因此就不能处理好人际关系，而且还会遇到社会挫折，产生苦闷。"

恰当的自我意识是建立良好人际关系的基础，正确认识自我，拥有自信，才能进行成功的人际交往。有自知之明的人总能全面客观地认识自己，悦纳自己，在交往中不卑不亢、沉着镇定、轻松自在、潇洒乐观，既关照他人，也不委屈自己。

（四）幽　默

幽默是一种集智慧、机智、诙谐、乐观、自信、宽容于一体的个性品质，幽默能化解紧张的气氛，扭转尴尬的局面，润滑微妙的关系，使在场的人轻松自在，使人际关系变得更加顺畅自然。幽默的人总是受到众人的喜欢，在社交中居于中心地位。

八、展示才智，引起敬佩之感

才智不直接决定人际关系的和谐与否，但它决定人际吸引的强弱。才华、能力出众的人总比一般人更有见解，更有办法，更有力量，有可能给他人提供更多建议，更多启迪，更多帮助。在其他条件相当时，一个人越有能力、才华，人们就越尊重、钦佩、仰慕他。"腹有诗书气自华"，充分挖掘、培养特长，使自己在学业、才艺、组织协调能力等方面出类拔萃、卓尔不群，是提高自身人际吸引力的重要方法。

总之，人际吸引力的影响因素有外在形象、内在素质、交往技巧。美化外在形象，培养内在素质，讲究交往技巧是提高青少年人际吸引力的主要途径。

九、扩大彼此的相似性

我们往往喜欢那些和我们拥有共同理念、态度和兴趣的人，这就是相似性在人际间的吸引力。因此，要明确自己所期望的与他人、与社会的相似性，才能使自己的吸引力得以实现。

十、提高交往认识

交往水平和能力的提高，源于对交往正确的认识和正确的动机。因此，我们必须把提高学生对交往的认识，树立正确的交往动机放在首位。马克思曾经说过，交往是人类的必然伙伴，今天的社会同过去相比，已经有了巨大的差别。现代社会的基本特征之一是开放性，它和周围的环境无时无刻不发生着种种错综复杂的联系和交流。社会的开放使得人与人之间的联系更加紧密，更加方便，又使人产生了众多的欲望和更高的情趣，只有扩大交往才能适应社会，只有积极地进行交往，才有利于人的智力和创造力的发挥，另外，交往具有积极的社会功能和心理功能。心理学家认为，交往具有"整合"、"调节"、"保健"功能。"整合"是指以个体为生活与生存单位的人，通过交往纽带而连接成为社会群体，"调节"就是协调人与人之间的行为，使之在社会生活中保持平衡，避免产生相互干扰与矛盾冲突。"保健"就是交往对个人的身心健康有利，我们要通过各种有效途径，采取各种有效方法，向学生讲明交往的重要性和必要性，促进学生积极、主动地进行交往。

十一、学习交往艺术

交往是一门艺术。现实生活中，各种各样的人都有，我们应学会与各种人交往。

一是学会同心胸狭窄的人交往。心胸狭窄的人一是容不得人，二是容不得事，对比自己强的人嫉妒，对不如自己的人看不起。同这种人相处：一要大度，做到能谅解，能忘怀的忘怀；二要忍让，退一步海阔天高，但这里所说的忍让，不是要放弃原则，迁就其错误。

二是学会同生性多疑的人交往。当对方有了疑心，要冷静分析产生猜疑的原因，并采取相应的措施，以消除对方的猜疑。当一时不能消除对方的猜疑，可暂不理论，仍然相处。

三是学会同性格孤僻的人交往。有些性格内向的人，性情孤僻，不爱多说话，不愿向别人吐露自己的真情实感，有的往往喜欢抓住谈话中的细枝末节，进行联想，胡乱猜疑。同这种人交往，一要采取积极主动的态度，注意选择适当的话题，一般说来，应选择容易切入他们兴奋点的话题，使他们在不知不觉中与你交流。二要善于捕捉对方的情感变化，认真考虑措辞筛去那些容易引起歧义的词语，以防引起他们不正确的联想。

四是学会同任性的人交往。在现实生活中，有些人想说什么就说什么，想做什么就做什么，我行我素，不管人家怎么说，他还是照他本人的一套去做。同这种人相处，首先要体谅对方，求大同存小异，谦让一下，不固执己见，遇到彼此的设想不一致时，体谅对方。另外，要帮助任性者克服自以为是的不良作风，认真考虑别人的意见，勇于放弃自己错误的或不全面的看法，虚心地接受别人的正确意见。

五是学会同犯过错误的和后进的人交往。犯过错误的人与后进的人比较普遍存在着自卑和悲观。他们最为强烈的需要是人们的理解和信任，同他们相处，要遵循两个原则：一是关怀、帮助他们，使他们认识之所以后进或犯错误的原因，奋起直追，改正错误。同时，还要帮助他们克服一些生活上、学习上和工作上的困难。二是在以朋友的真诚去取得他们信任的基础上，设法点燃其自尊心的火种。

十二、加强心理调适

在人际交往中，自始至终存在着矛盾。当一方不能满足另一方的需求就会产生交往冲突。为解决交往冲突，必须加强心理调适。如，当朋友误解自己时，要学会换位思考，要考虑对方为什么会与你产生矛盾，千万不可认为自己没有错，意气用事，你不理我，我也不理你，甚至责怪对方。要站在对方立场上去领会对方的动机，弄清误解的前因后果，主动与朋友言归于好。当得不到朋友谅解时，要寻找机会，设法沟通。交往中，有时自己会做出对不起朋友的事。如果你的这位朋友不能谅解你，对你耿耿于怀，你切不可回避事实。如果真正希望朋友谅解自己的过失，必须真心真意地向对方认错、道歉，把话说明，把心灵敞开，让对方了解自己的愧疚，更主要的是要用行动去弥补过失，取得朋友的谅解。当说话过于直爽而伤害了他时，事后要主动向对方表示歉意，表明自己的原意，以便沟通思想，消除隔阂。青少年一般都具有说话直爽，心里有什么就说什么的特点。说话直爽是优点，但若不考虑时间、场合，不考虑对方的接受能力，过于直爽或生硬，有时难免"无意伤人"。

因此，我们说话时，特别是指出对方的问题，进行批评的时候，要讲究方式方法，尽量使忠言不逆耳，含蓄一点，幽默、风趣一点，让人乐意接受。能够接受；当同异性交往遇到非议时要冷静，由于传统观念的束缚，青少年对异性交往投以异样的目光，常常对异性交往妄加猜测，指指戳戳。当你在同异性交往遇到非议时，要保持冷静的态度。一是身正不怕影子歪，只要自己的交往是光明磊落的，就不要怕别人议论，让事实说话；二是不能因噎废食，干脆断绝与异性的交往，因为同异性交往不仅有利于心理的整合，也有利于异性间的取长补短。

十三、培养交往能力

首先，培养语言能力。人们传达思想、交换意见与表达感情、需要等，使用得最多的交往工具就是语言。俗话说："良言一句三春暖，恶语伤人六月寒。"语言是一把双刃剑，它既能创造更好的人际关系，亦能破坏人际关系，因此，要想顺利进行人际交往，必须十分重视语言能力的培养。一要明确说话内容，每说一句话，都应先想一想可能产生的效果，切忌没有目标或目标模糊地说话。二是接着倾听者的感情脉搏说话，尽可能地在倾听者的基本需要和当时的心境状态下引发话题，阐明道理，分析事实，让对方在心平气和的情境中，理解说话者所说的意思。三要学会听话。会说话必须先会听话，即听说话人话语的真伪，捕捉其真意和事实。具体地讲，要全神贯注地听别人说话，边听边概括对方说话的要点，还要协助对方把话说下去，更要善于听出说话者的言外之意。四要敢于说话，克服恐惧情绪。

其次，培养非语言能力，非语言主要指人的面部表情、姿势、动作等。如在听对方说话时，不要把视线一直死盯着对方，也不要一直把视线移离对方。更不可听甲说话时，却把视线集中在乙身上。当坐着与对方交谈时，坐姿要端正、自然、大方。落座时动作要轻，落座后目要平视，注意与你交谈者或发言者，不要东张西望，或打量人家室内的陈设而忽视对方。不要仰靠在坐椅或沙发上，腿不要抖动，更不要当着对方伸懒腰，挖鼻孔，剔牙齿等。一句话，一个眼神，一个手势都要有利于感情的交流，都要得体。

值得一提的是，人际关系中最有价值、最重要的一个特征就是真诚。要懂得"你要别人怎样待你，你就得怎样待人"，懂得"得到朋友的最好办法是使自己成为别人的朋友"。

十四、消除社交恐惧症

社交是现代生活中不可缺少的活动，但是，许多性格内向的人，会在人际交往中感到惶恐不安，并出现脸红、出汗、心跳加快、说话结巴和手足无措等现象，这一现象称之为"社交恐惧症"。克服社交恐惧症应做到以下几点：

一是做一些克服羞怯的运动。例如，将两脚平稳地站立，然后轻轻地把脚跟提起，坚持几秒钟后放下，每次反复做30下，每天这样做二三次，可以消除心神不定的感觉。

二是紧张使人呼吸急促，因此，要强迫自己做数次深长而有节奏的呼吸，这可以使紧张的心情得以缓解，为恢复自信心打下基础。

三是与别人在一起时，不论是正式或非正式的聚会，开始时不妨手里握住一样东西，比如一本书，一块手帕或其他小东西。握着这些东西，对于害羞的人来说，会感到舒服而且有一种安全感。

四是学会毫无畏惧地看着别人，并且是专心的。当然，对于一位害羞的人，开始这样做比较困难，但你非学不可。试想，你若老是回避别人的视线，老盯着一件家具或远处的墙角，不是显得很幼稚吗？难道你和对方不是处在一个同等的地位吗？为什么不拿出点勇气来，大胆而自信地看着别人呢？

五是有时你的羞怯不完全是由于过分紧张，而是由于你的知识领域过于狭窄，或对当前发生的事情知道得太少的缘故。假若你能经常读些课外书籍、报纸杂志，开拓自己的视野，丰富自己的阅历，你就会发现，在社交场合你可以毫无困难地表达你的意见。这将会有力地帮助你树立自信，克服羞怯。

十五、注意交往中的谈话技巧

在人际交往中，当你与别人谈话时，必须始终能意识到自己兼有说话者和听话者的双重角色，意识到言语交往的双向性。换言之，要意识到自己的责任不仅是把自己的思想表达清楚，还要考虑怎样谈话才能使对方产生兴趣，易于理解，并根据对方的各种反馈信息来调整自己的讲话内容和方式。为此，要注意以下四个方面的问题：

（一）选择话题

与熟人交谈，自然可以开门见山地引出各种话题，但与人初次相识，或参加一次社交活动，则应认真考虑如何选择话题。初次见面，难免要做一番自我介绍。从某种意义上说，自我介绍是进行社会交往的一把钥匙。这把钥匙如运用得好，可使你在社交活动中百事如意；反之，就可能给你带来种种困难。那么，怎样做自我介绍才能获得交际的成功呢？一般说来，自我介绍要讲究适度。有人喜欢先做一番自我贬低式的介绍，以示谦虚和恭敬，其实这是大可不必的。在通常情况下，对方或许觉得你是老生常谈，言不由衷，或许可能真的认为你不屑一谈，那就弄巧成拙了。当然，也要避免一开始就炫耀自己博学多才，显得锋芒毕露，令人生畏，这样使人觉得你夸夸其谈，华而不实。只有实事求是，恰如其分地介绍自己，才能给人以诚恳坦率、可以一谈的印象。

在自我介绍之后，就要选择话题了。为了能使话题成为深入细谈的基础和纵情畅谈的开端，话题应达到的标准是：至少有一方熟悉，能谈；大家感兴趣，爱谈；有展开讨论的余地，好谈。找话题的方法主要有：①中心开花法。面对众多的陌生人，选择众人关心的事件为题，围绕人们的注意中心，引出许多人的议论，"语花"四溅，"中心开花"。②即兴引入法。巧妙地借用彼时、彼地、彼人的某些材料为题，借此引发交谈。③投石问路法。与陌生人交谈，先提一些"投石"式的问题，略有了解后再有目的地交谈，便能谈得较为自如。④循趣入题法。问明陌生人的兴趣，循趣而发，能顺利地进入话题。因为对方最感兴趣的事，总是最熟悉、最有话可谈也最乐于谈的。

（二）讲究对话

社交性谈话，既不同于个人的自说自话，也不同于当众演讲，而是由交往双方构成的听与讲相配合的对话。对话的本质并非在于你一句我一句地轮流说话，而在于相互间的呼应。真正成功的对话，应该是相互应答的过程，自己的每一句话都应是对方上一句话的继续，对对方的每句话都应做出反应，并能在自己的谈话中适当引用和重复。这样，彼此间心理上就真正沟通了。

为了能成功地进行对话，应避免以下九种不正确的对话方式：①打断别人的谈话或抢接别人的话头，扰乱别人的思路；②忽略了使用解释与概括的方法，使对方一时难以领会你的意图；③由于自己注意力的分散，迫使别人再次重复谈过的话题；④连续发问，使人穷于应付；对他人的提问漫不经心，言词空洞，不着边际；⑤随便解释某种现象，妄下断语，借以表现自己是内行；⑥避实就虚，含而不露，让人迷惑不解；⑦不适当地强调某些与主题风马牛不相及的细枝末节，使人厌烦；⑧当别人对某个话题兴趣盎然时，你却感到不耐烦，强行把话题转移到自己感兴趣的方面去；⑨将正确的观点、中肯的劝告佯称为错误的，使对方怀疑你话中有戏弄之意。

（三）转移话题

在两种情况下需要转换话题：

一种情况是自己对谈论的话题已失去兴趣，而对方却谈兴正浓，彼此难以谈到一块。此时，不必硬着头皮去听，而应当通过提出一个富有启发性的问题，或接过对方的某一句话，自然地扯到另一个双方都感兴趣的问题上。这样，对方的自尊和谈兴都未受到损害，甚至还没有意识到。

另一种情况是，自觉、敏感地观察对方的反应，知趣地感受对方的暗示，约束自己的谈兴。例如，当对方表现出厌倦神色时，就该"适可而止"了。

（四）注意"小事"

在交谈中，倘若能注意以下"小事"，必能产生增进人际关系的效果。这些"小事"是指：

1. 让先。让别人先说，一方面可以表现你的谦虚，另一方面可以借此机会来观察对方，给自己时间和从容考虑的余地。

2. 避讳。不论与什么人交谈，都应对对方有所了解，聪明地避开某些对方忌讳的话题，如个人的隐私、疾病及不愿提及的事情，否则会引起对方不快。要学会察言观色，一旦发现自己不小心触及了对方的忌讳，对方面有不快之色或状态尴尬时，应立即巧妙避开。

3. 谦虚。社会心理学家发现，一般人总不喜欢嘴上老挂着"我"的人。因此，应避免过于显露自己的才学，开口便"我如何如何"。须知，谦虚的态度，总是易为人所接受的。在一般情况下，人们总是先接受一个人，而后才肯接受他的意见。

4. 诚恳。交谈的态度以诚恳为宜。油腔滑调，纵然有很好的意见，也难以为人们所接受。

5. 幽默。恰到好处的幽默，能使人在忍俊不禁之中体会到深刻的哲理。幽默运用适当，可为社交增添活跃愉快气氛。但妙趣横生的谈话，来源于一个人的修养和才华的有机结合，不可强求。如果仅仅为了追求风趣，而讲些格调不高的笑话，甚至不惜侮辱他人，则只能显出自己的浅薄与无聊。

6. 避免口头禅。口头禅固然能体现个性，但多数是语言的累赘，即使内容相当吸引人，但如果加上若干个"这个"、"那个"、"嗯"、"啊"之类的口头禅，就如同在煮熟的白米饭中掺上一把沙子一样，令人难以下咽。所以，对作为语言累赘的口头禅，应当割除。

7. 要尽量让对方把话说完再插话。实在需要中途插话时，也应征得对方同意，用商量的口气说："对不起，我提个问题可以吗？"或"我插句话好吗？"这样可避免对方产生误解。

8. 维持平衡。如果几个人一起交谈，你要注意不要只把注意力集中到某一个人身上而冷落了其他人。除了你的对话者外，可偶尔看其他的人。对于沉默者则应设法使他开口，如问他"你对这事有什么看法？"这样便可打破沉默，机智地引出他的话来。

第五章　人际认知

一个人只有认识和了解了与之交往的人，他才可能更准确地确定他同交往对象的实际关系，才可能更好地预测他与交往对象共同活动的前景。他对与之交往的人的内心世界"阅读"的准确程度和深入程度，将决定他们共同活动的顺利程度。

第一节　人际认知心理机制

在交往中，人根据交往伙伴的外部行为特征来认识后者的内部世界。这一过程是通过以下心理机制来实现的。

一、认　同

认同是主体通过有意无意地把别人的特征同主体自身相比拟而理解别人的方法。交往过程中，人总是试图在想象中处在对方的位置并据此形成一个关于对方的思想、意愿、动机、情绪等内部状态的预想。这种预想有时是正确的，因为个体之间存在着"人同此心，心同此理"的一面。一个人在公交车上偶见一位乘客慌乱地上下掏摸他的口袋，脸上一副沮丧，他很容易判断此人多半是发现自己遗失了钱包，并想象出此人内心充满了失望和焦躁的情绪。了解他人时若缺乏设身处地的能力或习惯，就会产生"看人挑担不吃力"或"饱汉不知饿汉饥"的对别人状况不能体察或体察不准的情形。有些家长不能理解自己孩子的顽皮好动而多加责怪，他们多半是忘记了自己童年的表现，不能站在孩子的立场上去了解孩子。

设身处地的预想并不总是正确的，因为个体之间毕竟存在"人心不同，各如其面"的特点。有些人常犯"以小人之心，度君子之腹"的错误，就因为他没有把别人和自己相区别，把自己同他人混为一谈了。他自己很自私，他以为别人也一心为己；他自己爱说假话，他以为别人一定也言不由衷。这时他就没能正确地认识他的交往伙伴。由此可以看出，单靠认同的机制去了解他人是不够的。

二、反 省

交往是相互的，信息的发出者同时也是信息的接受者，知觉的主体同时也是知觉的客体，即交往的一方在知觉别人的同时，也是别人知觉的对象。于是，交往的一方获得的关于对方如何知觉自己的信息，会影响他后续的交往方向和内容。设想 A、B 两个初次见面的人，开始握手，互相注视，端详对方。这时 A 固然在打量、观察 B，以获得关于 B 的外貌及内在特性的大致信息，同时 A 也从 B 的眼神、表情、握手的方式等等来猜度 B 对 A 本人的初步态度（是热情还是冷淡，是真诚还是敷衍）。后者对下一步的交往将产生直接影响。如果 A 是随和而喜交友的人，又感到 B 的善意和热情，那么 A 会接着表现出更大的交往兴趣；如果 A 是自尊心极强的人，又分明感到 B 的冷淡和敷衍，他很可能就对 B 表现出矜持甚至高傲。如果 B 虽然对 A 态度冷漠，A 却是个善于迎合的谄媚者，正因事有求于 B，那么 A 则可能表现出一番曲意奉承、讨好对方的言谈和举动。

教育工作中，教师在与学生交往时，也应时时意识到学生对自己的谈话的真实态度（是心悦诚服，还是口是心非），以便及时调整谈话内容和方式。

交往中的反省机制是个体的自我意识能力的表现。自我意识水平不高的人，往往不能充分地在交往中运用反省。比如有人谈话不分场合、不分对象，只顾自己兴致勃勃地侃侃而谈，却不知听者早已对他之所谈不感兴趣，甚至已生厌倦之心。不难看出，这类谈话者是不易博得别人的喜欢的。他们不善于从别人的心目中看出别人对自己的印象，也就意味着他们未能全面地了解别人，因为别人对他们的观感和态度也是别人的内心世界的一个部分。

交往中的反省和认同是统一的。反省也需要认同，即需要站在对手的立场做出关于对手的内心状态的预想。不过这种内心状态不是关于客观的人和事的，而是关于主体自身的观感、态度和评价。反省其实是从别人对自己的知觉中反映自己，认识自己，似乎把别人的知觉当做一面镜子从中照见自己，故可称是一种镜映。尽管这种反映未必是正确的，却可能是有效的，是由交往主体此时此地的言行特征在具体的交往对手心中直接引起的反应。这些反应中，必然折射着交往对手的某些心理特征和行为特征。

三、归 因

交往中的归因是主体根据他人（或自己）的外部行为，推论出行为的内在原因过程。这种推论，有时是经过分析的，但更常是即刻做出的。

行为原因的归因可从许多方面进行。把行为原因归之于行为者的内在性，叫做内归因；把行为归因于客观环境和条件，叫做外归因。此外，决定成功行为的因素，不论是内在因素和外在因素，又可分为稳定的因素和不稳定因素两类。个体把他工作成败的行为归结为什么原因，对他以后工作的积极性有重要影响。把成功归因于内部因素（如能力、努力等）使人感到满意和自豪，若归因于外部因素（如任务易、运气好时）则使人产生意外的、感激的心情。把失败归于内部因素，使人心感内疚和无助，把失败归于外部因素，会令人气愤甚至产生敌意。把成功归因于稳定因素，会提高以后工作的积极性。把成功归因于不稳定因素，则以后工作积极性有可能提高也可能降低。归因于不稳定因素（如运气不好或努力不够），则可能提高其今后工作的积极性。这类结果表明，对个体的归因的研究将有助于对人行为的预测。

四、刻板印象

刻板印象是人们头脑中存在的对另一群体或群体成员的简单化看法和固定印象。这种看法和固定印象往往不以直接经验为依据，也不以可靠的事实材料为基础，只凭某种偏见或道听途说而形成。刻板印象是人际认知时对人的行为形式的分类，常用于对别人行为原因的解释，因此它也可被看做一种归因的类型。

刻板印象具有三个特征：①它是对社会群体或群体成员的一种十分简单化的分类方式；②它在同一社会文化或同一群体中，具有相当大的一致性；

③它多与事实不相符合，甚至有时是十分错误的。如果这种刻板印象与认识对象相符或相一致，则可以节省认识时间和过程，但大多数情况是不一致的，这就严重地影响了人际交往。

刻板印象是一种发生在生命早期阶段的特有学习方式。由此获得的依附行为，无论是在其形成的过程当中，还是后来的长期保持过程中，都不需要任何可以带来机体需要满足的奖励。但通过印刻所获得的依附行为，却对有机体与环境的关系有着持久、深刻的影响。

虽然有机体可以对各种活动物体产生印刻，但同类的对象对于有机体具有更大的吸引力。即使是在印刻产生以后，有机体的依附仍会转向同类。科学家曾经做过一个有说服力的研究。这一研究是让新孵出的小鸭一直同实验人员待在一起（20个小时）。很快，小鸭对实验人员产生了印刻性的依附行为。无论实验人员走到哪里，它们都紧随其后。此后，研究者将这些已对人类产生牢固印刻的小鸭同一只母野鸭放在一起。结果，仅仅9分钟以后，小鸭的行为就出现了改变，它们不再随时随地跟随原先的实验人员，而是把母野鸭当成自己的妈妈，转而依恋母野鸭。

心理学家认为，虽然与鸟类比较，人类的生物发展水平要高得多，但是人类也有同印刻相类似的过程。人类历史上出现过大量自幼就与狼、熊、羊等动物生活在一起的狼孩、熊孩、羊孩等。他们都对伴生动物产生了牢固的依恋而逃避人类。科学家们相信，就像小鸭对母鸭产生印刻性的依恋一样，通过类似的过程，人类的婴儿也会对在其"敏感"期内出现的母亲产生依恋。人的交往和人际关系需要，正是在这种最初的依恋关系基础上发展起来的。随着儿童年龄的增长和社会生活情境的复杂化，他们会将早期的经验推广到各种新的社会情境，使原来对于母亲或某个特定照看者的需要和依赖，转变为一般的社会交往需要。如果儿童在这种推广过程中遭受到严重挫折，他们便会出现情感固着在特定照看者的身上，并唯一依恋特定照看者的不正常现象，使正常的社会交往需要和能力发展受到阻碍。

第二节　人际认知效应

一、优先效应

优先效应也常被称做首因效应。它指的是，人们在交往中，往往比较重视最先得到的信息，并据此对别人下判断，形成最初的印象，也就是我们平时所说的第一印象。而在第一印象形成之后，对后来的信息就较不敏感和重视，这种现象就是优先效应。

我们在日常生活中，尤其是开始一段新的学习和工作时，都会产生优先效应。它对我们接下来的人际交往产生了重要的影响。因为不难发现，如果双方的第一印象是和谐的，那么这种和谐至少会持续一段时间；反之，则需要更大的努力来改进关系。

二、新近效应

新近效应也可以叫做近因效应。和优先效应恰恰相反，它是指在印象形成和态度改变中，新近得到的信息比既往得到的信息对于整个印象和态度会产生强烈的影响。例如春秋战国时期，苏秦周游列国，宣传自己的"连横术"，但未成功。他回家时，已身无分文，导致"嫂不为炊，父母不与言"。这里，苏秦当时的处境给他的家人带来了近因效应，而遭到了冷遇，连家人都忘了苏秦曾经是一个多么才华横溢的人。但这并不是说新近效应的作用一定是消极的。在生活中，教师对学生、领导对下级的印象经常由于后者最近的出色表现。

优先效应和新近效应是对他人知觉的两种对应的顺序效应，但这不意味着两者是矛盾的，他们可以同时存在于对同一对象的认知过程中。

三、晕轮效应

通常，我们对一个人形成的某些已有评价有可能歪曲我们对他的判断。

这就是说，一旦我们对一个人形成了一个大体上的印象后，我们往往会以与这种印象相一致的方式去评估他所有的特征或特点，这就是晕轮效应。

通常认为，晕轮效应是个人主观推断的泛化、扩张和定势的结果。这也是一种主观尺度上的偏差。当我们所得到的对于某一个人的认识与我们内心的尺度相符合或相似时，我们就形成一种趋于认同、肯定的态度，会变得亲近此人，并且常常会在行动上体现出来。反之，就形成一种否定、排斥的态度。这种由主观尺度决定的人际认知具有负反馈作用，即当我们肯定某人时，对这个人的印象会越来越好，到处发现这个人的优点；而当我们不喜欢某个人时，其形象则越来越差，常常发现其缺点。这导致人际认知的偏差越来越厉害。

在现实生活中，单向思维偏差和综合品质偏差在人际认知时也有一定的影响作用。单向思维偏差是指认知者总是用单向思维判断一个人的现象。而事实上，即使是最优秀的人也会有其不足的地方。这就是"人无完人，金无足赤"的道理。所谓综合品质偏差，指的是一个人的好品质不太容易引起人们的注意，也不容易形成印象，而一个人的不良品质就很快被人们形成印象。例如，一个人如果做了一件违法违纪的事或不道德的事，旁人就很容易怀疑他继续做坏事，而对其格外的注意。

归因偏差一般是指人们往往把自己的失败归因于外界，把自己的成功归因于自身；反之，把他人的失败看做是他人内在属性的结果，而把别人的成功归因于外界。把一次的失败归因于外界的偶然因素，也可以减少认知失调，保持内心的平衡，不至于丧失信心而放弃。

社会群体是由独立的个体构成。每个独立的个体，各有自己的个性，各有自己的得、失、利、害、好、恶、习惯和性情。为此，在现实的社会生活中，人与人之间就难免发生种种矛盾或冲突，这似乎是不可避免的、不足为奇的事。这些人际认知效应和偏差如果不能被很好地认识和处理，就会在很大程度上影响人际关系的处理，产生不愉快的情绪，损害身心健康，降低生活质量。这就要求我们养成良好的思维反应模式，确立科学客观的归因倾向。有少数这样的一些人，成功了，他们立刻说："你们看，如果没有我，但凭你们那点能耐，无论如何也不会成功！"失败了，他们又会说："你们看，我早说过，这事办不成，你们要逞能，现在让我跟着你们倒霉！"这样的归因思想怎么可能建立起良好的社会人际关系呢？

四、首因效应

首因效应即第一印象，当我们与他人接触时，最初获得的信息对印象形成作用很大，这种印象会影响人们对认知对象以后的一系列特征的认知。第一印象好意味着心理相容性大，容易沟通，亲近感较强，同时对对方的缺点不易注意。第一印象并非总是正确的，但却是最鲜明和最牢固的，而且往往反映了认知主体的真实心理倾向。因此在与陌生人第一次交往时应特别注意留下好的第一印象。第一印象往往影响人们进一步交往。

五、光环效应

因为对他人的某种或某些表现和品质印象深刻而强烈，从而掩盖了对这个人的其他表现和品质的认知。换一种说法，在人际知觉中，人们常常从对方所具有的某个特性泛化到其他有关的一系列特性上，也就是从所知觉到的特征推及未知的特征。警惕光环效应，有助于对人的正确认知。

六、定势效应

人们头脑中存在的关于某一类人的固定印象或看法，影响对人的认知和评价。定势效应在某种条件下有助于我们对他人进行大致了解。如在认知一些平时不太熟悉，行为表现不很特殊的人时，可帮助我们做出逻辑推理和概括判断。但事物间的联系是错综复杂、千差万别的，这种单一化的思维方式，只注意了一般性而忽略了特殊性，往往导致认识上的偏差。

七、投射效应

在人际交往中，认知者形成对别人的印象时总是假设他人与自己有相同的倾向，即把自己的特性投射到其他人身上。

在人际交往过程中，人们以适当而得体的言语或非言语行为有意识地控制别人对自己形成各种印象的过程称为印象整饰。

　　印象整饰在人际交往中的作用具有双重性：一方面，可以调节和润滑人际关系，有利于群体认同和交往关系的建立，是人类文明发展的标志和结果之一。另一方面，整饰过头会起反作用，当一个人急于纠正他人对自己的印象偏差时，往往会矫枉过正，反而产生虚假、扭捏、欲盖弥彰的负面效果。

第六章　人际沟通

现代社会最为常用的一个形容社会的词就是信息社会。信息不断增加和信息共享，已经是这个时代的一大特点。

第一节　人际沟通的概念

一、人际沟通的定义

人际沟通一般是指人与人之间的信息交流过程。人际沟通是人际交往最主要的形式。人们之间的沟通方式，随着时代的发展也以惊人的速度发生着变化，这个变化必将影响到我们每一个人的工作、学习乃至生活的各个方面。

二、人际沟通的意义

（一）沟通提供了人身心发展所必需的信息资源

人体是一个系统的有机体，是信息加工和能量转化的主要载体，它时刻与外部环境保持相互作用，接受着外界的各种刺激，并对各种刺激做出适当反应，其中社会性的沟通过程具有核心地位。通过一定的沟通，才能够维持正常的生命活动。

人与人之间的沟通所提供的信息，不仅具有物理属性，而且具有社会属性。人在社会化的过程中离不开与人的沟通和交往，无论是自我概念的获得，还是与他人冲突的解决，言语沟通都是一个主要的途径。

对于智慧活动，人际沟通是必要的前提。人们对长年在祖国边陲的哨卡守卫将士进行调查时发现，由于长年在人际交往单调、沟通环境单一的地区生活，沟通的缺乏导致这些人的语言能力和其他的认知能力不同程度地受到影响，当他们回到社会继续与他人相处的时候，或多或少地会表现出一定程度的不适应。

（二）人凭借沟通交换信息并建立、维持相互联系

1. 人际沟通是观念、思想、情感的交换过程。任何一个人，无论他多么精力充沛，他的直接经验都是有限的。人要想适应无穷无尽的不断变化的外部世界，就必须通过沟通获得别人的宝贵经验成果。人这个个体本身是有限的，但沟通使得人无论在思想观念上还是在情感上都变得无限。英国作家萧伯纳曾经打过一个很好的比喻，他说："假如你有一个苹果，我有一个苹果，彼此交换后，我们每个人都只有一个苹果。但是，如果你有一种思想，我有一种思想，那么，彼此交换后，我们每个人都有两种思想，甚至两种思想发生碰撞，还可以产生出两种思想之外的其他思想。"

在情感上，我们同样是通过人际沟通来丰富自己。我们欣赏绘画、摄影作品，看电影、电视，阅读散文、诗歌、小说，实际上都是在体验作者创作的情感历程。不仅如此，我们在欣赏过程中还会产生出许多作品中没有的、超越作品的情感体验和思想。在情感体验的性质上，沟通的过程使积极的情感体验加深，使消极的情感体验减弱。正如一位哲人所说的，快乐与别人分享，快乐增加一倍；而痛苦与别人分担，痛苦减轻一半。沟通使人生变得丰富多彩，使人的有限生命走向无限。

2. 人际沟通是人与人建立和维持联系的方式。我们每个人都能够体验到，人际沟通与人际关系建立和维持存在着十分紧密的联系。其实人与人之间建立沟通和稳定情感联系的可能性，远比我们想象的要大得多。日常生活中我们也常常为"小世界"而感叹。因此，生活中只存在交往失败或不善于沟通的情况，不存在缺乏交往机会或没有沟通对象的事实。

（三）人际沟通是自我概念形成的途径

没有人际沟通，就没有自我的形成；没有人际沟通，就没有自我同一性的建立；没有沟通，就没有自我概念和自我价值感的维持。

儿童早期以"镜像自我"方式存在的自我概念是在与成人沟通过程中形成的。没有语言，没有沟通，就没有自我。对狼孩进行的研究也表明，脱离了人类沟通环境，就不可能形成正常的自我概念。人的自我概念是在与他人的沟通过程中逐步发展起来的，并且人们在沟通过程中能够保证自我作用的发挥和自身的不断提升和完善。

三、人际沟通的条件

（一）语言沟通

虽然人际沟通的类型多样，但是在日常社会生活中，借助语言形式得以实现的沟通，是人与人之间沟通的主要形式，同时也是最为有效和最为精确的形式。因此要求沟通双方必须建立共同的语言符号系统。

语言作为社会人群已经形成高度共识的符号系统，每个字词的声、形符号都被赋予了一定的意义。因此人们一方面可以用它来指称事物，描述内心状态，一方面又可以通过它的声、形等物化形式，使其他人能够觉察并理解。这样，语言成了人与人之间进行沟通的桥梁。另一方面，约定俗成的字词符号系统，其含义不仅相对独立于沟通情境，而且在一定历史时期内保持着相对的稳定，因此语言沟通有着代际文化传递的特殊功能。

同时在一定的文化背景基础之上，我们还要了解"言外之意"。心理学家研究发现，不仅语言本身具有沟通的意义，语言的表达方式也传达着重要信息。一个人的语言沟通方式，所使用的词汇、语法以及发音，直接受到教育程度、社会地位、职业等因素的影响。

（二）理 解

尽管在日常生活中人们使用共同的词语进行沟通，以试图让别人理解或理解别人，但是事实上理解从来都不是一帆风顺的。理解的多少，取决于参与沟通的人们在沟通中所涉及的主题和所使用的词语上有多少共同经验。共同经验越多，理解也会越到位。

只有相互理解，人际沟通才能够产生、发展和延续。人们在沟通中往往会有一个预设的假定，即对人际沟通中用的词语和句子，别人的理解与自己的理解是相同的。事实上，如果沟通双方没有相同的概念背景，缺乏相同或相近的人生经历，那么理解和沟通就会发生困难或偏差。

在思维方面，人是经验主义和自我中心的。人只能以自己已有的经验为背景，去理解一切事物。没有经历过的事，他事实上是不能理解的。由于人们的阅历与体验的背景不同，人们对任何一个概念和语词符号，既有来自于共同社会经验而与别人相同的理解，也有来自于个人独特经验的特殊理解。没有经历过贫穷的人，无论如何难以理解贫穷意味着什么。而对于没有经历过进步和发达的人，落后的内涵也是非常空洞的。

第二节　人际沟通的结构

一、信息源

信息源是人际沟通过程中的始发者，他们具有信息并试图进行人际沟通。他们在人际沟通过程中具有一定的主动权，可以选择人际沟通对象，确定人际沟通的目的。

通常的人际沟通目的有三种：一是为了给他人提供信息；二是为了影响别人，使别人态度发生改变；第三种可能是为了与别人建立某种联系或纯粹为了娱乐。信息发出人在进行人际沟通前，要经历一个信息筛选的过程，他们会在自己丰富的记忆里选择出试图沟通的信息，然后，将这些信息通过加工，转化为可以被信息接收人接受的若干形式，比如文字、语言或表情等。这个准备过程可以使人们对自己身心状态意识得更为准确，使得人际沟通的过程更为清晰和明确。

一个人每天会经历无数的事情，产生许多的知觉体验、想法和感受。但是，这些体验如果没有经过这个沟通准备过程的加工，那只能是一些模糊的、缺乏清晰结构的主观感受，只有经过选择、加工，信息才具有可传递性。比如我们看到一个精彩的故事，学到一个有趣的知识，在经过加工整理之前，可能只是一些倾向性的概念。而当你想同其他人分享的时候，这些信息必须经过你的精心整理，并加上自我的评价和感受，此时信息传递的准备过程才完成，才能够传递给你的沟通对象。有过准备讲稿经验的人有深切的体会，仔细、充分的沟通准备过程对于沟通目的的达到是非常必要的。如果没有仔细的人际沟通准备和对人际沟通目标和策略的设计，人际沟通常常会出现虽有千言万语，但什么也说不清楚，甚至说不出来的情形。

二、信　息

信息是人际沟通传播的内容。从人际沟通意向的角度说，信息是人际沟通者试图传达给别人的观念和情感。但个人的感受不能直接为信息接收人接收，它们必须转化为各种不同的可为别人所觉察的信号。在各种符号系统中，最为重要的符号就是词语。词语可以是声音信号，也可以是形象（文字）符号，它们都是可被觉察、可实现沟通的符号系统。更为重要的是，词语具有抽象指代功能，它们可以代表事物、人、观念和情感等自然存在的一切事物，使人与人之间的沟通在广度和深度上具有最大的可能性。

三、通　道

从发送者到接收人之间形成的沟通回路需要经过一定的形式，才能将信息有效传递。这里信息传达的方式就是指通道。通常人们的眼睛、耳朵、鼻子、嘴巴和手都是传递信息的通道，其中视听通道是最为常用的一种。日常生活中所发生的沟通也以视听沟通为主。

除面对面的沟通方式外，还有以不同媒体为中介的沟通。电视、广播、报纸、电话、照片，还有新近出现的计算机、手机、掌上电脑、数字 DV 等，都可用做沟通的媒体。研究发现，虽然各种信息工具不断地出现，并且深深影响了人们的生活方式，但是面对面的原始沟通方式，仍是影响力最大的沟通方式。

面对面沟通可以使人际沟通的双方及时通过语言以及语言以外的其他身体语言信息，了解沟通双方的状态，因而双方更容易发生相互的情绪感染，使沟通更为有效。此外，面对面的人际沟通使沟通双方反馈更为及时、有效，因此便于沟通的发出人做出更为积极的调整，使得沟通过程更有利于信息接收人。因此，虽然今天通讯和媒体高度发达，美国总统大选的候选人仍然会到各地巡回演讲，因为直接沟通的作用是媒体不能取代的。

四、信息接收人

信息接收人即接收信息发出人信息的人，是人际沟通过程的终端。信息接收人对于信息的接收，不是一个被动过程，而是一个积极主动的接收和加工信息的过程。在这个过程中，信息接收人会在一定的个人经验基础上，通过一系列的注意、知觉、转译和储存等心理动作，将接收到的各种具有特定意义的符号，转译成一种观念、想法或情感。

由于信息源和信息接收人两个个体的生活背景、个体经验和心理世界不会完全相同，因此信息接收人转译后的沟通内容，与信息源原有的内容之间很难完全一致，而是带有个人经验背景的印记。但是，在大部分情况下，沟通依然会有效地实现。

在人际沟通过程中，信息源与信息接收人的角色不是固定不变的，人际沟通过程中的信息接收人，可能会很快转为下一个人际沟通过程中的信息发出人。

五、反 馈

人际沟通中信息的接收人不断地将沟通的结果回送给发出人，使其进一步调整沟通方式，从而形成一个沟通的回路，这个过程就是反馈。反馈的作用是使沟通成为一个交互过程。通过反馈，信息发出人可以了解接收人对于人际沟通信息的理解状态，从而进行应对性调整，以保证人际沟通的有效性。

反馈分为正反馈和负反馈。如果反馈显示信息接收人接收并理解了信息，这种反馈为正反馈。如果反馈显示的是信息源的信息没有被接受和理解，则为负反馈。另外还有模糊反馈，即信息接收人对于信息源的信息产生不确定的反应。模糊反馈往往意味着来自信息源的信息尚不够充分。反馈可以有效地反映沟通过程的效果，因此成功的沟通者对于反馈有着高度的敏感性。

反馈不一定都来自信息的接收人，有时信息发出人也会通过发送信息的过程，以及对过程的自我体会和反思，做出相应的调整，这时也是一种反馈。

这种反馈被称为自我反馈。

六、人际沟通障碍

人际沟通中的障碍是指沟通过程中增加沟通困难或使双方没能很好地完成人际沟通的因素。沟通经常会发生各种障碍。电话回路中任何环节或是零部件不能正常工作，都可能发生障碍，导致通话过程中断或错误传达。人类的沟通过程也大致如此。信息本身的模糊不定、信息发出人的目的不明确、信息没有被有效或正确地转换成可以沟通的信号、误用沟通方式，或是信息接收人在接受和加工信息过程中误解信息等，都可产生成人际沟通障碍。

交往既能给人带来幸福和欢乐，也能造成无穷的苦恼与悲伤；交往既能促进人际友谊，也能导致人际间的冲突和矛盾。由于对人际交往的认识不够，难免出现这样那样的交往障碍，常见的人际交往障碍有认知障碍、情感障碍、人格障碍和能力障碍。

（一）认知障碍

社会阅历有限，客观环境的限制使人不能够全面接触社会，了解人的整体面貌，心理上不成熟，因而经常是先在自己头脑中塑造一个理想的模型，然后据此在现实生活中寻找知己，一旦与现实不符，则交往产主障碍。以理想的自我来确定择友标准。而理想自我的不现实性往往产生人际交往障碍，如，自己对某人印象不好时，就觉得什么都不顺眼，产生坏的看法和否定的态度；自己喜欢的东西就以为别人也喜欢，认为自己所喜欢的东西就是美好的，而自己所讨厌的东西则是丑陋的；自己对某人有看法，就认为对方也在搞鬼。如此种种，使人际认知失去客观性，产生交往障碍。

（二）情感障碍

1. 恐惧引起的交往障碍。常常表现为与人交往时（尤其是在大众场合下），会不由自主地感到紧张、害怕以至手足无措、语无伦次，严重的甚至害怕见人。尤其害怕与比自己水平高、能力强及有所成就的人进行交往，怕他人瞧不起自己。有的同学一到人群中就觉得紧张不安，在课堂上、教室里、图书馆，都会觉得别人在注意自己，挑剔自己，轻视或敌视自己，以至无法安下心来听课、看书、做作业。这些恐惧使人生活暗淡、不愉快，造成一系列不良的心理反应。

2. 嫉妒引起的交往障碍。嫉妒是指在意识到自己对某人、某事、某物品的占有意识受到现实的或潜在的威胁时产生的情感。表现为对他人的长处、成绩等心怀不满。易妒者心理承受能力较差，经不住挫折，容不得甚至反对别人超过自己。对胜过自己的人轻则蔑视，重则仇视，有的甚至不择手段地攻击、报复对方。嫉妒的种类很多，有的因容貌、家庭条件等因素而产生嫉妒，有的因智力、能力等因素产生嫉妒，从而产生交往障碍。

3. 自卑引起的交往障碍。在交往活动中，自卑表现为缺乏自信、自惭形秽，想象成功的体验少，想象失败的体验多，自卑的浅层感受是别人看不起自己，而深层的体验是自己看不起自己。当出现深层体验时，便觉得自己什么都不行，似乎所有的人都比自己强得多。因而，在交往中常感到不安，将社交圈子限制在狭小范围内。

4. 自傲引起的交往障碍。自傲与自卑的性质相反，表现为不切实际地高估自己，在他人面前盛气凌人，自以为是，过于相信自己而不相信他人，总是把交往的对方当做缺乏头脑的笨蛋，常指责、轻视、攻击别人，使交往对方感到难堪、紧张、窘迫，因而影响彼此交往。

（4）孤僻引起的交往障碍。孤僻有两种情况，一是孤芳自赏、自命清高，不愿与人为伍，与人不合群，自己将自己封闭起来；另一种有某种特殊的怪僻，使人无法接纳，从而影响了人际交往。

（三）人格障碍

人际交往中，人格因素有至关重要的作用，所谓人格，简单地说是指人在各种心理过程中经常地、稳定地表现出来的心理特点，包括气质、性格等。从气质角度看，有些学生属胆汁质气质类型，他们常因一点小事而突然间怒不可遏，对人大发雷霆，使对方深感委屈和不满。

有些人属于黏液质气质类型，他们反应慢，不灵活。办事慢慢吞吞，难以同时处理几样事情，难以从一个问题转入另一个问题，常使急性的人不耐烦，催促他、指责他，从而产生不快。

从性格角度看，有些人属外向型性格，他们活泼好动、乐观开朗、善于谈吐、感情易变、性情急躁，他们既具有吸引力，又易使人反感，容易引起冲突。有些人属于内向型性格，他们对周围的事不大关心，不喜欢与人交往，与亲人之外的人保持一定距离，不能顺利进行交往。

人格障碍，还表现为有些人的人格不健全，动不动发火、生气，脾气暴躁、态度生硬，对人充满敌意，或者自我陶醉，受人摆布，易受委屈等，由此而经常发生人际冲突。中学生交往中常见的人格不健全还表现为自私自利、苛求于人、为人不正派、不尊重他人等现象，引起交往障碍。

（四）能力障碍

人际交往能力的欠缺是影响人际交往的原因之一。不知从何做起，想赞美人可怎么也开不了口或词不达意，交友的愿望强烈然而总感到没有机会，交往中想表现自己却不能如愿等，阻碍了交往的顺利进行。因此，消除交往障碍，减少人际关系的矛盾，提高人际交往水平和能力，对提高生活的满意度，改善人际关系很是必要的。

第三节　人际沟通的背景

人际沟通过程的最后一个要素是背景。沟通总是在一定的背景中发生的，任何形式的人际沟通，都要受到各种环境因素的影响。背景是针对沟通发生的环境而言的，它是影响人际沟通的重要因素。

人际沟通发生的背景不同，会形成人际沟通信息的不同加工模式，人际沟通效果也大相径庭。可见人际沟通背景对于沟通十分重要。

一、心理背景

心理背景是指人际沟通参与者的情绪或态度。它包含两个方面的内容。

其一是沟通者的心理状态。在心理状态好的时候，沟通者的思维处于积极活跃状态，对周围世界充满兴趣，此时人们对于沟通态度积极，有较高的心理能量投入，信息与符号的转换过程流畅。在这种情况下，不仅沟通的过程容易进行，沟通的内容也有较大的广度和深度。同时沟通也容易给沟通双方带来积极的心理效应。相反，在心理状态消极，处于烦躁、悲伤或焦虑状态时，人们对于沟通的要求往往不强烈，对沟通的心理能量投入也较低，思维处于混乱状态，信息与符号的转换过程受到干扰。在这种情况下，沟通常常发生困难，会时常出现无反馈或错误反馈、答非所问的情况。

其二是沟通双方相互接纳的程度。心理学研究发现，沟通双方的悦纳程度会影响到沟通的过程和效果。如果人际沟通的双方是悦纳的，则人际沟通过程就有比较积极的定向，人际沟通过程会进行得比较顺利，彼此为对方所提供的反馈信息也比较充分，理解也比较准确。但是，如果人际沟通的双方有一方拒绝对方，或者彼此相互拒绝，则沟通的定向就比较消极，人际沟通过程中的理解常常由于偏见而出现误差，并经常因此而引起人际冲突。

二、物理背景

物理背景是指人际沟通发生的场所。特定的物理背景会营造特定的人际沟通气氛。如果一个可容纳上千人的大礼堂，只坐几十个人，那么可以预见，演讲者根本不可能慷慨陈词。这里，听众的物理密度直接影响了人际沟通过程。同时人际沟通场所的环境布置、灯光设计、颜色搭配等都会影响到沟通本身。

随着网络技术的发展，网络作为沟通过程中一种特殊的背景受到越来越多的关注。针对计算机系统的交互界面设计，各种聊天工具和网络交流形式的研究开始进入研究者的视野。

三、社会背景

社会背景一方面是指人际沟通者之间的社会角色关系，另一方面是指人际沟通情境中不直接参与的其他人对人际沟通产生的隐性影响。

对应于每一种社会角色关系，无论是师生关系、恋人关系、亲子关系，还是一般的朋友关系，人们都有一种特定的交往适当性概念或期望。如果有关的人际沟通在方式上符合了这种适当性概念，就被认为是恰当的而被人们所接纳。如果沟通方式偏离了人们的期望，就被认为是不恰当的，并为人们所拒绝。心理学家曾经对青少年的沟通做过研究，结果发现，家长在场会使青少年学生明显改变人际沟通方式，人际沟通中所使用的句子变短，语词的人际沟通减少，而非语词的人际沟通增加。

不直接参与沟通的背景人群也会影响人际沟通过程。在我们与别人谈话时，如果有别人走近，那我们会自然压低谈话的声音，或者干脆终止谈话。人是社会的人，任何一个人都在与每一个被自己所觉察的其他人发生各种明显的或隐性的相互作用。只不过我们通常都将注意集中在兴趣所指向的事物上，对于这样的过程不去留心而已。

四、文化背景

文化背景是指沟通者出生以来的长期文化经验的积累。它是人际沟通的最一般的社会心理背景。由于文化的东西已转变为价值观和行为习惯而自动保持，所以，人们通常体会不到文化对人际沟通的影响。实际上，文化影响着每一个人的人际沟通过程，也影响着人际沟通的每一个环节。心理学家研究掌握多种语言的沟通者发现，在他们使用不同的语言时，他们所保持的人际沟通准备状态是不同的。在日本生活多年的留学生，回国时如果讲国语，那么较不容易看出他有日本的文化经验积累。但是，如果改成讲日语，他会在交谈过程中伴随更多的点头、鞠躬或注意倾听等动作。在通常情况下，只有在获得了不同的文化经验，并对不同的文化进行对比的时候，才感觉到文化的存在，以及文化在自己身上的烙印及文化对自己沟通的影响。

第四节 人际沟通的种类

人际沟通的类型十分复杂，而且几乎每一种类型的人际沟通都与我们的日常生活有着密切的联系。沟通分类没有一个绝对的标准，依据不同的划分维度，可以形成不同的类型。

一、语言沟通和非语言沟通

通过语言符号实现的沟通称之为语言沟通。而借助于非语言符号，如目光、表情、体态语、姿势姿态、接触及非语词的声音和空间距离等实现的沟通，叫做非语言沟通。

语言沟通是最为普遍、最准确、最有效的沟通方式。人类要沟通信息，需要信息的载体，这个载体首先就是语言。语言是一个符号系统，由于它是社会约定俗成的，它为社会成员共同掌握。交往中，说话者把自己的思想感情转化成一定的语言，听话者听到语言，再还原成它的相应意义，如此完成个体之间的信息沟通。语言是沟通的手段，同时它又是出于人们交往的需要并在交往实践中形成和发展起来的，因此语言的发展和社会交往的发展是相互促进的。它使人的沟通过程可以超越时间和空间的限制。在人类历史发展的长河中，语言和文字的产生，使得人类文明得以高速发展和有效延续。语言使得人们可以通过文字记载来研究古人的思想，也可以将当代人的成就留传给后代。现代社会传媒事业的高度发达，使得一个人的思想可以借助各种媒体为更多人所分享。在人类的一切经验当中，语言是最为稳定和可靠的信息传递方式，共同性也最为显著。

语言作为信息的载体，有着巨大的优越之处。一方面，它的概括性使它既能指称具体的某个事物，也能指称它所概括的一类事物，又能指称抽象的概念和思想。这就大大丰富了人际沟通内容。另一方面，口头语言的有声特性，使它借助人类精巧的发声器官，可以迅速而便利地（比起书写和手势）交流。

非语言沟通往往和语词沟通同时发生，它广泛存在于我们沟通的每一个过程。一般而言，非语言沟通通常有三种方式。第一种是通过无声的目光、表情动作、手势语言和身体运动等来实现的；第二种方式是通过静态无声性的身体姿势、衣着打扮、空间距离等来实现的；第三种是通过非语词的声音，如重音、声调的变化、哭、笑、停顿来实现的。

非语言沟通的特点在于：①对非语言沟通信息，受信者比发信者更为敏感，因为很多非言语信息在发信者是无意识地发出的，有时发信者发出了某些反映自己真实心态的非言语信息而并不自知，受信者却已经感受到了。②非言语信息能表达语言所不易表达的思想情感和意义，如人内心的深重悲痛有时难以用语言来形容，而他的泪流满面、泣不成声却让别人一眼就明白了他的悲痛之强烈。③非语言手段可以补充传达语言的含义，如"你真行啊!"这句话，单从字面上看，表示一种肯定、赞赏之意，可是若用讽刺的语调说出，它显然是表示否定、挖苦对方的意思。④非语言手段常常比语言表达更加简单、更加生动、更加直观。比如，一种表情、一个手势、一副眼神，刹那间就被受信者捕捉到了，且直观而生动，不但很容易地让受信者了解了意义，而且印象深刻难忘。在其他学识、人品等条件相同的条件下，一个说起话来表情丰富、声情并茂的人，一般更易于与别人接近，因为他占了非语言沟通的便利。

二、口语沟通与书面沟通

这两种沟通是语词沟通的基本方式。借助于口头语言实现的沟通称为口语沟通。通常提及的口语沟通都是特指面对面的口语沟通。而通过广播、电视等实现的口语沟通则被称为大众沟通或大众传播。

口语沟通是人们日常生活的重要内容。交谈、讨论、开会、讲课等都属于口语沟通。口语沟通可以完整、及时地保持沟通过程的有效性，是一种保持整体信息交流的最好的沟通方式。非语言的沟通，如沟通双方的表情、动作以及姿势对沟通过程都有一定的辅助作用。在口语沟通中反馈过程也更为及时和有效，往往可以并行地调节沟通过程。

虽然在口语沟通中，沟通者之间相互作用充分，沟通的影响力较大，但由于口语沟通可记忆、保留的程度不高，容易因为是即时性的，缺乏反复的斟酌而产生失误，所以在一些比较公开和重要的场合，口语沟通往往要结合一定的书面沟通形式。信息发出人常会预先准备书面稿，而信息接收人则往往做笔记或进行录音。

书面沟通通常是借助于文字而实现的沟通。书面沟通的稳定性要高于口语沟通，也便于保存和流传。同时由于阅读的速度要高于听说的速度，因此单位时间内书面沟通的效率也要高于口语沟通。但是，书面沟通往往缺乏面对面的机会和沟通背景的支持，因此多数情况下其沟通的影响力要低于口语沟通。不过，一些重要的红头文件的沟通效力要高于口头信息传达，这时的书面沟通由于具备了其他的附加条件，使得沟通的影响力大大增强，但这不是沟通本身的过程所致。

三、有意沟通与无意沟通

有特定的目的，并且经过了一定的专门的准备的沟通称为有意沟通。还有另外一种沟通形式，就是虽然双方是在进行信息交流，但沟通双方可能并没有意识到沟通已经发生，这种无意识状态下发生的沟通，就是无意沟通。

有意沟通很容易理解。每一个沟通者，对自己沟通的目的都会有所意识。但是无意沟通不容易被人们所察觉，往往人们也会忽视无意沟通的意义所在。事实上，无意沟通经常在我们身边发生。当你进入一个陌生的环境，可能你并没有和其他人明确地进行沟通，但是实际上你已经和这个环境中的其他人进行了无意沟通。你会从这个环境中其他人的情态、表现中获得你需要的信息，发生信息的交换和交流，这个过程也许你是无意识的，但又是必然发生的，这就是无意沟通过程。

心理学家在早期就发现，如果你一个人在路上比较慢地跑步或骑车，这时如果出现了别人（不管你认识不认识）与你一起跑，或一起骑，你的速度会不自觉地加快。显然这种信息交流的过程就是一个无意沟通的过程。心理学家谢立夫的"似动"研究也很好地证明，人与人之间会无意识地发生相互影响，只要你知道了别人如何判断，哪怕你们之间不经过任何的沟通和交流，你的判断也会不自觉地被他人影响，和别人的意见取得一致。

四、正式沟通与非正式沟通

在正式社交情境中发生的沟通称之为正式沟通，反之非正式沟通是指在非正式社会情境中发生的信息交流。人们的沟通一般都是这两种沟通形式中的一种。正式沟通一般发生在正式的场合中，比如会议、公众演讲等，此时沟通双方都高度注意语词性的、非语词性的信息。语言上用词会更准确，并会注意语法的规范化，对于非语词的信息，如衣着装饰、姿势行为也会更注意。在正式沟通过程中，往往存在典型的"面具效应"，即人们试图掩盖自己的不足，行为举止上也会变得更为符合社会期望。

在自然结成的群体中发生的沟通通常是非正式沟通，如亲朋好友的聚会、家庭中的沟通等，此时人们一般都比较放松，双方的表现也更为真实。

五、个人内沟通与人际沟通

每一次以他人为对象的沟通过程，实际上都会在个人内部发生一个自我沟通的过程，这个过程就被称为个人内沟通或自我沟通。个人内沟通有两种形式，一种是人际沟通发生之前，人们为沟通进行的准备。在与他人发生沟通之前，个人内部神经系统，通过信息传入和传出两个系统首先形成一个沟通回路，从而明确一定的沟通目的，选定一定的沟通策略，之后才会发生与他人的沟通。

有时个人会有独自的自我沟通过程，这是另一种个人内沟通。自言自语是最明显的自觉的个人内沟通过程。有时人们在碰到困难的时候，会通过个人内沟通鼓励自我。自我反思也是人们常常使用的一种个人内沟通。写日记是一种典型的自我反思形式，也是个人内沟通常采用的一种方式。

人际沟通特指两个人之间的信息交流过程。这种沟通形式与我们的生活息息相关，也得到研究者更多关注。本书所涉及的沟通问题，主要是以人际沟通为核心的。

六、群体沟通与大众沟通

群体沟通有三种不同情况。第一种情况是小群体沟通，即以小群体为背景的沟通。小群体通常是指具有某种特殊职能，3 人以上，13 人以下的群体，如班组、家庭、最高决策集团等。与人际沟通不同，小群体沟通有许多新的特点，出现了沟通网络、沟通的群体效益、沟通对群体士气的影响等新问题。心理学家通过实验研究发现，以下 5 种小群体沟通网络具有不同的沟通特性。

研究的结果表明，轮式沟通是最有利于群体问题解决和领导的沟通网络。但其形成了一个信息控制中心，不利于群体成员之间的人际沟通，因而群体成员的满意程度较低。环式沟通，特别是全通道式的沟通，保证了群体成员的人际交往，有利于彼此之间关系的建立和维持，但这种模式解决问题的速度慢，也不容易领导。不同网络模式的沟通适合于不同性质的群体。生产型群体，需要尽快决策并保持有效领导的群体，采取轮式沟通为佳；娱乐群体是促进群体成员沟通和情感联系的群体，沟通方式则以环式和全通道式为佳。

另外两种群体沟通是公众沟通和组织沟通。这两种沟通实质上是小群体沟通的外延形式。公众沟通是指一个演讲者与许多听众的沟通。在公众沟通过程中，听众并不是简单地被动地充当信息接收人，而是积极参与沟通过程。不过，演讲者对于沟通过程具有更大的控制力。

组织沟通是在社会组织内发生的沟通。发生在社会、学校、政府机构及自发组织内，如绿色和平组织等机构内的沟通，都属于组织沟通。一般情况下，组织沟通是多层次的。最高领导者之间，如公司总裁和副总裁，常常保持密切的正式和非正式的人际沟通。而组织的各级决策群体中间，则常常保持着小群体沟通性质的联系。在领导者与组织的普通成员之间，则往往以公众沟通的形式保持联系。

大众沟通也称大众传播，即通过广播、电视、报纸、杂志、计算机等大众媒介实现信息交流。大众沟通的一个显著特点就是其影响广泛而深远。生活在当代社会的每一个人，几乎都会受到大众沟通的影响。我们的政治态度、商品选择、文化娱乐，都首先受大众沟通的影响。心理学家发现，电视、计算机网络的出现与兴盛，已经在世界范围内深刻改变了人们的生活方式。随着媒体事业的发展，大众沟通越来越走入人们生活的深层，对人们的生活产生深远的影响。

大众沟通的方式和时机选择不当，极易导致公众认知的偏差。因此，在危机来临时，需要有效利用大众沟通的途径，正向引导公众，降低社会事件的风险。

沟通问题研究者巴克尔在其《沟通》一书中曾经对个人内沟通、人际沟通、小群体沟通、公众沟通、组织沟通及大众沟通的特点做过一个总结性比较，从这个比较中，我们可以清晰地看到以上各种沟通的性质与特点。

心理学家研究还发现，人类除了有正常感觉通道进行信息交流的能力外，完全有可能存在超感沟通能力。人可以像鸽子一样，具有地磁定向的能力。

这意味着人可以直接感受地磁信息。沟通能力不只是人类所独有的，动物乃至植物之间，也存在着复杂的信息交流。

网络沟通的作用及其负面效应正在被越来越多的人关注。社会发展到今天，传统的沟通方式已不再具有唯一重要的地位。网络不仅提供了一种新的沟通方式，还在人们面临较大压力时提供一种宣泄渠道。在这种情况下，往往会造成人们对近距离沟通疏离的负面后果，并由此产生了许多的心理和生理问题，譬如说网络成瘾问题、网络综合征。

第五节　非语言符号的人际沟通

人们在沟通中往往更多地关注个体言词方面的沟通，比较注意自我语言的组织、言词的搭配等问题，往往对于言词之外的非语词符号的沟通效果和意义、价值没能引起足够的重视，本节就主要讨论非语词符号的沟通。

一、身体语言的特点

所谓身体语言，是指非语词性的身体信号，包括目光与面部表情、身体运动与触摸、身体姿势与外表、身上的装饰等。身体语言沟通就是通过身体语言符号来实现的沟通。

心理学家经过严格的观察研究发现，"此时无声胜有声"绝不是简单的主观感受，而是科学事实。在两个人之间的面对面的沟通（即人际沟通）中，55%以上的信息交流是通过无声的身体语言实现的。身体语言在人际沟通中，有着口头语言所不能替代的作用。

身体语言在人际沟通中具有不可替代的特殊地位，这是由它自身的特点所决定的。总括起来，身体语言主要有以下特点。

（一）广泛性

运用身体语言进行沟通，是人人具有的能力。心理学家研究发现，几个月大的婴儿，就具有发现表情线索并对其做出恰当反应的能力。有人对6个月大小的婴儿做过试验，发现当成人对他们微笑，对其表示接纳时，他们也会显示出微笑的接纳反应。而当成人对其表示气愤，显示拒绝的表情时，他们也显出不愉快、拒绝或恐惧的表情。

（二）连续性

身体语言使人可以保持不间断的沟通。语言的沟通是间断的，而身体语言的沟通则是一个不停息、无间断的过程。只要人们彼此在对方的感觉范围内，就总存在身体语言沟通。

（三）不受环境的限制和保密性

日常的口语沟通有着许多物理的、社会的限制。比如，距离超过一定限度，口语沟通就很难实现。如沟通的内容不希望被别人知道，而偏偏又不能躲开别人，也不能运用口语来交流信息。因为当你把自己的意思告诉你想告诉的人时，其他人也得到了同样的信息，而这有时就可能成为对沟通者的一个十分不利的因素。然而，身体语言沟通却可以不受这些情境的限制，达到言语沟通无法达到的目的。

身体语言的保密特征，更是显而易见的。身体语言信号通常要放到整个身体语言沟通过程中，其意义才能够被确定。而且，沟通者可以随时变化每一个身体语言信号的意义，使其在特定情境中具有别人难以理解的特殊含义。比如我们在军事上常用的旗语、手语等就是考虑到了身体语言的保密性特征。

（四）跨文化沟通

在没有共同的语言背景的沟通中，身体语言就可以发挥其跨文化沟通的特性。许多身体语言信号都具有跨文化的功能，它们在不同文化背景中的基本意义是相同的或高度接近的。借助这些身体语言符号，人们仍然可以实现有效，有时甚至是惊人准确的沟通。

与一般语言相比，身体语言还有另外一个跨文化优势，那就是易于学习。语言不同的人相互学习语言，常常是以身体语言为基础的。通过身体语言的帮助，人们最终可以很好地掌握另外一种语言。

（五）简约性

身体语言的最后一个特点，是它具有简约沟通的特殊功能。事实上语言对情感的表达是极其有限的，也正因为如此，语言永远不能代替身体语言。摄影家抓拍一个真情流露的身体语言动作，这个动作就成了充满生命力的艺术品，一个动作反映了做出动作的整个人的表现。无论如何，语言永远不能有这样的表现力。身体语言往往比普通语言更为有效地反映人们的内心情感。

二、身体语言沟通的类型

（一）目　光

眼睛是心灵的窗户。人的眼神是最为真实的情感、情绪的显示器，很难加以伪装，眼睛是透露人的内心世界的最有效的途径。人的一切情绪、态度和感情的变化，都可以从眼睛里显示出来。人的情绪变化，首先会反映在瞳孔不自觉地改变上。当人的情绪从平静变得兴奋、愉快时，瞳孔会不自觉地变大。眼睛不仅是心灵的窗户，更重要的是"眼睛会说话"。目光接触是最为重要的身体语言沟通方式。许多其他身体语言沟通，常常与目光接触有关。如一个人斜靠在墙上，在没有目光接触时，这个姿势可能意味着休息。而如果与某一个特定的人保持某种目光接触，这个姿势的意义则可能变成了轻视对方。我们可能都有体验，人际沟通中若缺乏目光接触，那沟通会变成一个令人高度不快、高度困难的过程。

在日常生活中，很多信息与情感的交流，都是通过目光接触来实现的。首先，目光接触直接表示对对方的注意，使沟通成为完全连续的过程。其次，目光接触可以实现各种情感的交流。沟通过程中的目光接触，可以比语言更有效地沟通各种情感。人们可以用眼神交流愉快、激动、幸福的感受，可以用眼神传达失落、悲伤、绝望的情绪，也可以用眼神显示程度不同的惊奇、拒绝、厌恶和恐惧的体验。第三，目光接触可直接调整和控制沟通者之间的相互作用水平，目光接触的次数和每次接触所维持的时间，是沟通信息量的重要指标。一般说来，沟通者彼此的接纳水平越高，关系越亲密，所能接受的相互作用水平也越高。第四，目光接触可以传达肯定或否定、提醒、监督等信息。目光在显示肯定或否定意义的同时，常伴有轻微的点头或摇头。

（二）表　情

表情通常是指人们面部的表情，是可以完成精细语言沟通的一种体态语。

人的面部肌肉相互配合，可以做出上百种不同的表情，准确地传达人们不同的内心情感状态。面部表情一般比较易于被人察觉，能够及时有效地反映沟通双方的现实性状态。但是由于面部肌肉还有可控性强的特点，所以如果一个人不想让对方察觉自我的内心，往往也比较容易控制自我的表情，达到掩饰的目的。

表情可以有效地表达不同的情感、情绪，告知对方自己的意愿。通常的情感维度，如肯定与否定、接纳与拒绝、积极与消极、强烈与轻微等都可以通过面部肌肉的不同运动方向加以体现。在日常的人际沟通过程中，表情是人们运用得最多的身体语言沟通方式之一。

（三）身体运动与接触沟通

1. 身体运动语言。身体运动是最容易被觉察的一种身体语言，因为身体的运动更容易引起人们的注意。

身体运动语言与人们日常生活的关系是很密切的。聋哑人借助手势语言，实现了与别人的沟通，摆脱了孤独。第二次世界大战期间，英国首相丘吉尔做出"V"手势，成为世界上广为运用的代表胜利的手势语。

人们通常使用的身体运动语言及其意义主要有：

（1）摆手：制止或否定。

（2）手外推：拒绝。

（3）双手外摊：无可奈何。

（4）双臂外展：阻拦。

（5）搔头皮或脖梗：困惑。

（6）搓手或拽衣领：紧张。

（7）拍脑袋：自责。

（8）耸肩：不以为然或无可奈何。

在身体运动与身体接触的沟通方式中，心理学家研究得最多的是握手。握手是融身体接触与身体运动于一体的特殊沟通方式，也是使用得最多、适用范围（无论从情境上还是文化上）最为广泛的沟通行为之一。

虽然，无论从握手习俗形成的历史来说，还是从日常与别人握手的目的来说，握手的初衷都是向别人表示友好和接纳，但是，事实上事情并不这么简单。握手的效果并不是一致的。不同的握手，可以给人以完全不同的感受。短短几秒钟的握手，会把你对别人的真实态度以及你的整个心态都传达给别人。眼睛失明、耳朵失聪的海伦·凯勒，曾经谈过她与别人握手的感受：有的人握手可以使你感到拒人于千里之外，有的人握手却使你感到温暖，有些人的手像凛冽的寒风，有些人的手却充满阳光。海伦·凯勒只能通过握手感受别人的心，她的描述无疑是真切的、准确的。

2. 握手。通常的握手方式，是右手往前偏下伸出，迎接别人伸出的手，然后两手虎口相触，手掌紧贴，有力地握住别人的手，小幅度但利索地上下晃动几次。在一般的社交场合，这种方式的握手最为适合。如果是特别郑重的聚会，如外交会见，晃动的次数可以更多一些。

由于沟通者关系与握手者情感状态不同，人们也用其他一些方式来握手。比如，老友重逢时两人的手握住后常来回拉扯，以此表达兴奋的心情；好友分别时常边握手边以左手轻拍对方被握住的手，以表示别情难舍；上级对于自己欣赏的下级，握手时常常以左手轻拍对方的手臂或肩膀，以表示赞赏和尊重等等。当双方勉强握手时，则常出现抓指尖式、死鱼式或钓鱼式握手。抓指尖式握手指不待虎口相触、手掌相贴就草草握手的一种方式。人们用这种方式表示对对方的冷淡或疏离。死鱼式握手指将手像"死鱼"一样伸出，没有生机与热情，任凭对方相握。性格内向、被动而又缺乏社会经验的人，常这样与别人握手。钓鱼式握手指手刚与别人相握，就像钓鱼一样急于把自己的手抽回。这种握手方式意味着对对方的轻视。

社交场合握手的一般规则：

（1）握手者必须从内心真诚接纳别人。

（2）握手应热情有力，避免钓鱼式、死鱼式、抓指尖式握手。

（3）作为主人、上级或女性，应主动伸手与人相握。

（4）不要戴手套与人握手。

（5）男性一般不抢先与女性握手。

（6）握手时保持适当的目光接触。

3. 触摸语言。触摸语言作为人际交往最有力的沟通方式，很早就被心理学家所认识。每个人都可能有体会，人在触摸或身体接触时对情感融合的体会最为深刻。在日常生活中，身体接触是表达某些强烈情感的最为有效的方式。人与人之间的相互理解、隔阂的消融、深厚的情谊，也常需要通过身体接触才能得到充分表达。尤其是在家庭沟通和比较亲密的朋友之间的沟通中，触摸常常会起到意想不到的效果。触摸常常代表深层的相互接受和融合，对于友谊的深化具有不可替代的意义。

触摸是人的一种本能需要。刚出生的婴儿虽然感知觉的发展还不十分完善，但是对于触摸就有很高的要求，研究表明，母乳喂养的婴儿由于和母亲有更多的接触，接受更多的触摸，因此后期的成长安全感更高。所以儿童都喜欢拥抱、抚摸和亲贴长毛绒玩具。绝大多数成人也对这样的经验有愉快感。更为重要的是，人不仅对舒适的触摸感到愉快，而且会对触摸对象产生情感依恋。我们仔细观察一下自己或周围的孩子就会发现，孩子与谁的身体接触最多，对谁的情感依恋也最强烈、最深刻。

在人际沟通过程中，双方在身体上相互接受的程度，是情感上相互接纳水平的最有力的证明和表示。对身体的接受，是人际交往中安全感得以建立的标志。人类学家发现，如果一种文化对人们在日常生活中的身体接触较为容忍，使人们在日常生活习俗中与别人有较多的身体接触，则成长于这种文化背景中的人，在人际沟通中更容易建立对别人的安全感与信任感。他们的性格较为开朗，与别人的相处也较为真实、坦率和容易。相反，在高度忌讳人体相互接触的文化背景中成长的人，在人际沟通中也较难建立对别人的安全感和信任感，他们的性格也相对压抑、封闭，与别人的相处也较为虚假、规范化和困难，难于与别人建立真实的、深刻的情感联系。

心理学家在人类潜能解放运动之中，曾经运用以默默地身体接触为沟通方式的"交友群体"技术，深刻地改变了许多人的性格，消除了人们严重的自卑、自贬、压抑、罪恶感等心理障碍，使人们变得容易与别人进行沟通，容易与别人相处。"交友群体"技术还使很多人在事业上取得了更大的成功，也使他们在主观感受上感到生活更充实、更幸福。身体接触的广泛心理支持意义由此可见。

（四）姿　势

在日常生活中，姿势也常常是沟通过程的一个辅助因素。对别人表示尊敬，比如与导师或是领导谈话，我们往往要注意坐姿规范、上身挺直并微微前倾。如果对别人的谈话表示不耐烦，则通常会坐得比较向后，尽量和谈话人拉开距离，以表示想尽早结束谈话。人们的每一个动作都可以向他人告知你时下的状态。

（五）装　饰

装饰是指一个人身上所携带的外在的有助于沟通双方了解的信息，它包括沟通双方的各自的发式、服饰、妆容以及所携带的物品等所有能够透露其信息的物品。在日常的生活中，人们都在有意无意地试图通过各种装饰来透露自己的信息和发现他人的信息。

装饰主要由服装、妆容、烟草和携带品等几个方面组成。服装是装饰的主体方面。从世界范围内时装行业的兴盛就可以知道服饰在人们生活中具有多么重要的位置。服装不仅反映着性别、年龄、职业、地位，也反映着一个人的社会角色、性格乃至情绪倾向。各种颜色、各种式样、各种档次的服装，正好反映了人们不同的需要，反映了着装者不同的特点。

对于许多特殊的情境，人们还会特别选择服装来实现沟通的目的。一个姑娘与心爱的情人约会时，会精心选择她的服装，使自己给人的印象更好。参加重要的社交聚会、外出演讲及洽谈生意、到公司求职时，人们也会注意选择自己的服装，使其能够起到展示自己理想形象的作用。

服装不仅在人际沟通的意义上有自我显示的作用，而且在个人内沟通的意义上有改变个人自我概念的功能。不同的服装会向自己发出不同的信息，改变个人的自我感觉。心理学家曾经做过实验，以考察同一群人穿着不同服装时的自我感觉。结果发现，如果人们的穿着较为高级，明显比周围其他人优越，则人们的自尊感会上升，更相信自己的能力，相信自己能够给别人以良好印象，并取得成功。但是，如果较为寒酸或普通，而周围其他人穿戴高级、整齐，则人们的自尊感会明显下降，此时他们会怀疑自己的能力，怀疑别人对自己的判断，并怀疑自己能否取得成功。在日常生活中，人们往往感到，随着一个人服装的改变，这个人会给人一种换了一个人的感觉。实质上，服装的改变远不只是表面的改变，而是真的会由外到内使一个人变成另一个人。

化妆也是一种特殊的身体语言和沟通方式。一个人的化妆风格，直接反映着一个人的审美倾向、个人追求等。通常个性较强、有强烈吸引别人注意欲望的人，会不顾自己的特点，通过化妆哗众取宠。而性格稳重、知识修养较高的人，往往只化淡妆。首饰佩戴更富有个人特色，有着很强的个人偏好。一个比较懂得美，又比较聪明的人往往可以通过化妆和首饰的佩戴，起到增加美感、画龙点睛的作用。而有些人佩戴首饰可能仅仅是为了向人展示些什么。不同的目的会导致不同的装饰风格，并且都会对沟通的过程和结果产生一定的影响。

在现代生活中，抽烟成了青年自我显示的一个重要方面。心理学家的研究表明，男青少年抽烟的最主要原因，是想借抽烟向别人显示自己已是成人，他们认为抽烟可以显示男子汉的风度。而少数女青少年抽烟则是为了显示自己是现代派，性格开放而不拘泥习俗。在香烟种类的选择上，青少年和成人吸烟者普遍存在着"斗牌"心理。他们希望通过亮名牌香烟来显示自己的优越感，对于许多抽烟者来说，香烟成了特殊的自我显示的符号。

最后来看携带品。携带品有两种，一种是能够比较方便地随身携带的物品，女性携带的主要是提包、手袋等，男性携带的主要是公文包和密码箱。随着社会的发展，手机、掌上电脑、各种数字化媒体，在某种意义上也具有携带品的意义。另一种携带品不能随时带在身边，如自行车、汽车等。这些物品一方面是生活的必需品，另一方面又具有装饰的意义，成了人们自我展示的一种特殊的物体语言。它们是人体语言的扩展和延伸。从具有装饰意义的携带品的实际状况就可以知道携带品在人们的生活中具有多么重要的位置。在更多的情况下，这些装饰品远远超出了生活必需的范围，而成了人们自我展示的一种特殊方式。在日常生活中，我们也常常会从一个人的携带品来判断其社会角色、社会地位、经济状况和性格倾向。

三、人际空间与人际距离

个人空间位置和人际距离是非语词符号系统中的重要组成部分，也是一种沟通的信号，能够有效地显示沟通的效果。

（一）人际空间需要

人与人之间所保持的空间距离，直接反映着彼此相互接纳的水平。对这一现象的揭示，是心理学家在人体语言学研究上的一个重要贡献。心理学家发现，任何一个人都需要在自己的周围有一个自己把握的自我空间。虽然这个自我空间会随情境、单位空间内的人员密度、文化背景及个人性格等因素而发生变化。但无论是谁，只要他是处于清醒状态，就都会有这种拥有自我空间的需要。而且，他走到哪里，也会将这个自我空间带到哪里。就像一个人身体周围有一个"气泡"，人的身体被包裹在"气泡"当中。人走到哪里，这个作为无形的心理保护层的"气泡"就会跟到哪里。这个"气泡"所覆盖的空间范围，就成了一个人的自我空间。

一个人的自我空间只允许已经在心理上建立起了安全感、情感已经接纳的人来分享。空间距离的接近与情感的接纳水平成正比例关系。情感接纳水平越高，能够与别人分享的自我空间也越多，对空间距离接近的容忍性也越高。只有对那些在情感上已经充分接纳的对象，如恋人、孩子，人们才能够容忍长时间的有意身体接触。如果没有情感上的相应接纳，那么任何人闯入一个人的自我空间，都会被认为是严重侵犯，使人心理上感受到很大压力，并产生强烈的焦虑体验。这种体验会迫使人们调整自己与别人的空间距离，直到重新有了完整的自我空间为止。

影响人们自我空间大小的最重要因素，是单位空间内的人员密度。在拥挤的公共汽车上或电梯里，人们的自我空间很小，彼此不得不通过躲避别人的视线和呼吸来拉开与别人的距离。我们会发现，无论公共汽车多么拥挤，人们的视线都朝向窗外，只有和熟悉的人谈话时才保持一定的目光接触。心理学家发现，在图书馆的阅览室里，读者倾向于按照密度等距离分布。如果不是相互熟悉，人们是不能容忍彼此坐得特别靠近的。在一个只有两位读者的空旷阅览室里，没有一个被试者能够忍受一个陌生人紧挨自己坐下。

在单位空间内人员密度很低，人们可以选择自己空间位置的情况下，会倾向于与他人保持一定的距离，保留较大的自我空间，别人侵犯到自己的空间会引起心理上强烈的不适感。而随着单位空间内人员密度增大，更多的空间被别人占据，人们的自我空间也会相应缩小。此时人们即使相邻而坐，也不会构成对别人自我空间的侵犯。

（二）个人空间位置与沟通

人与人之间的空间位置关系，也会直接影响人与人之间的沟通过程。这一点不仅为大量生活观察事实所证明，严格的社会心理学实验也证明了这一点。

索莫尔的一个研究证实，在一个课堂中，学生对于课堂讨论的参与直接受到学生座位位置的影响。在倾向上，以教师讲台为中心，座位越居于中心位置，距离越近，学生对于课堂讨论的参与比例也越大。

心理学家的最新研究发现，随着沟通过程中所保持的距离不同，沟通也会有不同的气氛背景。在较近距离内进行沟通，容易形成融洽、合作的气氛。而当沟通的距离较大时，则很容易形成敌对、相互攻击的气氛。沟通中空间位置的不同，还直接导致沟通者具有不同的沟通影响力。心理学家泰勒等人发现，沟通情境中不同位置的作用是不一样的。有些位置对沟通的影响力较大，有些位置则影响力较小。而位居有利空间位置的人，会取得对其他人的特殊影响力。我们都有体会，同样一种发言，站到讲台上去讲和站在台下随便讲所起的作用是不同的。高高的讲台本身就具有某种权威性。封建时代的帝王不仅身居宝座俯瞰众臣，而且要求臣子跪见，这种一高一低的反差，在心理上会自然地造成对人的压迫，使其更加服从帝王的权威。其实，在日常生活中，当我们坐着而别人站着对我们说话时，我们也会感到一种莫名的压力。毫无疑问，在正式的社交情境中，优势空间位置所造成的沟通压力要远比非正式情境大。这一点已经被严格的心理学实验所证明。

在现实生活中，一个人在特定社会场合的空间位置，还直接与其社会身份和地位相联系，并对人们的沟通产生深刻影响。领导者、长辈、重要人物，会自然地被置于社交情境的重要位置，而其他人在目光和姿势上会将这一位置当成特定情境的注意中心。社交情境越正式，人体的空间位置也就越严格。盛大的国宴虽然场面宏大，但人们很容易从宴席的空间位置确认哪些人是重要人物。重要大会的主席团人数很多，但每个人都被安排在与其社会地位相应的特定位置上。严格的外交、政治活动，无论在座位的安排上，出现在公众面前的次序上，还是在车队的位置上，都有严格的先后次序。通过这些空间位置信息，我们可以很好地了解一个人的实际社会地位。在日常的社交场合，甚至家庭，也同样有相对固定的空间位置分配。一个单位召开会议，无论是否是名义上的领导者，重要人物都有自己的特定位置，这些位置很少被其他人所占。在家庭里，尤其是强调宗族观念和家庭权利的家庭，家庭的决策者在饭桌上、在家庭空间位置的分配上，都占据较为重要的位置。我们从尊卑分明、长幼有序的空间位置上，可以很容易确认谁是家庭的决策者。

（三）人际距离与沟通

日常生活中人与人的空间距离分为四类，分别是亲密距离、个人距离、社交距离和公共距离。每一种距离又有近范围与远范围之分。

1. 亲密距离接近型。亲密距离的近范围就是身体充分或直接接触的范围。人们在近距离沟通的时候更多地是依赖触觉，视觉、听觉则退居次要地位。通常情况下人们只允许情侣或孩子进入这一范围。

2. 亲密距离较近型。亲密距离只限于在情感联系高度密切的人之间使用。如果情境迫使人们在互不认识和熟悉的情况下相互介入彼此的亲密距离，人们就会通过躲避视线、背朝他人等方法显示彼此的心理距离。人们在乘坐比较拥挤的电梯的时候，电梯中的大多数人都是不希望有亲密互动的陌生人，所以他们会调整非言语行为以消除因接近带来的不便。在此种情形下，每个人都会面向前方，眼睛盯着电梯上的楼层数字，尽量避免眼神接触。他们的姿势僵硬，而且尽可能避免触碰，形成了不成文的空间规范。

3. 社交距离接近型。社交距离用于正式社交场合。这是超越身体能接触的界限，是办事时同事之间所处的一种距离。保持这种距离，使人具有一种高雅、庄严的气质。社交距离的近范围为 1.5 米左右。通常的正式社交活动、社交谈判，人们都会保持这种距离。如果社交活动在更近的空间展开，人们会有意识地通过姿态把双方的物理距离加大。

4. 社交距离远离型。社交远距离范围为 3 米左右，这个距离适用于更严格、更正式的社交情境。在这个距离范围内进行沟通，人们需要提高谈话的音量，需要更充分的目光接触。这种变化会直接形成正式、庄重的气氛。上级向下属传达指示，单位的领导接待来访，商务谈判，外交斡旋往往都采用这个距离进行沟通。

5. 公众距离接近型。如果保持 4 米左右的距离，说明说话人与听话人之间有许多问题待解决。

6. 公众距离远离型。远离型公共距离是公开演说时演说者与听众所保持的距离。在公共距离范围内，人们之间的沟通中视觉信息的精确性显著下降，因此这个距离不适合人际沟通，只适合于演讲和演说。

在日常生活中，环境的设计一定要考虑人际交往中的距离的需要，才能使人们之间能够建立和保护自己的个人空间，建立良好的沟通情境。比如，旅馆中床位的放置应尽量加大床与床的距离，比如在餐厅、茶馆尽量设计一些隔扇能够将空间立体分割。

在人们的日常接触中，沟通的双方无论多么亲密，也要尽量保持个人的空间，俗话说"距离产生美"，尤其是常常要在亲密距离接触的人们更要注意把握好人际距离。在亲密距离接触中应尊重别人的隐私，保留各自的心理空间。

四、副语言沟通

非语词的声音是包括说话中的重音、声调的变化、哭、笑、停顿等非言语内容，但其本身传达了一定内容的附属信息。心理学家称非语词的声音信号为副语言。最新的心理学研究成果揭示，副语言在沟通过程中起着十分重要的作用。一句话的含义常常不是取决于其字面的意义，而是取决于它的弦外之音。语言表达方式的变化，尤其是语调的变化，可以使字面相同的一句话具有完全不同的含义。比如一句简单的口头语，"真棒"，当音调较低，语气肯定时，"真棒"表示由衷的赞赏；而当音调升高，语气抑扬，说成"真棒"时，则完全变成了刻薄地讥讽和幸灾乐祸。

心理学研究发现，低音频是与愉快、烦恼、悲伤的情绪相联系的，而高音频则表示恐惧、惊奇或气愤。副语言研究者迪保罗的研究还发现，鉴别别人说谎的最可靠线索就是声调。不老练的说谎者说谎时会低头或躲避别人的视线。老练的说谎者则可以有意识控制这些慌乱行为，说谎时不仅不脸红、不低头，还能有意识地以坦然的表情迎接别人的目光，但是，说谎时声调提高却是不自觉的，可以真实地透露说谎者言不由衷的心态。因此现在的测谎仪可以通过分析人们说话的节奏，声音的频率、波长等信息来判断当事人是否在说谎。

第六节　改善人际沟通的方法

从某种意义上说，人际沟通的状况决定一个人的生存状况。为此，提高人际沟通的技能，对于个人效能的发挥、自我生存状态的改善都具有十分重要的意义。

一、沟通的自我评价与沟通改善计划

（一）评价自己的沟通情况

一切问题的解决或改善，都是以对问题的察觉为前提的。对问题认识得越清晰，改变就会越有效。因此，要想改善个人的沟通能力，必须先系统评价自己的沟通状况。

人际沟通状况可以根据自己独特的生活范围和交往对象来评价。这个评价过程其实是个人的内沟通过程。

人际沟通效果取决于人际沟通的方式。一般情况下，人际沟通主动性、人际沟通注意水平和沟通信息的充分性是评价沟通方式的三个最有效的维度。我们可以依据这三个维度来评价自己的沟通方式。

人际沟通主动性评价的是我们在与别人进行沟通时，究竟是主动始发沟通还是被动接受沟通。主动沟通者与被动沟通者的沟通状况有明显差异。主动沟通者沟通对象广泛，人际沟通内容不拘一格，容易经人际沟通与别人建立并维持广泛的人际关系，与他人的沟通也较为充分、及时和有效。而被动沟通者的倾向则正好与主动沟通者相反。研究中发现男人和女人在沟通主动性上有着明显差异，还发现在家庭沟通中女性的沟通主动性往往高于男性。心理学家研究还发现，主动沟通者获得成功的可能性，特别是在某些特殊领域，如经营、管理等，比被动沟通者要大得多。

人际沟通注意水平评价的是沟通者投入沟通过程以使其自然持续所付出的注意程度。人际沟通注意水平高的沟通者，比较全面地关注沟通的每一个细节，而且对于整个人际沟通过程保持着高度注意。因而，他们能够较好地根据反馈信息调节自己的人际沟通过程，对对方的人际沟通形成良好支持，使人际沟通始终保持较好的彼此适应性，并顺利延续。

人际沟通信息的充分水平有三种情况：充分、不足和冗余。充分是指人际沟通信息恰好准确表达了人际沟通意图，实现了人际沟通目的。不足是指人际沟通还不能使别人理解人际沟通意图，但人际沟通者不再提供有关信息。人际沟通信息不足常导致沟通者之间产生误解。冗余是指在信息已经充分的情况下，又进一步强调、解释或重复。

心理学家研究发现，人际沟通信息不足在任何情况下都是一种沟通缺陷。这种状态又会促使双方用相互猜测，而不是以明确表达自己的方式，进行进一步的沟通，从而导致误解更深，情感距离越来越大。

人际沟通信息的冗余现象需要辩证地来看待。适度的重复并不能称之为沟通冗余。有时候适度重复对沟通是可以产生正向作用的。人际沟通中有个"6次规则"，即一定的沟通内容在重复说过6次之后，才会被信息接收人完全记住。因此有时候为了取得更好的沟通效果，进行一定的重复也是必要的，这时候就不能说是沟通冗余，而是适度的重复。

（二）人际沟通改善计划

人际沟通能力的提高和沟通状态的改善是整体的，但又必须通过具体的步骤来实现。希望提高沟通能力和改善沟通状况的人，需要为自己制订一个每一步具体怎么做的详细计划。

计划首先要明确试图改进自己的哪些方面，是要改变自己的社交退缩，扩展自己的人际沟通范围，是改变自己与某些人如领导或同事的沟通状况，培养与友人保持联系的习惯，还是试图改变自己不善于与别人沟通等方面的不足。计划的第二步是将选定的改善目标与实际生活联系到一起，并转化成可以在日常生活中实施的每一个具体做法。制订的计划切不可把要求提得太高，导致自己在实际中做不到，最终失去努力的兴趣和信心。

监督是保证计划能够有效执行的一个手段。计划是否得到执行，需要通过有效的监督措施来实现。

最可靠的监督者是自己。必要时可请自己充分信任的朋友监督。可以利用可见的日记、图表形式记载自己的进步，评价、分析自己的感受。

一般说来，如果计划切合实际，与日常生活联系紧密而合理，任何人都能做得比过去更好，都能有所改善。人的潜力是无限的。心理学家有句名言：一个人能够做的，比他已经做的和相信自己能够做的要多得多。只要能按计划一步一步去做，一段时间之后，你会突然发现，你所渴望的巨大变化已经在你身上出现。

二、提高人际沟通的准确性

准确是人际沟通成功的前提。在某种意义上，如果人际沟通的结果是误解，发生人际沟通比不发生沟通更糟糕。不发生人际沟通，意味着建立良好人际沟通的可能性依然存在。若已经产生了误解，重建良好人际沟通的过程就可能十分困难。

提高人际沟通的准确性，首先需要提高自己准确描述事物的能力。心理学家研究发现，相当比例的人都不能很好地抓住事物的本质特征，将自己的意思用通畅的语言表达出来，使别人准确地理解他们。准确的描述应该是以别人能够准确理解为目的的，所以准确描述对一个人的分析、综合以及概括能力提出了很高的要求。许多著名作家在进行基本功训练时，都是以练习准确描述某一个特定情境或特定的人的形式进行的。

提高人际沟通准确性的另一方面是对所用的一切非语词沟通方式都必须

有明确的概念，并且对别人是否也会同样理解某种非语词信息保持清楚的认识。非语词信息常常更容易发生误解。一般认为，除非人际沟通者之间已经建立起了很好的默契，人际沟通者能够确信信息接收人对某一非语词符号与自己有同样的概念，否则，非语词沟通应被置于支持语词沟通的次要地位。

此外，保持对别人包括直接的语词反馈在内的各种反馈信息足够的敏感，并及时调整自己的信息和符号选择，也是提高人际沟通准确性的不可缺少的途径。及时接收和准确理解反馈，是准确沟通的一个重要环节。

三、激发人际沟通的良性定向的技术

（一）人际沟通的"同理心"定向

同理心是指站在对方的角度和位置上，客观地理解对方的真实看法和内心感受，并且基于这种理解来进行沟通，同时将自己的同理心传达给对方的一种沟通交流方式。同理心有时被说成移情或共情，不同术语来源一致，本质的意义也是相同的。

同理心的核心是真正理解对方的观点和情感。要实现这一点，必须对对方有发自内心的兴趣和重视。提供信息的目的是为了被理解，而由于人们的经验背景不同，理解上可能存在显著差异。只有当我们站在别人的角度，体会到别人理解所依赖的情绪与经验的背景时，才可能选择出最能够使别人准确理解我们的语词或非语词符号。许多人摆脱不了自我中心思想，不能对别人的状态进行移情，纯粹从自己的经验和情绪背景出发来选择沟通方式和符号，因而在人际沟通中往往产生误解，从而使人际沟通失败或导致不良的后果。人情融合的三角理论认为人际沟通中的人情融合的实现是靠有效和充分的沟通。而充分的沟通又必发源于真诚与关怀。作为人情融合的结果，是真诚关怀和充分沟通的自然结果，并且没有任何其他途径。

（二）社会心理效应在沟通中的运用

由于首因效应在很长一段时间内影响着人们对某一对象后续行为特征的解释，因此建立良好的第一印象，对后续沟通的良性定向具有重要意义。

在人际沟通实践中，更多地寻找与沟通对象的共同点，更容易让彼此产

生一种亲切感和"自己人"的心理体验，使双方的感情不断融合，沟通就更易于深入。这就是所谓的"自己人效应"。"自己人效应"一经产生，就可以发生相互接受的先定倾向，使沟通不容易发生意义障碍，深入的沟通也因为相互的认同而更易于进行。

四、身体语言沟通的改善

（一）理解别人的身体语言

有效的人际沟通不仅在于沟通双方的语词，参与沟通的双方各自的声调和表情动作等身体语言所流露出的信息对人际沟通也有着重要影响。因此正确把握和理解别人的身体语言，对于提高人际沟通的有效性和可信度有着非常重要的作用。很好地理解身体语言，通常有几个原则可循：

第一，身体语言信号的意义与情境和沟通者性格有关，很容易理解。在喧闹的舞会上，两人之间的谈话距离更近一些才能听清楚。此时即使两个人是异性，如此近距离交流，也不意味着双方有深刻的情感联系。但是，如果一个异性在只有两个人的私人情境中愿意与你保持很近的空间距离，或总是借故与你靠得很近，往往就意味着他在内心里已经对你有高度的接纳。恋人之间在明确爱情关系之前，常要经过这种身体距离远近的试探。

性格对身体语言运用的影响也是很明显的。一个活泼、开朗、乐于与人沟通的女孩子，在与你进行沟通时会运用很丰富的身体语言，不大在乎与你保持较近的距离，也可能时常带着甜蜜的表情与你谈话。但这可能并没有任何特殊意义，因为她与其他人沟通时，也同样会保持这种状态。而一个文静、情感含蓄、敏感的女孩子，通常较为注意与异性的沟通方式。若是这样的人愿意与你近距离说话，或说话时表情甜蜜，则可能意味着她在向你透露，她已经很喜欢你了。

第二，必须从整体的身体语言背景来确认每一个具体身体语言信号的意义。各种身体语言的使用是相互呼应、互相一致、整体协调的。很容易发现，由于情境需要而凑在一起谈工作的两个异性同事，与两个窃窃私语的情侣，其整体的身体语言状态是不同的。虽然，在这两种情况下人们保持的身体距离很相似，但双方保持的身体的角度、身体的紧张度、目光的交流和表情等都是不同的。心理学家曾做过认真的观察，发现情侣之间在身体面对面逐步接近时没有身体角度的变化。而如果是两个朋友或熟人需要凑近谈话，则人们会有明显的身体转动。随着谈话的距离靠近，人们也会逐渐将面对面的姿势调整成肩膀朝向别人。只有情人之间才从正前面说耳语，而其他关系的人耳语通常都是从侧面进行的。

第三，用移情的方法理解身体语言信息。移情作为对别人内心真实状态的体验，是准确解释没有被明确地用语词表达的身体语言的重要前提。移情越充分，准确解释别人身体语言信号的可能性越大。作为家长，如果很好地体会到了孩子考试失败后害怕责怪的心态，就能够很好地解释为什么孩子的目光总躲着自己，并不愿意与自己挨得很近。

除以上几个方面外，如果一个人在日常生活中善于观察别人在不同心态下的身体语言状况，并努力寻找各种身体语言之间的内在联系，总结出人们在不同情绪状态下的整体身体语言模式，也可以有效地增强自己解释别人身体语言信号的能力，同时也可以较好地避免犯根据某个单一身体语言信号推测别人心态的错误。

（二）恰当运用自我身体语言

恰当使用身体语言与准确解释身体语言同样重要。要想提高自己有效使用身体语言的能力，首先要增加自己对身体语言的自觉性。身体语言自觉性的增加，需要经过三个步骤。

第一步是观察自我身体语言，了解自我身体语言使用的情况。这个环节可以借助于他人帮忙观察、记录，也可以通过自我有意识地观察记录的方式实现。通过系统的观察记录，自己来定义和解释自身的各种身体语言信号，并仔细分析自身心态和身体语言的关系，建立符合自己特点的身体语言模型。

第二步是对自己的各种身体语言行为和整体模型进行自我体验。人是经验主义的动物。任何事情，只有在获得直接体验之后，才能更好地理解，才能自然地将它们与自己的真实生活联系到一起。自我体验的过程不仅可以使人们将各种身体语言经历与自己的真实情绪状态和沟通过程更自然、更充分地联系到一起，而且可以使人们有机会对在第一个步骤中建立起来的各种身体语言定义和整体模型进行自我检验，并进行必要的修正。

第三个步骤是在实践中应用自己总结的身体语言，并进一步检验其有效性，对于不适当的地方，及时加以修正，进一步完善自我身体语言模型。

在日常生活中，自我身体语言的解释系统必须与社会整体的环境要求、他人的身体语言解释系统保持一致，以免引起不必要的误会。性格再开朗，在与异性的交往中，也需要对身体在空间上的高度接近和身体接触的动作保持应有的敏感，否则总让别人认为被特别对待，就可能有严重的后果。

增强身体语言使用能力还需要提高身体语言与自己社会角色及特定行为情境的对应性。根据人们社会角色的不同，外部社会也会有不同的要求与期望。对于同一社会角色，随着行为情境发生改变，社会的要求与期望也会随之发生变化，因此不同的社会角色需要使用不同的身体语言。如果我们的行为偏离了人们的期望，就会难以被理解，并容易被拒绝。日常生活中很容易发现，由于社会角色的不同，同一种身体语言的意义也会有差别，甚至大相径庭。

情境对身体语言的规范作用同样明显。无论在哪一种情境中，人的自我表现都有一个情境同一性问题。在不同的社会情境中，人们的行为模式要与自我的社会角色、身份地位相一致。对应于每一种社会情境，人们都有一种与自己社会身份相符合的行为模式。一个人在特定情境中的行为符合自己的社会身份，则有恰当的情境同一性。反之，则被认为是情境同一性混乱。

如果身体语言沟通被阻断，则沟通的充分性会明显下降。在日常生活中，许多人都不善于充分利用身体语言来完善自己的沟通过程。这不仅使人感觉这些人缺乏个性与活力，沟通本身的影响力也大大受到影响。在学校，与不善于利用身体语言的教师相比，身体语言丰富的教师更受学生欢迎，教学效果也更好。许多著名的演说家、政治家，都很善于运用富有个人特点的身体语言。在日常的沟通过程中，有意识地运用和发展自己的身体语言，可以有效地使沟通更为充分，更易于达到沟通的目的，同时也能增加个性的活力，使个性特点更为鲜明。

第七章　助人行为

第一节　助人行力及其根源

一、亲社会行为

亲社会行为泛指一切符合社会期望而对他人、群体或社会有益的行为。它主要包括分享行为、捐献行为、合作行为、助人行为、安慰行为和同情行为等。有些心理学家用积极社会行动来代替亲社会行为的概念，二者实际意义是一样的。有些社会心理学家则简单地将"亲社会"理解为对他人有积极作用，错误地忽视了符合社会期望这一重要特征。事实上，对他人有积极作用未必是亲社会的。包庇触犯法律的亲人，虽然对他人产生了积极的作用，但这些行为却不是亲社会的而是反社会的。亲社会行为不一定以特定的人或群体为直接对象。例如及时在丢失井盖的地方竖起警告牌，虽然行为对象是物体，但结果却是使个人、群体或社会受益，因而仍然是亲社会行为。

二、利他行为

当我们看到某人需要帮助时，影响我们决策的首先是：我们对这个人是否产生了同情心？当这个人显得很苦恼、很无助时，我们是否感同身受？如果产生了同情心，我们就会不计得失去地帮助他（她）。如果我们并不同情他（她），交换心态就会主导一切，我们就可能计算提供帮助的利弊，当帮助他（她）能够获得好处时，例如并不费力就可以得到赞美，那么就会伸出援手，如果得不偿失，就可能袖手旁观。总之，按照这种假说，当人们对需要帮助的人产生强烈的同情心时，就会产生助人的动机。社会生物学和社会交换理论的观点与这种假说不同。在社会生物学看来，助人是一种直觉反应，是基因进化的结果，是为了保护和促进那些在遗传上和我们相似的物种的利益。在社会交换论看来，助人是理性算计的结果，人们是为了利己而利人。

（一）利他行为的特征

1. 利他行为的目的是有益于他人，而不是为了自己的私利。

2. 利他行为是一种自觉自愿的行为，不是迫于外界的压力而做出的。

3. 利他行为不求任何回报，是一种真正的无私奉献。

4. 利他行为具有自我牺牲性，它需要个人付出一定的代价，但是个人并不会计较。利他者往往不仅是勇于奉献，而且是乐于奉献，帮助他人可以使他们获得心理上的满足感。

（二）影响利他行为的因素

除了上述的动机因素之外，影响利他行为的还有情境因素与个人因素。个人因素包括可能提供帮助者的人格、性别、心情等；情境因素包括旁观者的人数、其他人的示范、需要帮助者的特点等。

个人的价值观和个性特点是影响其是否愿意做出利他行为的一个重要因素。例如，在一些西方国家，信教的学生比不信教的学生更乐于从事公益活动。另外，一般来说，富有同情心而且自我效能感高的人帮助别人的可能性较大。有一些研究表明，男性在短期的需要冒险救助他人的场合下表现比较突出，而女性在一些危险性比较小，但是承诺性比较大的长期扶助行为中出力更多。

心情也是影响助人行为的一个因素。当人们心情比较好时，做好事的积极性比较高。对此，一些学者认为有三个原因：第一，愉快的心情使人们更加注意人生的光明面，更加注意别人的优点，把人往好的方面想，因此帮助他人的动机更强。第二，做好事可以延长好心情，形成一个良性循环。第三，好心情可以增加人的自我注意，使人们更有可能按照自己的理想形象来表现自己。

在需要助人的情境中，存在所谓的"旁观者效应"：在有人需要紧急救助时，在场目睹此情景的人数越多，任何一个人出面相助的可能性就越小。旁观者是否伸手相救，有一个由五个步骤组成的认知决策过程。在每一步上，旁观者都可能停顿下来。

步骤一：是否注意到该紧急事件。如果没有注意到，当然助人行为无从谈起。

步骤二：如何解释该事件。例如，当人们看到一个人躺在地上时，可能以为他是喝醉了，也可能以为他是病倒了。如果将事件解释为无关紧要（有人喝醉了），就可能不放在心上；如果认识到是一个紧急情况（有人病倒了），就可能考虑是否相救。

步骤三：对个人责任的评估，即个人对于解决该紧急问题有多少责任。如果认为责任重大，就可能采取行动；如果觉得自己没有什么责任，就可能无动于衷。此时，旁观者的人数多寡影响很大。当只有一个旁观者时，他（她）可能意识到遇到危险者的命运掌握在自己的手中，自己责无旁贷，如果不相救，难免很内疚；当旁观者较多时，责任就分散了，没有人觉得自己有特别的责任，即使发生不幸，个人的内疚感可能比较小。

步骤四：是否知道如何相救。如果对于遇到的紧急情境没有任何经验和相关知识，也没有必需的能力，那么，即使真心想相救，也可能是束手无策，心有余而力不足。

步骤五：决定是否采取行动。当人们经过了上述所有步骤，觉得有责任相助而且知道该如何帮忙时，他们就进入了最后的阶段。这时，还可能考虑一些问题，包括对代价的衡量。由于旁观者的助人行为决策需要经历如此复杂的过程，所以，存在旁观者效应也就不难理解。

在需要救助的情境中，如果有人挺身而出，可能会起到很好的带头作用，为他人提供榜样，增加其他人助人的可能性。另外，一些研究还发现，如果遇到危险的人与我们相似，我们帮助他的可能性更大。

社会风气也是影响助人行为的一个重要因素。近几年，这一点在中国社会中表现得比较明显。当社会风气不好，正义难以伸张，人与人之间充满不信任时，人际冷漠现象就比较普遍。当见义勇为行为得到推崇和表彰，人们对法律法规的公正性和执法者的廉洁程度比较有信心，人与人之间信任度比较高时，乐于助人的行为就更容易出现。

从行为是偏向自我利益还是偏向他人利益的程度，来衡量一种亲社会行为的利他水平。当一种行为是为他人或社会利益而做出时，如舍身救人或纯粹的慈善捐助，就是利他行为。

三、帮助别人的原因

（一）社会生物论

社会生物论认为，助人行为是人的先天特性，来自我们的基因，可以遗传。正如达尔文指出的那样，经过物竞天择的自然过程，有利他天性的生物将有更好的种族存留机会，从而使得它们的物种留存下来。社会生物学家威尔逊认为，利他行为是动物的一种以自我牺牲换取其他个体与群体生存机会的本能。于是就形成了这样一种观点：利他主义是由"人之本性"中的基因决定的。

这一理论的确提供了一种可能性解释，并且可以用来解释我们为什么更愿意帮助我们亲近的人以及与我们相似的人。

（二）社会交换论

社会交换论者强调，人与人之间的相互作用，本质上是个人试图尽可能获得最大利益，同时又尽可能少地付出代价的社会交换过程。他们认为，人们在做出亲社会行为之前，往往要先对自己、对别人及对社会背景做出评估，考虑助人行为是否能够给自己带来快乐或减少自己的痛苦。不过，社会交换论者同其他简单强调外在奖励作用的强化论者不同，他们认为，不仅外在的奖励可以有积极强化作用，个人内在的自我奖励，也可以有同样的效应。按照福阿等人的观点，即便是最具有利他主义特征的行为，如捐赠、资助路边的乞讨者，也都具有社会交换的色彩。个人在一手拿出钱财的同时，另一手拿进了自我尊重和赞誉，或者，人们是通过助人行为来减少自己的焦虑。

社会交换论强调助人行为的自身理由，似乎任何助人行为都是带着"自私"的目的，有意无意地获得回报。这种观点与人们希望显示自己有好德性的"好人品效应"的倾向是相违背的，也确实无法解释特定条件下自发救助的利他行为。但是，社会交换论观点强调了助人行为是一个双向互动过程，既帮助了别人，也会给帮助者回馈积极的自我观念，这显然是合理的。

（三）社会规范论

人类道德准则中最普遍的成分是交互性规范。也就是说，各种社会对人们的行为都有一个共同的期望：人应当帮助对自己有善意的人，而不是伤害他们。由于这一规范的存在及其在社会化过程中对人的长期影响，人们都认同报答别人善意和帮助的观点。为此，当别人帮助我们或对我们有善意的时候，会在心理上激起我们回报的压力，迫使我们也以同样的方式对待对方，从而使人表现出亲社会的行为。这也在一定程度上说明为什么有时候人们会拒绝他人的帮助。当人们担心自己没有能力回报他人时，就变得不愿意接受别人的帮助。

社会责任规范是指社会期待人们去帮助需要帮助的人。社会规范在人类生活中的普遍存在，奠定了人们学习这些规范的文化基础，并解释了助人行为的社会根源。随着社会化进程的加快，个人学到了更多的社会规范，并以这些规范作为自己行动的指导。较之生物学观念和社会交换论，社会规范论更强调社会对助人行为的引导作用，从一个更高的角度解释了助人行为的发生。

第二节　责任分散与助人决策

一、责任分散与紧急助人

当紧急事件发生时，如果有很多旁观者在场，那么任何一个旁观者出面帮忙的可能性都不大。这里可能的原因是助人者人数的增加导致了单个人责任感的降低。也许每一个人都会想：其他的人会帮忙的，甚至他们已经那样做了。每个人都会把另外的人想象成是乐于助人、勇于承担责任的人，而实际上，可能没有一个人采取实质性的帮助，大家依旧保持着旁观态度。

另外，冷漠行为出现的原因也可能是由情境的不确定性造成的。在情境比较模糊时，大家都不确定对方是否是真的需要帮助。碰到这种情况时，很自然的做法是先看一看周围其他人的反应，以其他人的反应作为我们对这件事的紧急程度判断的标准，从而决定我们是否要伸出援助之手。可是，人们忽视了这一点：不仅仅"我"这个目睹了现状的个人在寻求确定情况是否紧急的证据，其他旁观者也在寻找社会证据。而因为我们总是喜欢在他人面前表现得沉着、冷静，所以在寻找证据的过程中每个人都表现得若无其事，偷偷地对周围人扫一眼。因为每个人都表现得很镇定，于是，紧急的事件被解释成了非紧急的。事情变得越来越危险，最终到了某一个临界点，这个时候终于有人不再受其他"镇定"的人的影响，采取了救助行动，但是往往这种行动已经无济于事了。

公众目睹别人身临危难却不去救援的原因，不是公众人性的丧失，而是由于其他人在场所产生的相互影响，抑制了人们的援助动机。从趋势上看，在场的人越多，作为个人对特定事件负有责任的意识就越低。

二、助人的决策过程

日常生活中的助人行为，不是一个简单的全有或全无的过程，而是需要经过一个复杂的、多步骤的决策程序的。只有在决策的每一个步骤上，选择都是指向做出助人行为的时候，实际的助人行为才会发生。助人决策包括以下几个步骤的思索：

（一）帮助需求觉察

一个人是否对一个需要帮助的人伸出援助之手，首先取决于他是否意识到对方需要帮助，即他是否注意到对方的困境。比如，大街上的一位年轻女子的尖叫是很难确定她是不是需要帮助的，一位青年徜徉在河岸很久不能判断他是在散心还是有自杀的倾向。

当情境不明确时，人们可能会有两种想法：一般的人不需要别人帮助和此人的确需要帮助。当旁观者抱有第一种想法时，他们可能会出现知觉的疏忽，认为所见到的情况与普通情况没两样，会相信他人不需要帮助。只有在人们意识到此人的确需要帮助时，才可能警觉起来，采取可能的行动。潜在的助人者对事件的不同看法，影响到他是否会助人。

独自一人时更容易注意到周围环境中特殊事件的发生，而在群体背景中对同样事件的注意就要缓慢得多。另一方面，当人的思维集中在某一件事情上时，如有紧急的事情赶着要做，对周围事情的注意力也会下降。

（二）助人责任意识

当旁观者观察到情境的紧急性，认识到他人的确需要帮助时，他并不一定会采取行动，这里就出现了决策的第二步：旁观者会考虑自己是否应该承担帮助人的义务，自己是否有责任帮助别人。想象一下：你在教室自习，进来一个人，把书包放在你旁边的座位上就匆匆离去。过不久进来另一个人开始翻你旁边的那个书包，很快地就把里边的手机、钱包之类的贵重物品拿走了，此时你会有什么反应呢？你是否会去阻止小偷的行为呢？你可能对此无动于衷，认为你并没有责任去对付小偷；你可能会觉得周围人都在静观事态，为什么我就一定要伸出援助之手呢？于是就任小偷光明正大地把东西拿走。但是，如果书包的主人在走出教室之前请求你帮她看管一下书包，你对小偷的任意行为还会睁一只眼闭一只眼吗？当对方信任你给了你看书包的责任时，你就再也无法置之不理了。

当个人的责任越明确时，助人的可能性就越大。当个体认为自己应当承担帮助义务时，就会考虑行动后果；反之，会逃避个人责任。

但是，在有些情况下，虽然你意识到你有责任去帮助他人，但是最终你没有采取相应的行动，原因可能在于你遇到过因为助人而给自己带来不利后果的情况。你看到一位母亲在责骂甚至殴打女儿，好心好意去相劝，想帮那个孩子一把，结果却遭来母亲的大骂。类似的经历使得我们越来越把我们应该承担的责任放弃了，这也是很多悲剧发生的缘故之一。

（三）得失

当意识到自己有责任去帮助他人时，可能的助人者并不一定会有实际的行动。从决策的观点看，人们会权衡在一个特定的行为中潜在的收益与付出是否对等。当人们意识到助人行为较之不助人行为能带来更大的利益（奖赏与代价之差）时，他们更可能表现得很乐于助人。一些情境下，助人是件很容易的事情，如帮老太太提沉重的箱子，扶一位盲人过马路。但是很多情形下，助人意味着时间、精力的付出，可能更加复杂，甚至包括生命受到威胁。你是否愿意每天都花一个小时做免费家教呢？你是否会不顾生命安全抢救溺水的儿童呢？付出的代价越大，你助人的可能性就越小。反之，受助者越值得你去付出，你从助人行为中得到的越多，你助人的可能性也就会大大提高。

除了衡量助人可能带来的益处外，你也会考虑不助人可能带来的后果，你可能会产生内疚感乃至罪恶感，他人可能对你用上了冷漠的字眼，更严重的是，你的不助人行为与你的道德标准发生了冲突：你一向认为自己是个乐于助人的人，你认为你会在他人需要帮助的时候毫不迟疑地采取行动，可是当他人真正需要你的帮助时，你却回避。这种冲突使得你坐立难安，为了避免冲突，你也会采取助人行动。

（四）采取有效的救助措施

当你明确你应该采取助人行动时，你还会评价自己是否有能力帮助他人，用什么方式帮助他人。只有在确认自己有能力帮助他人并且可以在现场找到合适的帮助方式时，个人才会对事件进行直接干预。如果个人无力帮助，或现场无法进行帮助，人们则可以采用呼救等其他帮助途径，对事件进行间接干预。显然，仅仅从直接干预的立场来考察助人行为是不够的。间接的干预尽管表现形式不同，但其中蕴含的利他主义意义却是共同的。

在进行决策的过程中，人际责任归因与助人意愿之间有着密切的关系。行为原因的控制性与责任推断和情感反应有直接的联系，并进而对助人意愿有显著的影响。当你认为对方之所以需要帮助，是因为他没有做到他可以做到的事情，他忽略了自己的责任时，对这种人你更多的是感到生气，而非同情，你帮助对方的意愿也就降低了；反之，如果你认为对方之所以需要帮助，是因为一些他不可控制的原因所造成的，你帮助对方的意愿就提高了。两个人向你来借笔记，一个是外出游玩而没去上课，一个是因为生病了无法去上课，你会对哪个人更抱有同情心，更愿意帮助哪个人呢？毫无疑问，你更愿意把笔记借给第二个人。这个结论具有跨情境的普遍性。

三、受助者的感觉

按常理，助人会让对方产生感激的积极情感，但是，我们忽视了我们的文化特点：向人求助往往意味着自己的无能，自尊也就受到了挑战。当提供帮助的是你的朋友、和自己类似的人时，特别是看起来比自己小、比自己弱的人时，接受帮助会让你感到很沮丧，因为你会觉得他们比你强，能做你所不能做的事情；相反，如果是一个陌生人，一个和自己完全不一样的人对你提供帮助，你的感觉可能要好一点，因为这对你自尊的威胁要小一点。总结而言，不同的情况下，受助者会产生不同的情感反应。

第三节　助人行为的影响因素

一、受助者特点

这个世界每时每刻都有人需要帮助，但是并不一定每一个需要帮助的人都能得到他人的帮助而走出困境。那么，受助者的特点影响到他人对其的反应。

（一）性别

研究表明，如果潜在助人者为男子，则女性不幸者比男性更容易得到帮助，不过，如果潜在助人者为女性，则男女不幸者得到帮助的可能性是同等的。

（二）相似性

一个实验情境是在一场足球比赛之后。两个参加比赛的球队都有一批自己忠实的球迷。突然，有一个球迷倒在了地上，急需帮助。这个球迷穿着一方球队的运动衫。在这种情况下，支持同一个球队的旁观者比竞争对手的球迷更容易对这个球迷施行帮助。另一种实验情况也是发生在一场足球比赛之后。不同的是，受伤的球迷是没有穿任何表示其支持哪个球队的衣服的。在这种情况下，两个球队的球迷都更乐意于帮助前者。原因在于他们都是忠实的球迷，他们有着相似的地方：他们热爱足球。

总的来说，受助者和我们的相似性影响了我们是否采取救助行动，这一点与前边我们所提到的社会生物学理论是相对应的。

（三）外部特征

受助者的外部形象会影响人们的助人意愿。一个有魅力的求助者比那些缺乏魅力的人能得到更多的帮助，这种魅力不仅仅包括人的长相，也包括人的穿着打扮。美国一家周刊特别请 22 岁的女明星莎莉·穆莲丝以不同的社会形象在高速公路边举起"停车"提示牌，并在路边停着掀起前盖的抛锚汽车。结果表明，当她着装为一新潮浪漫少女时（贴身背心加迷你裙），最易于得到驾车人的注意。不到 30 秒钟，即有热心人将车停到路边试图提供帮助。而且帮助者还加速来到，唯恐别人捷足先登。当莎莉的打扮换成女行政人员套装，架上眼镜，手提公文包时，直到时间过了 1 分半钟，过去了 62 辆车才得到帮助。同样是莎莉，换成孕妇打扮时，等了 2 分半钟，过去一百多辆车，才有一对身为救护人员的夫妇，从对面行车线掉头过来试图提供帮助。扮作笨拙的老年妇女，等候时间为 5 分钟，汽车开过 200 多辆才得到帮助。而当莎莉打扮成嬉皮士，穿破牛仔裤、花 T 恤衫，额头环缠一道丝巾时，等了 15 分钟，过去 350 辆各类车辆，也仍然没有人愿意将车停下来。

（四）人格特征

受助者的人格形象也会影响到人们的助人意愿。我们更愿意帮助那些看起来善良、友好的人，我们更愿意帮助那些没有伤害过我们的人，更愿意帮助那些是由于外在不可控的原因而陷入无助状态的人，而不太愿意帮助那些因内在理由而面临困境的人。与一个因酗酒而醉倒在地的中年男子相比较，我们更乐意帮助一个心脏病突发的老人家。

二、助人者特征

很多情况下，一个助人情境下常有很多人旁观者，那么什么样的人更容易对人援助呢？研究者认为有以下影响因素。

（一）年龄与性别

助人者的年龄应该说是一个间接因素。一般认为，随着年龄的增长，助人意愿应该是不断增强的。这种趋势和人的道德发展水平是有关的。道德发展水平发展到一定阶段，就超越了服从和依从的水平，进入信念水平。当然并不是每个人到了一定的年龄就自然而然地进入到道德发展的最高阶段。在信念的水平上，道德标准才会成为一个人不可损害的人格尊严，才会成为一个自觉的行为动机。当道德标准内化水平很高时，个体在助人情境中就会表现出十分积极的态度：若不实施助人行为就将感到自责，而实施助人行为则会产生极大的自我满足感与自我尊敬感。有时，个体的道德标准内化程度之高已达到自动化水平，他在紧急的情境中，遵循的是"如果他需要，我就给予帮助"的逻辑，所以面对危险毫不犹豫地给予帮助，根本没考虑行为的后果。当然这种助人意愿的增强并不是无止境的。

在陌生人需要帮助而又有潜在危险的情境中，男性更可能提供帮助，但在较为安全的情境中，女性提供帮助的比例稍稍大一些。如果从长期照顾和亲密关系着眼，而不是简单地只注意临时同性陌生人的遭遇，那么结论会是女子显著比男子更愿意提供帮助。

（二）认知特点

1. 对当前所处情境的认知。在助人活动中，面对被助者的困境，通常情况下，人们会对当前的各种情况进行必要的评判、分析，即认知。认知内容涉及事态的严重性、事态的发展、周围环境、活动的结果等。认知的结果往往会决定助人者采取何种行动。比如，尽管事态较为严重，本应采取助人行为，但由于助人者并未认识到其严重程度，或认为受难者自己有能力解决，或认为有别人去救助而无需自己相帮，那么有时就会降低助人的动机，减少助人的可能性。如果把事态评判得较为严重，认为自己有责任有义务去救助，那么在良心和道德的驱使下，就更易于去助人。可以说，认知影响着人们在不同情境下的行为方式。

在对情境的认知中，也包括对救助对象的认知。一般来说，弱者（如老人、小孩、女性等）较易引发人们的同情心而获得更多的帮助，因为在人们的内心中，极易把他们评判为最需要帮助的人。而对那些违背道德规范、触犯刑律或被人们评判为自作自受、咎由自取的人，则很难获得人们的同情和救助，因为人们认为他们不值得帮助。即便是在高尚道德观念或较强责任心的支配和驱使下，不得已伸出了援助之手，过后也极易引发内心的矛盾、冲突，造成心理的失衡。

2. 自我的认知。自我的认知包括对自身条件的认知和自我角色的认知。对他人，尤其是陷入困境的人采取救助行为是需要具备相应条件的，如能力、知识、经验、工具、时间等。假如自身不具备助人的条件，即使有助人的动机，有时也很难产生直接的助人行为。要想助人，必须对自身的条件迅速做出准确的判断，这种评判的结果，在很大程度上会直接影响人们的助人行为的产生或采取何种方式助人。

（三）个性特点

如果一个人认为自己具有仁慈、助人、慷慨等特质，或者自认为是一个利他主义者，那么其亲社会倾向就更强，因为一个人一旦形成利他自我形象后，便会努力保持这种自我形象，并且使自己的行为与之保持一致。自尊水平和自我聚焦的程度也影响个体的助人意图。人的自尊水平不同，助人的原因也可能不同，如与自尊水平较高的人相比，中度自尊和低度自尊的人更可能为赢得社会赞许或避免受拒绝而产生亲社会行为动机。与低移情和自我有效性较低的人相比，高移情与自我有效性高的人帮助他人的可能性更大。高自我监控的人会高度受别人期待的影响。如果以一定方法使他们相信帮助别人会得到社会奖励，则他们会变得尤其乐于助人。而低自我监控者则倾向于内部引导，较少受别人的影响。

利他人格特质的个人与非利他人格特质的个人的对比：

在第一时间提供帮助的人	未在第一时间提供帮助的人
自认为具有同情心	自认为不太有同情心
相信世界是公平的	较不相信世界是公平的
具社会责任感	较不具社会责任感
内向性自我控制倾向	外向性自我控制倾向
较不自我中心	较自我中心

有研究者认为，一个人为造福他人而做出牺牲的意愿，在很大程度上依赖于他对自己利他性的看法。虽然我们还没有有效办法准确地查明利他性的

人格特质，但与那些认为自己不具有仁慈、同情、乐于助人品质的青少年和成人相比，把亲社会倾向看做自我概念重要组成部分的青少年和成人确实具有更强的亲社会倾向。此外，人的自尊水平与移情能力的高低都会影响到个人是否对他人施以帮助。

(四) 心 境

心境是一种使人的所有情感体验都染上某种色彩的较持久而又微弱的情绪状态。心境与人类生活关系密切，几乎每时每刻都影响着人的行为，它对助人行为的影响也是复杂的。好的心境，直接增加了一个人帮助别人的可能性。在日常生活的观察中，我们也可以找到大量说明好的心境使人更愿意帮助别人的例证。当一个人获得意外的惊喜时，如一篇不指望被采用的文稿被发表，向爱侣的示好或求爱得到肯定反馈，都会产生一种"成功的温暖光辉"效应，使人明显地更乐于帮助别人。

好心境使助人意愿增加的效果较为一致，而坏心境的后果如何，则决定于更多的其他因素。进一步研究证明，对于儿童，坏心境会减少他们的助人行动；而对于成人，坏心境则可以增加助人行为。因为成人的行为遵循"消极状态解除模型"。在社会化的过程中，成人已经懂得，亲社会行为具有自我奖励的意义，可以消除不愉快情绪。

心境对个人助人行为的影响程度，不仅取决于个人是将注意的焦点投向自己还是投向别人，还取决于个人怎样比较其自身状态和需要帮助者的条件。如果个人对自己的状态感到悲哀（坏心境），则会认为自己就是需要帮助的人，因而较少可能去帮助其他人。很明显，顾影自怜的人是没有帮助别人的动力的。但是，如果个人的思维焦点集中在他人的不幸之上，则提供帮助的可能性就较大。反过来，从快乐（好心境）的角度说，如果一个人对自己的状态感到愉快，则个人的心态就处在积极认知的光环笼罩之下。艾森已经确认，这是一种促进助人行为的心态。但是，如果一个人的思维集中在别人的好运气之上，心存嫉妒，则会缺乏强烈的助人需要。

三、情境因素

任何行为都是在一定的情境下发生、发展的，助人行为也不例外。不一样的情境对助人行为有不同的影响。

（一）自然环境与社会环境

人们较有可能在晴朗的天气里帮助他人，而较少在寒冷和刮风的天气里帮助别人。由此可见，舒适的天气可以使人更愿意帮助别人。有研究发现，较之小城镇或农村的人，大城市的人有较少的助人行为，这主要是大城市的特征容易导致责任的分散，从而降低了旁观者的帮助率。

每一个社会都有自己特定的文化。人们的助人行为受所处地域的社会文化和行为规范的影响。文化背景不同，助人行为也不同。

有研究者对美国和印度公司的软件工程师的助人行为进行了研究。研究结果证明美国文化是个人主义而印度文化是集体主义。在该研究中，美国公司的工程师只会帮助那些他们认为将来有可能帮助他们的人，而印度公司的工程师会更愿意帮助一切需要帮助的人。但是，这种差异并不是受两种社会文化的影响，而是不同的环境影响了助人行为的形成。在美国，助人行为被认为是一种不必要的、让人讨厌的行为，而在印度，助人行为被认为是一种展示自我能力的行为。可见，我们并不能把不同环境中的助人行为全归为文化的不同。

家庭、学校、社区等小环境的亚文化对助人行为的养成同样具有重要的影响。儿童最早是从家庭中获得初步的生活经验，学习到一般的社会道德评价标准及行为规范，家庭对孩子具有直接、深刻、持久的影响。心理学家在对助人者的采访中发现：父母的言传身教是孩子利他主义行为形成的重要原因。我们不能希冀在一个冷漠自私的家庭成长起来的孩子会对人类抱有极大的同情心、同理心；而一个从小在家庭受到一系列中国传统美德熏陶的孩子，当他面对他人的求助、他人的不幸时，表现出友善的态度，一点都不出乎我们的意料。因此，我们的家庭、我们的父母要努力为孩子们营造一种鼓励他们向善的家庭氛围。

同时，学校对孩子助人行为的养成也有重要的作用。随着教育的发展，孩子进入学校的时间提前，接受学校教育的时间也延长。学校的方方面面影响到学生各个方面的成长。如果一个学校仅仅注重升学率，漠视学生道德品质的培养，对于学生之间的恶性竞争和故意伤害不闻不问，那么，我们很难期待这个环境下成长的学生会养成多少助人美德。

此外，我们生活的社区，包括我们的朋友圈子，也影响着我们的助人行为。如果我们的邻居是冷漠的，就如古语所说的"各扫门前雪"，见着隔壁有可疑人潜入也不吭声，任由近邻遭受巨大损失，如果我们的同伴对我们帮助他人的举动不屑一顾并加以讽刺挖苦，那么久而久之，我们也会对他人的困境漠然置之。古代的孟母择居说明了环境对一个人成才的重要性，其实环境对个人亲社会行为的影响一样重大。"近朱者赤，近墨者黑"说明了身边人对我们有重要影响，所以我们要慎重选择同伴。

（二）匆忙与助人代价

助人行为一般是发生在一个特定的情境下的，因此很多时候我们不能以一个泛化的情境因素来考究其对助人行为影响的大小。我们更要考虑到一些特殊情境对助人行为的影响，匆忙情境下的助人就是一种特殊的情境。当然，匆忙助人与紧急助人是不同的，前者更相对可能助人的一方，后者更相对需要受助的一方。

研究证明，个人在有紧急的事情和没有紧急事情的情况下，助人行为有着不同的模式。匆忙的水平越高，人们对身边不幸者提供帮助的可能性就越小。

很显然，人们在帮助别人时，需要考虑助人行为所付的代价。匆忙的条件，增加了人们助人的代价，从而使人帮助别人的可能性减小。按照自我价值定向理论，如果助人行为的代价更大，则相应的个人也必须有充分的理由来说明付出这些代价是值得的，个人才会实施助人行动。如果仅仅是单方面助人行为代价的增加，而个人又找不到付出这些代价对于自身的价值，则个人实施助人行为的可能性就降低。

（三）情境性的内疚——补偿

内疚是一种行动与自身社会角色不相符合时自我否定性的消极情感体验。为了寻求个人自我价值的肯定，个人出现内疚体验后，会设法去消除内疚。消除的途径有三种：①直接弥补引发内疚的行为过失，如骑车撞倒别人后，赶紧非常友好地扶别人起来，并带别人去看医生；②做出其他与过失行为无关的友好的举动，以抵消不好的行动，如对一个人做出了伤害举动，无法弥补，转而帮助无关的人；③承担不愉快的事情或付出某种代价，以惩罚自己的错误。

研究结果表明，与控制条件相比，在个人有过失的偿还与泛化内疚条件下，被试实施帮助的比例显著增加。这一实验更为有意思的发现是人们在目睹别人不去弥补过失时最愿意帮助别人。

为什么自己没有过失，而目睹别人有过失却不去弥补时更愿意帮助别人呢？而从自我价值定向理论的观点来看，最有吸引力的条件，是有利于提升个人自我价值的情境。有利于个人自我价值提升的行为也带给人最大的满足。

在上述实验中，偿还和泛化内疚条件下人们助人是为了减少自己的不愉快，弥补自己的过失。而同情条件则给人们一个显示超越别人的机会。别人的行为粗鲁而且不去弥补，而我自己没有过失却愿意热心助人，这显然有利于一个人通过助人而更好地确认自己的价值。这样，同情条件下的助人就是一个十分愉快的行为，因而这种条件下人们助人的比例显著高于其他各种条件。

第四节　助人行为的培养

人类并非强大到足以以单个人的力量去应对各种各样的情境，毕竟我们每个人都会有需要帮助的时候。因此，如何提高每个人的助人意识进而增加助人行为就变得十分重要。

一、明确责任与增加互动

要提高助人行为，我们可以帮助人们正确解释事件，从而增加责任的明确性，增加人们的助人可能性。

直接的人际相互作用可以明显增加人们的助人行为。因此，通过增加人际相互作用来激发人们的助人动机，是十分有效的方法。心理学家的研究证明，哪怕简单的相识也使人们的助人倾向比不相识时有显著的增加。通过某种形式建立起不幸者或需要帮助的人与帮助者之间的某种联系，可以有效地推动帮助者更多地帮助别人。

利用增加人际相互作用来激发人们助人动机的方法，在实际生活中可以被广泛地运用。有长途旅行经验的人也知道，如果我们先与素不相识的人打过招呼，或简单地相互自我介绍过旅行目的地与社会身份，我们可以更容易得到别人的友好帮助。与没有招呼过或没有相互自我介绍的情况相比，我们在与别人逐渐相熟后也更愿意帮助别人。

二、示范作用

示范作用对助人行为的提高实际上是基于社会学习理论的，即我们的助人行为可以通过观察他人的助人行为而获得。

正如其他旁观者在场时会使想提供帮助的人犹豫不决一样，利他行为的榜样人物会促进其他人的助人行为。

观察到他人的助人行为增加了我们助人的可能性，实际上，不同的强化形式深层次地影响到我们的助人行为。当我们看到他人的助人行为受到鼓励表扬时，我们倾向于助人；当他人的助人行为受到责备批评时，我们倾向于不助人。这种强化同样适应于我们自己的经验。有研究结果表明对待助人行为的不同反应导致了不同的助人行为。当孩子看到他人的助人行为受到表扬时，他给予他人玩具的数量最多；看到他人的助人行为受到惩罚时，他给予他人玩具的数量是最少的。

三、助人情感倾向的培养

（一）移情能力培养

移情是人际交往中情感的相互作用，是对他人情绪的觉察而导致自己情绪唤起的一种情感体验。移情可以使一个人把自身投射到他人的心理活动中去分享其情感，也可以受他人情感活动的引导而产生相应的体验。大量的研究表明，移情增加了助人和其他的亲社会行为，是亲社会行为的重要促进因素。候积良认为，儿童要实施亲社会行为，首先需要能够轻而易举地察觉别人求助的需要或认为当事人需要帮助，即必须具有当事人是否需要帮助的知觉和认识的敏感性，也就是说，儿童要具备一定的移情能力。

移情对亲社会行为的影响是按"移情——同情——亲社会行为"这一模式产生的，有效的移情是对他人产生同情心的基础，而同情心又是对困境中的他人实施亲社会行为的重要条件。因此，通过移情训练培养儿童的同情心理就成为移情训练的直接目标。

（二）动机提升

在前面有关章节中讨论过度理由效应时，我们提到，过度的外在理由，会使人将行动归因于外在理由而不是内部动机。但是，如果我们用引导人们内在动机的方法，使人们以充分的内在理由来实施一种有益的行为，则可以帮助人们最大限度地通过实施这种行为而使自己获得满足与快乐。

研究表明，用钱奖励人们的助人行为会导致过度理由效应，使人们认为自己的助人行为不是利他主义的。而不给予奖励，也没有社会压力，则人们对自己同意做的助人行为感到最具有利他主义。

很显然，人们在解释"我为什么要帮别人"这一问题时，最佳的答案是人们回答："因为有人需要帮助，我是一个关怀、奉献和乐于助人的人。"并且，人们越是相信自己帮助别人是出于高尚的利他动机，以后在遇到别人需要帮助时，作出助人行为的可能性就越大。而如果人们将助人行为归于利己动机，则再遇到有人需要帮助时，人们会倾向于首先从自己的角度考虑是否值得伸出援助之手。斯特伦塔等人研究发现，如果研究者告诉某些被试，个性测验显示"你是一个善良而关心人的人"，与其他被试相比，他们会在后来遇到需要帮助的人时，显得更为友好。

四、助人技能的学习

心理学家斯陶布认为，助人行为有两个最关键的因素：一是具有对不幸者的状态进行设身处地地设想和体验的能力，即移情能力；二是掌握如何帮助别人的知识或技能。因此，通过训练儿童的移情能力和实践如何助人的行为，可以培养儿童的助人行为。

斯陶布以游戏扮演的方法对儿童进行训练实验。实验分 5 种情境：①一个孩子在隔壁房间里从椅子上摔下来；②一个孩子想搬太重的椅子；③一个孩子因为积木被另一个孩子拿走而不高兴；④一个孩子站在路中间，一辆自行车正飞驰而来；⑤一个孩子因跌倒而受伤。研究者将每两个儿童组成一组，一个扮演需要帮助的不幸者，另一个扮演给予帮助者。实验者先向帮助者依次描述各种需要帮助的情境，然后让其用各种自己能够想到的方法帮助"不幸者"。必要时研究者会给予提示。各种助人行动包括实际地进行帮助、口头上进行安慰，以及喊别人来给予帮助。最后，两个儿童交换扮演的角色，再重复以上程序。

斯陶布用三种亲社会行为来检测训练的效果，一是帮助一个隔壁房间里因摔倒而哭喊的女孩；二是帮助一个把曲别针散落一地的成人；三是给被试儿童糖果，然后要求他与别的没有糖果的儿童分享。研究的结果表明，角色扮演的游戏训练收到了良好的效果。与控制组相比，实验组表现出更多的亲社会行为，并且效果至少可以保持一个星期。研究证明通过行为实践来培养亲社会行为是一种有效的方法，可以成功提高人们以后助人的可能性。

五、价值取向的教育

社会行为的产生，受多种因素影响，必然会有一种或几种因素在其中占据主导地位，它决定着其他各辅助因素，在一定程度上，会直接决定着个体是否做出某种行动。就助人行为的产生来说，其最直接的根源还是助人者的价值取向，这种内在的主导因素支配着其他各种外在因素。心理学家斯普林撒尔等人发现，在柯尔伯格道德发展阶段上达到高水平的被试，更倾向于拒绝在实验条件下对别人实施伤害性侵犯，证实价值取向确实影响到个人对其他人行为的方向，并且道德水平越高，相应的亲社会倾向也越强。

价值取向是指在社会化的过程中，逐渐形成的较为稳定的评价事物的标准和态度，是个体的信仰、价值、行为标准和规范的总和，它是个体社会化活动产生的重要动力，价值取向的不同会影响个体对相同社会活动的态度。助人行为作为社会活动的一部分，自然也会受到价值取向的影响和制约。研究表明，价值取向与个体的亲社会行为有一定的关系，当多种因素一起影响亲社会行为时，价值取向（利他取向）主观效应尤为显著。由此可推断，改变个人的现有价值观可增进亲社会行为。

第八章　侵犯行为

　　人类社会从诞生直到今天，始终充满着征服与被征服。每一次征服与被征服都弥漫着无尽的血腥和杀戮。在和平与发展成为世界两大主题的今天，部分地区仍遭受着战火与硝烟。从石器时代的石块木棒，到后来的火枪大炮，以至今天的导弹航母……科技进步在带给人们喜悦的同时，也带来了生存的恐慌。

第一节　侵犯行为及其原因

一、侵犯行为的概念

（一）侵犯行为的定义

　　侵犯行为是一种有意违背社会规范的伤害行为。这种伤害行为可以是实际造成伤害的行动或语言，也可以是旨在伤害而未能实现的行为。

　　社会评价和伤害意图是判断一种行为是否属于侵犯的两个关键特征。首先，侵犯行为必定是违反社会规范的。可能会给他人造成伤害的行为有两种。一种是社会规范许可的行为，如受到攻击时出于保护自身或他人利益进行的正当防卫，如警察在必要时制服罪犯，虽是伤害他人的行动，但目的是为了减少社会付出的代价或受到的伤害，因此不属于侵犯行为。也有人将其称为亲社会侵犯。实际上这一说法是欠妥的，侵犯不能是亲社会的。所谓亲社会侵犯，实际上是社会目的指向的攻击行动。当然，非侵犯性的攻击行动也可能转化成为超越社会许可范围的侵犯。例如，防卫过当造成不应有的人身伤害，或警察制服歹徒后又继续施以虐待，这类行为就从社会许可的攻击行动转化成了侵犯。

除社会规范许可的因素外，伤害意图是侵犯行为的另一个关键特征。虽是社会规范不许可的，但如果伤害不是有意造成的，那么依然不能归为侵犯。因为酒后驾车致人受伤甚至死亡，是明显的违反社会法规的行为，但不是有意地侵犯。不具备刑事责任能力的精神病人也可能在精神状态失常时对他人施加伤害，因为其意识导向是不清晰的，因而同样不被认为是侵犯。相反，如果一个人有目的地伤害他人，那么这个人的行为就是侵犯。劫匪持械抢劫，即使没有真正使用器械伤人，也因为其行为意愿的指向是明显的伤人目标，并且违背社会规范，因而是严重的侵犯行为。

在日常生活中，"敌意"是一个很容易与"侵犯"相混淆的概念。实际上，二者的意义有本质的区别。敌意通常是一种态度状态，并不带来直接的可观察的伤害，而侵犯是会带来直接伤害或可能导致伤害性后果的行动。不过，敌意作为一种高度排斥的态度准备状态，它常常可能会成为侵犯行为的准备阶段，并在某种因素的触发下引起侵犯行为。

（二）侵犯行为的分类

人类侵犯行为的一个重要特点是其侵犯形式的多样性，从不同的维度上把侵犯划分为以下类型：

1. 从侵犯的方式上看，侵犯可以分为言语侵犯和动作侵犯。使用语言进行的侵犯行为（谩骂、讽刺、诽谤、嘲笑、讥讽等）都是言语侵犯，使用身体某一部位或是武器进行的侵犯行为（踢打、撞击、砍杀、枪击等）都是动作侵犯。

2. 从侵犯的动机上看，侵犯可以分为报复性侵犯和工具性侵犯。报复性侵犯的目的在于造成对方身心上的痛苦或是伤害，比如帮派之间的聚众斗殴，是为了侵犯对方而进行的侵犯。工具性侵犯的目的则是通过侵犯对方达到其他的目的，比如抢劫犯杀人，他是通过侵犯的方式达到抢钱的目的。

（三）侵犯的普遍性

地球上的哺乳类动物，无不遭受到人类活动的威胁。不仅如此，人类之所以感到自己是个侵犯性很强的物种，是由于从来就没有停止过自相残杀。纵观人类的历史，从原始部落到现代化的工业社会，战争这一残酷的侵犯形式成了人类的特有标志。

不仅如此，人类的侵犯还表现为日常生活中的各种具体形式：家庭虐待、学校欺负、各种形式的性侵犯、谋杀案件……每年遭受到各类侵犯事件的人不计其数。

（四）侵犯的稳定性

研究者认为，侵犯行为有较强的持续性和稳定性，早年的侵犯性与后来的侵犯行为有普遍联系。而且，从性别角度看，这种稳定性不仅表现在男性身上，也表现在女性身上。结果发现，无论男性还是女性，儿时的侵犯性记录能够很好地预示他们成年以后的侵犯性行为。

应强调的是，稳定性具有相对性，早年的侵犯性表现与后来的暴力行为相关。以往的纵向研究中，无法排除其他因素的干扰（诸如成熟、家庭教养方式、受教育的环境等），因此对此类研究的解释需要慎重。

二、侵犯行为的解释

（一）侵犯的本能理论

侵犯的本能理论认为，侵犯是一种本能。也就是说，侵犯是由遗传获得的，而非习得的。弗洛伊德和洛伦茨都是本能理论的支持者。但是，他们在对侵犯功能的认识并不相同，弗洛伊德认为侵犯是一种破坏性行为，而洛伦茨则认为侵犯是一种适应性行为。

1. 弗洛伊德的精神分析观点。弗洛伊德早期认为，人有两种基本的本能：性本能与自我保持本能。性本能是人类行为的基本动力，由性本能驱动的行为不仅包括明显的性欲行为，还包括几乎所有寻求快乐的行为，而自我保持本能或自我本能则使人具有变通性，能够适应现实环境、趋利避害。侵犯性是性本能的一部分。

弗洛伊德认为，人生来就有侵犯本能。他认为人的攻击力是由内而发，而且人类的侵犯行为不会消失。因此，重要的是让人们有机会以非破坏性的方式将侵犯冲动释放出来，比如，进行体育竞技、自由搏击等活动。这些社会许可的替代性侵犯方式都是很好的侵犯冲动的释放途径。

2. 洛伦茨的习性学观点。洛伦茨是一位习性学家。他有关侵犯的理论观点，是从动物研究推演得来的。

同弗洛伊德一样，洛伦茨也认为侵犯是一种本能，这种本能在动物身上非常普遍。但与弗洛伊德不同的是，他不认为侵犯指向毁灭，而认为侵犯是具有生物保护意义的生的本能的体现。而且，同类的侵犯不一定以毁灭为结局，而是以失败者的让步为目的。

他从动物行为学的角度出发，认为同种系内的侵犯是一种适应行为，对物种的延续非常重要，侵犯是一种本能，被释放出来促进生存。动物通过侵犯其他动物用以保护自己的领地和食物。动物为交配相互争斗，只有最强壮的个体才能赢得伴侣，繁衍后代。在种群之中，只有适应能力强的才能存活下来，而弱者则遭到淘汰。侵犯则是动物适应性的一种表现，有助于动物的物种延续，并控制动物的数量过度增长。

由此推演，侵犯也是人类生活不可避免的组成部分。人类之所以在每个时代都有大规模战争发生，是人的侵犯本能发泄的结果。他认为，现代社会使人们在日常生活中侵犯本能难于实施，而战争就成了发泄侵犯冲动的重要途径。他建议，人类要想避免战争，就需要多开展冒险性的体育活动，耗散侵犯本能。

许多生物学家支持洛伦茨的看法，他们认为，人类许多社会行为都是演化的结果，是对繁衍后代有利的行为模式。

3. 对本能论的评述。本能论认为人类之所以会出现侵犯行为，是因为具有与生俱来的侵犯本能。这种观点遭到很多研究者的质疑，这些质疑主要集中在以下两个方面：

一类质疑是在动物身上，是否真的存在侵犯本能。在实验中喂养了三组小猫，第一组和母猫一起生活，第二组独自生活，第三组和老鼠一起生活。经过一段时期后，把长大的小猫放在老鼠面前。根据本能论的假设，如果存在侵犯本能的话，那么，无论是跟母猫还是跟老鼠生活在一起的小猫，都应该表现出捕老鼠的行为。但是，与母猫一起生活的小猫之中，有 **85%** 做出捕鼠的行为；而与老鼠一起生活的小猫之中，只有17%做出捕鼠的行为。这似乎说明侵犯行为不是本能行为。但是事实上，这个研究并不能把先天的本能和后天的学习剥离开来，因此，我们并不能得出小猫没有侵犯本能的结论，后天的学习环境可能在某种程度上对本能有抑制作用使其不表现出侵犯性。

另一类质疑是在动物身上具有侵犯本能，那么人类是否具有侵犯本能呢？如果人类具有侵犯本能，那么我们可以预期，人类应该在侵犯本能的驱动下程序化地表现出侵犯性。由此推断，人类侵犯行为的表现上应该有许多相似之处。事实上，人类的侵犯行为的表现方式多种多样。如果侵犯纯粹是一种人类本能而不受环境影响的话，研究者应该发现不同的国家在侵犯案件的种类和数量上有着惊人的一致。然而，事实并非如此。

（二）挫折—侵犯理论

他们把挫折与侵犯联系起来，认为"侵犯永远是挫折的一种后果"，"侵犯行为的发生，总是以挫折的存在为条件的"。他们认为，侵犯只有一个原因（挫折），挫折只有一个反应（侵犯）。

研究者发现，如果捣乱者的行为能够被合理解释，则被试可以重新理解捣乱者的行为，减少侵犯。这一发现说明，在实验的条件下，人们仍然掌握着对自己行为的控制感，并要求自己的侵犯行为能得到合理的解释。如果他们把捣乱行为归因为是故意的，则感到有理由给他们实施更强的电击。如果捣乱者的行为能被合理解释，则对其实施侵犯的理由就不充分，从而减少侵犯行为。

这种理论还假定挫折感越大，导致的侵犯性越强。在商场、银行和售票窗口排队的人群中插队，插到第二个人或者第十二个人的前面。观察表明，第二个人对插队者的反应比第十二个人更具有侵犯性。由于第二个人比第十二个人能更快地达到目标，所以体验到更多的挫折感。

挫折—侵犯理论也探讨了受到挫折后可能出现的侵犯类型。直接的身体侵犯和言语侵犯是最常见的侵犯类型。然而很多情况下，侵犯由于种种原因并不能够直接实施在引发挫折感的对象身上。例如，当侵犯者发现对方的力量强大或是地位很高，自己的力量不足以与其抗衡时，那么替代性侵犯就可能出现，如散播挫折源的谣言或是攻击他的好友。

替代性侵犯有两种类型：侵犯对象的替代和侵犯类型的替代。这两种替代在日常生活中经常出现。举个例子来说，受到父亲责打的孩子由于不能直接挥拳打倒父亲，可能会嘟嘟囔囔地骂父亲几句（侵犯类型上的替代），或是欺负比自己弱小的弟弟妹妹（侵犯对象上的替代）。

米勒认为，替代性侵犯的对象应该和最初引发挫折感的对象有某些相似之处。因此如果引发挫折感的对象是父亲，那么侵犯可能替代性地指向母亲，因为他们是受挫者的双亲。还有研究者认为侵犯可能替代性地指向与最初引发挫折的对象的名字相同的个体。但是，无论哪位研究者，都未给出寻找替代性侵犯对象的通用法则。

简而言之，最初的理论认为，受到挫折的人总是采取某种形式的侵犯，而所有的侵犯行为都源于挫折。

挫折—侵犯理论在解释生活中的许多现象时都遇到了困难。因此，批评者则认为挫折不是侵犯的唯一原因，而且挫折并不总是导致侵犯，侵犯也不一定是挫折的自动化反应。例如，受到挫折的人们会有很多的表现方式：借酒消愁，找人诉苦。

许多研究者开始修正这一理论。根据伯克维茨的观点，挫折引发了个体做出侵犯行为的预备状态，以及被个体标定是"愤怒"的情绪状态，只有当环境中出现能引发侵犯的适当线索时，侵犯才会出现。因此，他提出了"侵犯线索"这一概念。

侵犯线索被定义为那些经常伴随着引发挫折的对象和侵犯行为出现的刺激物。它可以是任何事物，比如刀枪、人等。而且侵犯线索具有个体差异性。也就是说，对于某个人来说是侵犯线索的事物，对另一个人来说可能就不是。只有当个体将某个事物与侵犯行为联系在一起时，线索才具有引发侵犯的作用。他们推断，某些诸如刀枪之类的武器可能是一种诱发侵犯行为的主要线索。

不仅仅是挫折或愤怒能引发侵犯，任何的负面情绪都能引发侵犯。当人们感到愤怒时，侵犯线索会增加侵犯的强度，这可能是由于愤怒的个体更易注意到侵犯线索的缘故。简言之，侵犯线索的出现会增加个体做出侵犯行为的可能性，但在没有线索时，侵犯行为也可能出现。

（三）社会学习理论

社会学习理论认为，侵犯行为并非生来就有，而是后天习得的。通过观察学习，儿童学会什么时候做出以及怎么样做出侵犯行为。因此，侵犯是观察学习的结果。

侵犯行为习得的机制如下：

1. 通过强化习得侵犯行为。孩子们常常因为做出攻击行为而获得奖励（口头表扬或是物质奖励）。打架输了的孩子哭着跑回家时，可能得到的只是父亲的一阵臭骂；而打赢了的孩子可能反而会得到父亲的夸奖。另外，孩子由于侵犯行为而受到家长和老师额外的关注，其行为也会被强化。害怕被大人忽视的孩子非常愿意付出这样的代价来赢得由侵犯带来的家长和老师们的关注。

2. 通过观察习得侵犯行为。个体可以通过得到的奖励或者观察习得侵犯行为，但是不一定会表现出侵犯行为。因此，孩子观察到因做出侵犯行为而受罚的例子后就不会做出侵犯行为。这并不是孩子们不会做出侵犯行为，而是其侵犯行为被抑制，在条件允许的情况下，孩子们可能会把侵犯行为表现出来。

除了解释人们的侵犯存在多种多样的方式外，研究者还提出减少侵犯的方法。父母因孩子的恶劣行为而体罚他们，这很可能会起到反作用，导致孩子侵犯行为的增加。在这种情形下，父母扮演了侵犯的角色，成为孩子模仿的对象。虽然孩子不敢在家里做出侵犯行为（怕遭到父母的责骂），但他们可能在其他情况下表现出在家中习得的侵犯行为（比如在学校欺负同学）。

对侵犯行为不关注或忽视，可减少侵犯行为。

第二节　影响侵犯行为的因素

侵犯行为是一种非常复杂的行为，人们做出侵犯行为往往不是由于单一因素的作用，而往往是多种因素共同作用的结果。

一、影响侵犯行为的个人因素

在生活中我们往往会发现，有些人的侵犯行为要比另一些人的多得多。是否真的存在某些特质，使一部分人表现出比他人更多的侵犯性？我们将从以下角度剖析这一问题。

（一）A 型人格

心理学家提出了相对应的两种人格特质：A 型人格和 B 型人格。A 型人格的人被描述为是非常有竞争意识、行事匆忙、遇事特别容易生气以及攻击性比较强的这样一类人。相对地，B 型人格的人被认为是竞争性不是很强、行事从容、不容易发怒的这么一类人。研究者找到了 A 型特质的三种最主要的特点：第一，A 型人格的人更有竞争性，更能为成功而奋斗；第二，A 型人格的人有时间紧迫感；第三，A 型人格的人在对待挫折情境时，更容易产生攻击性和敌意。

有些研究证明 A 型人格的人比 B 型人格的人更具有侵犯性。大部分人都能够从容地对待日常生活中的碰撞和摩擦，但是 A 型者会有过激的反应，他们对极其微小的烦恼都会"表现出对抗、暴怒、粗鲁、乖戾、批评和不合作"。例如，对于雨天交通拥堵的状况或是公事上出现的小差错，大多数人都会从容应对，而 A 型人格的人都会焦躁不安，行为失控。还有研究者认为，A 型人格的人也较容易出现虐待儿童或虐妻的行为。

（二）敌意归因偏差

归因对侵犯行为产生的过程有重要的影响。假设你漫步在图书馆前的小路上，突然一个冒失的家伙撞倒了你，并且对你破口大骂。你会有怎样的反应呢？你会觉得他的行为是故意的。如果他在撞倒你之后，把你扶起来并对你道歉，你就不会变得很愤怒，也不会想寻找机会报复他。

我们对他人行为目的的归因直接影响着我们对他人行为的反应，然而，要识别他人行为的动机非常困难。在情境不明确的状况下，会将对方的动机或意图视为有敌意的倾向。我们把这个称为敌意归因误差。

当我们的归因有偏差的时候，通常不会把他人的动机归因为是善意的，而是做出恶意归因，继而可能做出报复性的侵犯行为。敌意归因误差倾向愈高时，他们愈有可能产生侵犯行为。

（三）性别差异

大量事实表明男性比女性更具有侵犯性，这种侵犯的性别差异的确存在。

男性和女性不仅在侵犯的数量上存在差异，而且在侵犯的方式上也不相同。男性的攻击多为身体侵犯，而女性的攻击多为言语侵犯和其他间接的侵犯行为。有证据表明，男性出现的身体侵犯多于女性，而对于言语侵犯来说，其性别差异会减小甚至消失。有研究发现，这种男女攻击方式上的差异，在八岁时即出现（儿童时期的间接侵犯形态有说谎、冷漠、报复等形式），然后差异逐年增加，并延续到成人时期。但是，当男性和女性被他人直接激怒时，侵犯的性别差异也会缩小。

二、影响侵犯行为的情境因素

研究者除了把目标投向个人因素外，还试图寻找那些影响侵犯行为的情境因素。研究者发现了许多情境因素，如高温、药物和酒精、唤醒水平等。

（一）高　温

很多人在闷热的天气里会容易发怒和脾气暴躁。在天气越热的年份里暴力犯罪的比率越高，但是财产犯罪或强奸犯罪并不明显。

随着气温的升高，侵犯性也会增加，但是到达某一点时侵犯性到达最高值；超过这个点，随着气温的升高，侵犯性反而会减少。

（二）酒　精

酒精在某种程度上会导致侵犯行为。研究表明，大剂量的酒精会使人们对周围环境以及侵犯后果的意识程度降低，以至于他们产生更多的侵犯行为。

（三）唤醒水平

个人的情绪唤醒水平会直接影响到他的侵犯行为。

三、影响侵犯行为的社会因素

（一）去个性化

去个性化是指个人在群体中自身同一性意识下降，自我评价和控制水平降低的现象。在群体中，一旦去个性化状态出现，个人的行为会较少受自己的个性支配，责任意识会明显丧失，而倾向于跟随整个群体的状态。群体的规模越大，凝聚力越强，越易于引发人的去个性化状态。

去个性化状态使人最大限度地降低了自我观察和评价的意识，降低了对于社会评价的关注。因此，通常的内疚、羞愧、恐惧和承诺等行为控制力量都被削弱，从而使压抑行为外露的程度降低，使人做出通常社会不允许的举动，也使人的侵犯行为增加。

（二）媒体暴力

媒体暴力是引发侵犯的重要社会因素。媒体暴力是指大众媒体（包括电影、电视、报刊、网络等）传达的暴力内容对人们的正常生活造成负面影响的现象。电影电视这些普及率高的大众媒体对暴力概念的重新解释与传播，显然有着其他媒体不可替代的更为直观、形象的作用，逼真的暴力画面也就对观众更具有诱惑力。而互联网的不断普及，一方面让人们体验到信息获取的方便快捷，而另一方面也使暴力内容和色情内容随处可得。实验室研究和生活事实，都证明了暴力传播的潜在危险。绝大多数社会心理学家都赞同，暴力传播会增加公众尤其是儿童的侵犯性。

1. 媒体暴力与侵犯性的关系：

社会学习理论和侵犯线索理论提出，目睹暴力行为会导致更多的侵犯行为。从社会学习理论的角度来看，人们的很多行为是习得的，而媒体上的暴力会被观众所认同，当做榜样来模仿；从武器线索理论的角度来看，媒体上的暴力则是诱发观众出现侵犯行为的线索，引发人们做出侵犯行为。

结果显示，儿童期过多观看具有暴力内容的电视片会导致男性和女性在成人初期的侵犯行为，并且从其对具有暴力内容的电视片人物的认同度和他所理解的电视暴力的真实程度也能预测后续的侵犯行为。

2. 媒体暴力对儿童的影响：

儿童的心志仍处于发展阶段，他们有极强的学习能力和模仿能力，而媒体暴力给孩子们带来了巨大的影响。

（1）媒体暴力影响孩子对于暴力的认知。看着通过暴力行为而达到目的的电视人物，孩子很可能就会对"暴力行为是解决问题的方式"这一观点产生认同。尤其当他们喜欢的英雄痛打敌手时，他们可能会认为"好人"也会使用暴力行为，从而接受"在某些情况下使用暴力未尝不可"的观点。而且，很多情况下，这些"电视英雄"的暴力行为还会受到鼓舞（如旁观者欢呼喝彩），这无疑是对孩子的替代性强化，让他们更加坚信暴力是一种解决问题的方式，甚至是一种"最好"的解决方式。

（2）媒体暴力改变孩子关于暴力的态度。对于长期观看暴力电视片的孩子来说，暴力镜头已经构不成新异刺激，孩子们对此已形成漠视的态度。甚至有些孩子会形成错误的认识，认为电视中常出现的枪战和武打场面在现实的生活中是真实的。观看暴力节目减弱了他们对暴力行为的敏感度，降低了他们对受害者的同情，使他们无法站在受害者的角度思考，导致他们对暴力出现"免疫"。

（3）媒体暴力引发孩子对暴力的模仿。孩子们看到电视上看似真实却没有受到惩罚的暴力行为，很可能模仿这种行为而在学校、家里实施侵犯，如摔打玩具、推倒同伴等。他们的道德观、价值观正处于形成阶段，很难依照社会准则对"对错"进行准确判断，从而对某些电视英雄的暴力行为盲目认同，做出"好酷"、"厉害"的评价。他们对行为造成的后果缺乏认知，甚至可能认为"人死是能够复生的"、"英雄好汉是打不死的"。由于认知上的缺乏，他们很可能去模仿一些非常暴力的行为，或者在处理问题时，采取以暴制暴的方式。而那些在情感、行为、学习和控制能力等方面有问题的孩子更可能受到媒体暴力的影响。

第三节　日常生活中的侵犯行为

在日常生活中，侵犯行为表现为许多具体的形式：家庭中的暴力虐待、校园内的欺负事件、街头的暴力抢劫等。不同的侵犯行为在本质上具有共同之处，但是每种侵犯行为又有其独特性。本节中，我们主要关注两种具体的侵犯形式：家庭暴力和校园欺负。

一、家庭暴力

长久以来，家庭暴力被视为家庭内部事务，得不到人们的重视。家庭暴力的发生具有一定普遍性，可能发生在社会各个阶层，而受害者一般以妇女儿童居多。就总体而言，受教育程度越低，生活越贫穷，社会地位越低，则家庭暴力的发生率越高。

家庭暴力发生的原因非常复杂，施虐者的个人经历是一个重要因素。许多家庭暴力的实施者曾经受过虐待，或者孩童时期目睹过虐待行为。他们深受上一代暴力文化的影响，认可暴力是解决问题的最佳方式，因此对家人挥拳相向。有研究者认为，这种类型的施暴者存在一定的人格缺陷，带有强烈而不稳定的人际关系倾向，具体表现为强烈依赖，自我概念模糊，不能忍受孤单和焦虑，易怒酗酒。但是并不是所有在虐待家庭长大的人都是施虐者。

二、校园欺负

校园欺负是中小学生中经常发生的一种侵犯行为，包括恶意推搡他人、打骂他人、给他人起侮辱性的绰号、散布谣言等。

（一）欺负行为的特点

奥维尔斯把欺负定义为"当一个学生长时间反复被一个或更多的同伴以负面的行为对待，这个学生就是受欺负的"。他认为欺负行为具有三个典型的特点：它属于侵犯行为或故意伤害行为，行为具有长期性和反复性，欺负行为的双方在力量上以不均衡为特点。

欺负行为和侵犯行为有密切的联系，欺负行为是一种更为具体的侵犯表现形式。和普通的侵犯行为一样，欺负行为是故意对他人造成伤害的行为。但是，这二者的差异在于欺负行为的双方在力量上不平衡，而侵犯行为的双方可以是力量均衡的。这种不平衡可以是真实或是想象中的力量上的不平衡，如可以是身体力量上的不平衡（欺负者比受害者身体强壮），也可以是心理力量上的不平衡（欺负者比受害者在某一方面上有优越感）。

从形式上看，欺负包括身体上的打、踢、抢钱或者抢东西等，言语上的起外号、冷嘲热讽、辱骂、威胁等，社会交往上的排挤、孤立等。在小学和初中的研究中，叫别人外号和殴打他人是常见的欺负形式，而且男孩子直接参与身体的欺负行为要多于女生。小学和初中阶段的学生群体中，直接言语欺负的发生率最高，其次是直接身体欺负。

（二）欺负行为的影响因素

很多研究表明，欺负者的人格特质在其出现欺负行为上起很大作用，如缺乏移情力而导致的侵犯性，极强的支配欲和对暴力持有积极的态度等，而且在欺负者身上往往发现不完善的自我发展现象（如冲动，不能延迟满足，行为自控力差）。欺负者可能缺乏某种基本的自控能力，从而使自身行为缺乏理智性，表现出动作化人格，通过动作直接表达内心的意愿，以舒解内心的情绪和压力。而情绪不稳定、缺乏自尊及由此导致的较低的自我效能感和社交能力可能是儿童受欺负的重要原因。

欺负者通常持有与社会规范相悖的价值观，它表现为社会认知过程的某种偏差或缺陷，这些儿童对欺负行为及整个社会环境的态度和看法偏离正常的认知，进而形成特定的情绪情感特点和攻击性行为模式。

早期的研究把欺负行为的参与者分为欺负者和被欺负者两类。后来，研究者发现，还包括第三类人群，即欺负/被欺负者（即指既欺负别人，又遭到他人欺负者）。有研究者指出，这类儿童一般身体强壮，做事武断，欺负别人的同时，常抱怨受到别人欺负；他们在神经质与精神质维度上的得分显著高于欺负者与受欺负者，而且其社会接受性或同伴地位远低于其他儿童，属最不受欢迎的一类，容易陷入被孤立的境地。还有一些研究者把受欺负者细分为挑衅型受欺负者和被动型受欺负者两类。人们对被动型受欺负者的认识比较一致，这类儿童行为退缩、顺从，有抑郁倾向。

另外一些研究者则关注影响欺负行为的环境因素，如家庭因素。研究认为，家庭环境与儿童的身心发展有密切关系。施瓦茨等人发现，幼年曾生活在严厉、苛刻、压力大及有暴力倾向的家庭环境中的儿童，很可能在日后成为群体欺负的对象。而另一些研究者发现欺负者和被欺负者在家庭教养方式上存在明显差异：与欺负者相比，受欺负者的家长在放任性、拒绝性和专制性上明显较低，而在溺爱性和期望性上较高；与普通对照组相比，这类儿童家长的民主性也较低。这反映出受欺负儿童的家长在一定程度上存在着娇宠、溺爱孩子的倾向。欺负组和欺负/被欺负组的家长表现出较高的体罚倾向，多倾向于对子女采用专制的教育方式。体罚并没有使孩子们的行为向好的方面发展，家长反而成了孩子模仿的暴力榜样。

欺负行为严重影响着中小学生的校园生活质量，妨碍了他们的成长与发展。从受欺负者的角度看，欺负行为伤害了他们的身心健康，使他们产生消极情绪，自信心受挫，还导致部分学生出现社交退缩、自残等问题行为。而从欺负者的角度看，经常欺负他人可能会导致以后的行为越轨，拉帮结派，实施暴力犯罪。

欺负行为给学校教育和家庭教育都带来了极大的挑战。简单的说教和惩罚措施并不能有效地解决这一问题，相反还会使学生产生逆反心理，行为上变本加厉，引发其他问题行为。对欺负行为的控制和干预，已是近二三十年来教育学界与心理学界着力探讨的重大问题。

第四节　侵犯行为的预防与控制

侵犯是不可控制的行为。事实上，侵犯是由外在因素和内在因素共同作用的结果，在某种程度上具有可控性和可预测性。了解侵犯的特点，是为了更好地预防和控制侵犯行为。

一、社会公平的建立

美国心理学家亚当认为，人们总将自己所做的贡献和所得的报酬，与一个和自己条件相等的人的贡献与报酬进行比较，如果这两者之间的比值相等，双方就都有公平感；否则，就会产生相对剥夺感。当个体认为该得到的东西没有得到时，就会产生相对剥夺感，由此体验到各种负面情绪，做出各种拒绝性行为。

在人类社会中，许多情况都会导致相对剥夺的产生，如社会各阶层贫富差距的拉大，少数人占有过多社会资源，就会对经济增长产生负面影响。这种生活质量上的悬殊会使广大人群产生巨大的心理落差，使其产生嫉妒、不满及仇恨等不良情绪，抢劫、绑架等严重的社会案件就会急剧增加，继而引发更为强烈的社会动荡。

二、合理宣泄

侵犯的本能论者，无论是弗洛伊德还是洛伦茨，都倡导侵犯的宣泄。宣泄的基本假设是，侵犯性的精神能量是一个常数，能量聚集越多，其发生侵犯性行为的可能性愈大。若这些不良情绪得以合理宣泄，就可以减小其侵犯性的强度，攻击行为也会随之减弱。一切实际发生的侵犯行动和在想象中实施的侵犯行为，都可以使侵犯性的精神能量得到释放，从而减少侵犯性冲动，达到减少侵犯行为的目的。

随着挫折—侵犯理论广为人们所接受，人们开始将这一理论同宣泄联系起来，认为人们一旦为挫折的情境惹怒，愤怒的情绪状态就会作为一种有侵犯危险的心理准备而存在。被激起的愤怒情绪必须得到宣泄，才可以有效地降低人们的侵犯性。

必须强调，宣泄是针对已经产生了对一定对象的侵犯准备而言的。对于未产生愤怒攻击准备的人，这证明宣泄方法不能滥用，否则效果适得其反。

三、移情能力培养

移情是指当一个人感知到对方的某种情绪时，他自己也能体验到相应的情绪，即能够体察到他人的情绪状态，并产生共鸣。移情包括两个方面：一是识别和感受他人的情绪、情感状态，二是能在更高级的意义上接受他人的情绪、情感。

个人对别人的痛苦状况体会得越是深刻，就越倾向于抵御外在压力，拒绝服从去伤害别人。移情能力与侵犯行为之间是负相关的关系，移情能力越高，也就越不容易对别人做出侵犯举动。社会心理学家建议，移情能力的评价和培养，应成为罪犯改造的一个重要步骤。

家长和老师可以通过培养儿童的移情能力降低其侵犯性。日常生活中易于运用的角色扮演方法，是培养移情能力的良好方法。角色采择是个体自我发展的重要机制，儿童通过扮演某个重要角色，真实体验别人在一定情境下的内心状态。家长在指出儿童侵犯性行为带来的不良后果的同时，也要注意引发儿童移情，培养其同情心，让儿童把自己置于受害者的地位，设身处地地体会受害者的痛苦，与受害者产生"感情共鸣"。这是从根本上消除儿童侵犯性的一种好办法。

四、成熟个性的培养

在人际交往中，无论是为了有效地应对别人的侵犯行为，还是为了减少自己的侵犯行为，我们都需要学会采取自持行为。自持行为是指在不侵犯别人权利的情况下维护自己的权利。一方面，它不同于放弃自己权利的过分顺从行为，敢于坚持自己的正当权利；另一方面，它又不同于在追求自己的权利或利益时侵犯别人的权利的攻击行为。成熟个性特征主要有：

1. 有道德责任意识和成熟的敏感性。

2. 当别人批评你的想法，不对批评提出挑战。

3. 不保留敌意与怨恨，不要谴责或指责对方，也不要威胁对方。

4. 不歪曲现实。

5. 自我认识的客观性。

6. 对自己的行为负责。

7. 懂得自己的角色是权利和责任的统一。而不成熟的个性特征则与此相反。

研究表明，个性不成熟者自我意识水平较低，倾向于运用侵犯的方式来达到目的。此类个体运用社会允许的方式满足自己需要的能力较低，缺乏客观的自我意识和自我控制能力，因而运用突发性、破坏性、侵犯性行为方式满足自己需要的可能性大大增加。个人的道德发展水平越高，就越倾向于体察他人的感受；道德发展水平越低，就越倾向于忽视他人的感受。个人道德水平的提高，会减少侵犯行为的发生。

第九章　青少年的校园人际交往

第一节　校园人际交往的特点

一、教育性

学校的一切工作都是围绕教育学生进行的，校园人际关系的特点首先在于它受制于教育的目标以及为实现教育目标而进行的教育实践。因此，校园人际交往的评价和调节，是以是否有利于教育目标的实现为首要原则的。离开教育目标的实现来谈校园人际交往，就是偏离了学校教育的主题。

校园人际交往的教育性往往是潜移默化地作用于学生的。如果学校领导者与下属之间民主和谐，教师与教师之间团结合作，教师与学生之间友爱互助，那么在学校亲密友好关系的熏陶下，学生之间的关系肯定和睦有序。良好的人际交往，必然带来良好的教育效果。反之，如果学校上下左右关系紧张，冲突频繁，那么学生之间的关系也会冷漠混乱。不良的人际交往，必然带来不良的教育后果。校园人际交往的教育性，既体现在教育内容上，也体现在教育手段上。就教育内容而言，校园人际交往的性质、功能、特征、内容，以及怎样形成良好的人际关系等是重要的教育内容。就教育目的而言，在让学生学习和掌握必要的人际交往知识和技能的基础上，增强认识和判断人际交往的能力，学会处世做人，这是教育目的的组成部分。就教育手段而言，良好的校园人际交往不仅能激励师生努力工作和学习，而且能促使人们接受意见，改正错误。例如师生彼此信任、关系融洽，学生就更容易听取教师的批评意见，迅速纠正错误。又如在课堂教学中，良好的人际交往会产生和谐的心理氛围，师生都会精神饱满，注意力集中，教学效果自然更好。

二、纯洁性

学校是传播知识的场所，是培养人才的基地。在学校里维系师生员工人际交往的纽带主要是知识、思想和情感等精神性的东西，而不是物质利益和其他方面。因此说，纯洁性是学校人际交往和人际交往的一个重要而显著的特点。

校园人际交往的规范性和纯洁性与中小学教育和管理的对象是青少年学生分不开。小学生稚嫩无瑕，中学生亦单纯天真。他们的心理正处于从不成熟向成熟过渡的关键时期，其认知、情感、意志以及个性的发展，在学校里，是通过与师生、员工的交往，主要是通过与教师的交往而实现的。在课堂上，教师以自己丰富的学识、严谨的态度、炽热的情感、求实的作风影响学生；在课外，教师以自己热诚的关心、孜孜不倦的精神和循循善诱的教导感染学生；在日常生活中，教师还以自己广泛的兴趣和对生活的热爱以及公正无私的榜样行为影响学生。这就要求学校以教师为主体的教职员工之间的人际关系，必须符合道德规范，以纯洁的人际交往对中小学生产生良好的影响。另外，学校是法定的传播文化知识和接受文化知识的场所。无论是教师还是学生都深受高雅的文化知识所浸润，久而久之，校园中的师生相对纯朴，精神境界比较高尚。因此校园中的人际交往也不可避免地受着文化知识的浸润，并染上清纯圣洁的色彩，这就使学校成员，尤其是教师，在运用人际称呼，处理人际矛盾等方面带有更多的纯洁性。

三、丰富性

在学校组织中，所有成员之间都能进行直接的、频繁的、多样化的交往，形成这个特点的主要原因有三点：其一，教育活动是以人际交往为特征的，特别是传统教育。在学校里，几乎全部教育活动，如思想教育工作，课堂教学和各种课外活动等，都是以人际交往的形式进行的信息沟通。所以，学校越是追求教育效果，学校的人际交往也就越加丰富多彩。其二，学校组织管理层次少，成员之间的时空隔离性小，交往极为方便易行。这就在客观上为人际关系的丰富化提供了有利条件。其三，学校是传播精神文明的场所，是知识分子集中的地方，所以，追求丰富多彩的精神生活是学校成员的特点。因此，在校园里，人们之间的交往活动，不论是同事之间，还是干群之间、师生之间，都十分活跃。这也是校园人际交往丰富化的内在原因。

学校教育的影响来自诸多方面，由此也带来了学校内部人际关系的多系统、多层次和多方位。诸如领导与被领导之间，教师之间、师生之间，以及作为教育对象的学生内部之间，还有师生与校领导、教师与家长、教师与社会成员之间等，各种关系纵横交错，形成网络。学校这种复杂的人际关系也正是其丰富性的外在表现。

第二节　校园人际交往的意义

学校领导者和师生员工在学校教育活动过程中，彼此通过交往而形成的在心理上亲近或疏远的关系，称为学校中的人际关系。校园中的人际关系是学校各个组织部门之间、领导者之间、领导者与被领导者之间、教师之间、学生之间、师生之间等社会关系在心理上的反应。如果校园的各种人际交往是和谐、亲密、友好、合作的，就会增进师生员工的团结，提高教育效能和学习效能，顺利实现学校教育工作的目标。反之，则会产生心理冲突，导致分裂和相互攻击，从而降低教育活动的效能，致使学校的教育工作目标难以达到预期的效果，甚至在人际关系恶化时难以开展日常的学校工作。

良好的人际交往对学校每个成员、所属群体和整个组织系统的存在和发展，对学校管理活动、教育和教学活动等，特别是对学生的发展和成长，都有较深远的影响，并最终影响到整个学校的教育职能和组织效能的发挥。

一、良好的校园人际关系有利于调动师生员工的积极性

在良好的人际交往中，人们不仅心理上有安全感，而且还会感到温暖与体贴。尤其在遇到困难时，四处都会伸出援助之手，这往往容易使人形成不负他人，并以努力工作和学习回报他人的心态。另外，由于关系密切、互相

信任，学校成员之间容易出现互相学习、你追我赶、不甘落后的局面。心理学家发现，良好的人际交往可以影响学生的学习抱负。例如，一个学生如果他的好朋友打算考大学，那么他很可能也想考大学。

二、良好的校园人际交往有利于师生员工的心理健康

良好的人际交往是衡量一个人心理健康与否的重要标准，是影响一个人心理健康的重要因素。良好人际关系意味着人与人之间交往频率高，知识、技术、信息等交流快，有利于个体能力的发展。另外，良好人际交往意味着人与人之间可倾诉衷肠，分忧愁，解苦闷，使情绪稳定，避免不少心理问题。良好人际交往还意味着彼此信任，在思想、信念、态度、价值观等方面相互学习与汲取，从而提高人的精神境界。有研究发现，儿童时期的不良人际关系容易导致青春期的破坏性行为及成年期的心理疾病。总之，大量的研究结果表明，小学和初中阶段的不良人际交往，预示着高中阶段的心理隐患；而小学和中学的不良人际关系人际交往，又预示着成年的心理危机。

三、良好的校园人际交往有利于教育质量的提高

教育质量是由学校成员合力创造的。当学校人际关系、人际交往呈现和谐协调状态时，人们相互支持、步调一致，容易形成合力，教育质量往往较高。反之，人际关系紧张，相互对立，甚至故意设置障碍，教育力量不是内耗掉了，就是难以直接作用于学生。尤其是师生关系紧张时，学生对教师不信任，不愿接受其教育，教育质量就更难以保证。

四、良好的校园人际交往有利于组织巩固和发展

学校组织的巩固和发展需要群体成员同心同德。而这又依赖于良好的人际交往。因为只有人际交往密切，大家认同感强，才会同心同德，也才有组织的较大凝聚力。相反，人际交往紧张，互不相信，安全感下降，甚至经常要提防被人暗算，要分出许多精力去应付人际纠葛，有些人受不了，便想一走了之。日本学者调查发现，约有95%的人调动工作是由于人际交往问题。当人心涣散的时候，组织也就难以巩固，更谈不上有较大发展了。

第三节 人际交往规律在学校教育中的运用

教师的工作无一不是在同学生的交往过程中完成的。因此交往活动对教师来说具有特殊的重要性，因此教师理应比其他职业的人更加重视交往的规律及其运用。

一、关注同教育对象的人际沟通

教师与学生之间的人际沟通，是完成教育教学任务的基础条件。人际沟通过程有一系列环节，因此教师应当关注每一个环节运作的效率。教师作为学生的信息源，在传播观点、思想、感情的时候，不仅应当在信息译码、信息发送方面力求准确、清晰，而且还应关注学生作为受信者的信息检出和信息译码环节。教师不仅要注意自己发出的信息被检出、被译码时的完整和正确，而且负有训练和发展学生人际沟通能力的责任。因此在沟通过程中，他不仅仅是交往的一方，同时也应是交往的另一方的辅导者。比如学生在与教师的谈话中如果出现发音过轻、口齿不清（信息传送环节的问题）和词不达意（信息编码环节的问题）的情形时，教师有责任用适当方式加以指出并帮助他改进。

语言是人际沟通的基本工具，教师应当具有娴熟的言语技能。教师的言语修养从根本上决定着学生在课堂上智力劳动的效果，因此教师不仅应当言语清楚通畅，而且应当有一定的文学素养，教师的言语不但要概念清晰，逻辑严密，而且最好能够形象、生动、富于感染力。

教师每天都与学生面对面地沟通，他的非言语手段的技能也是不可或缺的。教师若善于运用眼神、表情和适当的动作来表达思想感情，会增强对青少年的影响力。

另一方面，教师在交往中作为受信者，还要善于捕捉学生们有意无意中发出的非言语沟通信息。师生交往时，教师根据学生的眼神、脸部表情、手足的处置等，应当知道他们是在专注地倾听还是心不在焉，对教师的话是心悦诚服还是心怀抵触，对教师指出的错误是真心悔改还是敷衍应付，等等。

二、善于增进师生间的互相理解

为了教育教学工作的顺利开展，师生之间的关系应是紧密而又亲切的。紧密而亲切的关系的建立需要充分地相互理解。当代青少年是在改革开放的年代中成长起来的。社会的转型使他们的心态和价值观同长辈人有不小的差异。他们在同长辈人的相处中，特别渴望被理解。然而，人际间的相互理解，并不像想象中那么容易做到，即使朝夕相处的人们之间，也未必心灵相通。

教师同学生的交往中自然少不了对学生的行为进行归因。教师必须清醒地认识，对学生行为的归因应当十分审慎。当有关信息不足时，不要轻易下结论，尤其不要轻易地下否定性结论。教师对学生行为做出错误的归因，会人为地制造出教育性交往的障碍。错怪孩子是不理解孩子的表现。同时这为对孩子的进一步理解带来困难。因此，教师在理解学生的行为的原因时，要力求避免做缺乏根据的归因，力求避免简单化的刻板印象之类的认知偏见。

三、努力保持师生间积极的相互作用

教师作为教育者，当然是要对学生施加这样或那样的影响的。可是教师同学生接触，必须努力遵循交往的客观规律，其中很重要的是关于角色期待和角色扮演的规律。

教师对学生有一定的角色期待。这种期待影响着学生的角色扮演，因此它应当是有分寸的，即应当是正确且准确的。

教师的期待对学生的发展有着直接的影响。教师对学生的期望不宜过低，过低的期望易使学生放松对自己的要求。然而期望也不宜过高，过高的期望超出了学生的实际可能性，学生虽然努力也达不到要求，他们的积极性会遭到挫伤。针对个别学生的特点寄予恰当的期望，是教师机智的一种表现。

师生接触中的一个重要问题，是教师要注意给学生以充分的尊重和信任。教师是希望也需要得到学生的尊重和信任的，但是，学生也希望得到教师的尊重和信任。中学生已不同于儿童，他们已有自尊心。他们的自尊心要求别人给他们以尊重。"敬人者人恒敬之"，教师只有给学生以尊重和信任，才能赢得学生的尊重和信任。师生交往中若缺乏教师对学生的尊重和信任，不仅不利于交往关系的融洽，而且将不利于学生自尊心的正常维持和发展。

学生的自尊以及与此紧密联系的自重、自爱，是十分重要的心理体验。这类体验是以对自我的积极的、向上的评价为基础的。个体倾向于维持这种体验，也力求使别人像他所希望的那样来看待他。以此为支点，他就比较愿意接受别人（尤其是教师）对他提出的积极的、向上的要求和期望；他也比较愿意提出自我要求，并激发自我调控的动机，以达到这个要求。有的教师不懂得尊重学生，动辄训斥甚至侮辱学生，这将恶化师生间的人际关系，使学生心中产生对教师和教师所提出的要求的抵触情绪，最终降低教育的效果。中学生中，特别是初中学生中不难见到一种现象，即如果一些学生"喜欢"哪位教师，他们对这位教师所讲授的课程就学得较好；他们不喜欢哪位教师，就对他主讲的课程学得较差。这可算是师生交往关系影响学生对某门课程学习积极性的实例。

教师不单对学生寄予角色期望，同时他自身也有个角色扮演问题。或者说，学生也对教师有着角色期望。他们所看到的教师的实际表现同他们的角色期望之间的符合程度，决定着他们对教师的印象和态度，也制约着师生的关系。因此，从师生人际交往的角度，也要求教师关心自己的角色扮演，关心自己的职业形象。"为人师表"这句话，体现着学生乃至社会对教师的角色期望。教师理应按照教育工作者的角色要求，严于律己，在个人德行、业务水准等方面向学生和社会期望的方向努力追求。

第四节　人际交往规律在自我教育中的运用

任何个体都有交往的需要，任何个体也不可能完全脱离交往活动。但每个人如何交往，如何对待交往，是各不相同的。

一、以自觉的态度对待交往

地球上的男女老幼，人人都在呼吸空气，但并不是每个人都明白为什么要呼吸和怎样改善呼吸质量的。世界上人人都在参与交往活动，却远不是人人都对交往活动抱有自觉的态度的。显然，有了自觉的态度，才可能更加积极地进行交往，不断地改善自己的交往状况。

对青少年来说，他们可以把交往活动视作一所学校。交往者可以向交往对手学习，丰富自己的知识、经验和阅历，促进自己的人格发展；在交往中也给别人以影响，给别人以帮助；在交往活动中既当受惠者又当施惠者，从而促进自己的人格发展和社会化进程。当然，学生时代的交往活动本身，也是交往经验和技巧的积累过程。

少数青少年不善交往，甚至有"社交恐惧症"的症状。他们在众人面前往往拙于言辞，或惧怕与人打交道，并因此产生自卑感、冷落感。这类人宜分析自己心理障碍的形成过程，找出原因，并认识长期回避交往的危害，以激起自己改变现状的动机。然后应促使自己勇敢地参加交往实践，必要时可参加带有游戏性质的"交友训练"，逐渐适应正常的人际交往。

二、以真诚之心投入交往

不同角色的人们的相互作用是由角色期待来调节的。真诚既是人类社会的一个道德伦理要求，也就成为普遍的社会期望之一；换言之，任何角色的社会成员——不论教师或学生、经理或雇员、领导或被领导者，都被期望具有真诚的待人态度。一个人若待人缺乏真诚，首先就有悖于这一社会期望，这将拉大与之交往者同他的心理距离。不仅如此，人在相互沟通中，总希望所获得的信息是真实、可靠的，说假话的人必定不受信任。人们与虚伪者打交道，难以产生安全感。惯于虚伪的人也可能蒙骗人于一时，但日久难免被人识破，给人形成"虚伪者"的印象，人对善意的批评和恶意的伤害是能够区别的。区别主要在于：批评通常针对某一事件或某一行为或个性品质的某一方面，而无礼和蔑视则往往伤害人的自尊；批评一般出于对被批评者的未来发展寄予期望，而蔑视或无礼则完全不关及这种期望。

三、责己严、责人宽

人有一种自我肯定、自我保护的倾向。误会或矛盾的产生，多半有着双方的原因，而交往双方各自的错误或缺点又只能靠自己去改正，别人无从替代。如果双方都一味把注意力指向对方，就无助于发现、认识和改正自己的缺点或错误，于是问题仍然得不到解决。其次，交往的一方 A 就发生的矛盾而指责对方 B 时，在 B 看来就是 A 对 B 的否定，而 B 既然认为 A 也有错误，他就认为是 A 在推卸责任而诬陷自己，他难以接受这一现实，会急于对 A 进行指责。而 B 越是急于指责 A，同时 B 就越是忽略自己的错误。然而 B 越是忽略自己的错误，又越是导致 A 的进一步指责。当这一过程交替地在 A、B 双方身上发生时，他们的争端和矛盾就永无解决之日。

如果遵循责己严、责人宽的原则，情形就完全不同。A、B 双方，当 A 对自己严格要求，真诚地多做自我批评时，在 B 看来，A 的缺点已由他自己解剖。又根据反省的认知机制，他意识到 A 的态度其实意味着对 B 本人的宽容和让步。B 并非不知道自己的差错，只是 A 全然不提及。只要 B 的观念中把宽容和让步当做一种美德，他多半会由此感到羞愧，并促使他也转而把注意指向自己的错处（其中人际暗示、感染、模仿机制都可能产生作用），以取得心理平衡。一旦 B 也开始认错，A 自然就处在了此过程开始时 B 的处境——此一过程是朝良性方面发展的，其结局就常常是化干戈为玉帛，化矛盾为和解，交往重新进入和谐的状态。

四、培养和提高同感的能力

人是情感的动物，人际交往过程不可能不包含人际关系的情感或情绪的方面，人对人的知觉和理解因此也不能不包括对他人情绪和情感的知觉和理解。知觉和理解他人的情绪，不能单靠理性的思维，还必须进行感受和体验。个体感受他人的感受，并以适当方式表达出来的过程，就是同感。人际交往中的个体，若善于在别人发生正性情绪（如喜悦等）或负性情绪（如悲哀、苦闷、彷徨、恼怒等）时真诚地做到不仅知人之所感，而且感人之所感，就有利于缩短人际距离，疏通沟通渠道，增进相互间的关系。相反，一个遇事只想到自己，只按一己的感情用事，不懂得关心、体恤别人，对别人的喜怒哀乐漠然处之的人，是难以同人发展和维持顺遂、密切的关系的。

为了做到同感，当事人首先必须能控制自己的情绪。同感要求感受他人的感受，却又不能令自己也沉溺到对方的感受中去。不论对方的情绪如何激烈，当事人也要保持清醒。其次，为了准确地、恰到好处地感人之所感，必须设身处地，站在对方的地位或处境想象事件。第三，当事人获得同感，还要适时适度地加以表达。这种表达，使交往对方感到被理解和被认同，有助于缩短双方的心理距离。

五、用非语言交际

在人际交往中，有时一个眼神、一种面目表情、一个手势等都会发挥奇妙的作用，甚至达到语言交流所达不到的效果，这就是非语言交流的效用。青少年应该充分利用身体的动作、局部表情、空间距离、触摸行为、声音暗示、服饰及其他来表达意思，起到更亲近、更自然的作用。

六、学会幽默

幽默使世界充满微笑，是美德和智慧的结晶，是知识和能力的表现。青少年要学会幽默，就要注意培养自己敏锐的观察力、丰富的想象力、灵活的应变能力和获取博识的能力。

七、自　信

自信是对自身的一种具有肯定评价的态度。俗话说，自爱才有他爱，自尊而有他尊。自信也是如此，在人际关系中，自信的人总是不亢不卑、落落大方、谈吐从容。自信者决非孤芳自赏、盲目清高，而是对自己的不足有所认识，并善于听从别人的劝告，接受别人的帮助，勇于改正自己的错误。培养自信心，要善于解剖自己，发扬优点，改正缺点，在社会实践中磨炼、摔打自己，使自己尽快成熟起来。

第十章　青少年的班级人际交往

班级是学生活动的主要场所，学生身心健康发展与其在班级中的人际交往范围和水平密切相关。班级人际关系是在师生之间、学生之间交往的过程中建立起来的，是社会关系在班级交往主体心理上的反映。班级人际关系与教学交往有着密切的联系，它影响教学交往的过程和成效，而有效的教学交往对促进班级人际关系的建立、学生个性的健康发展及教学效果的提高具有重要影响。

第一节　班级人际关系概述

班级人际关系是指班级中师生之间、学生之间在相互交往过程中所形成的比较稳定的心理关系。它是师生之间、生生之间的交往关系在心理上的反映。班级人际关系如何，不仅影响教学效果，也影响班集体的形成和发展，还影响学生个体社会化和个性的发展。班级人际关系的内涵是丰富的，可以从以下两个方面加以概括。

一、班级中人际关系的维度

班级中的人际关系是一种多维关系的综合体，主要从两个维度去分析。其一是交往中的组织关系维度，据此可将班级人际关系分为正式关系和非正式关系。正式关系由在组织形式上已明确的正式群体中的角色所决定，如教师、班干部是班级的领导者。非正式关系一般是在相互之间具有共同的观点或情感基础上形成的，如由于都爱好文学而经常进行交流所形成的关系等。其二是交往者之间的角色维度，据此可分为师生关系和同伴关系。这两个维度相互交叉，即师生关系有正式和非正式之分，同伴关系也有正式和非正式之别。

二、班级成员的角色期待

班级中的每个成员都在班级人际关系中扮演着某个角色。由于角色不同，班级对每个成员的行为都有一定的要求，这是班级中的角色期待。符合这一角色期待的个体行为会得到班级的认可和赞许，人们会评价这些行为"像个教师样儿"、"像个学生样儿"、"像个班长样儿"等。当班级中的某个成员认识到自己在某一时期所担当的角色和相应的角色期待时，便产生了角色意识，角色意识会调节每个成员的行为，使他们做出符合"教师"、"学生"等角色要求的行为。因此，作为班级的成员，必须了解其角色期待，形成适当的角色意识，做出符合其角色的举动。例如，有的教师在刚走上工作岗位时没有做好角色转换，在课堂上过于接近和同情学生，结果使一些学生和班干部认为他"没有教师样儿"。

第二节　班级人际关系的心理结构

班级中的人际关系是由认知因素、情感因素和行为因素构成的一个动态系统。在这个系统中的任何因素的不和谐，都会导致人际关系的紧张，或认识有分歧，或情感不相容，或行为相离，从而影响人际关系的建立和改善。因此，在教学交往中，教师与学生、学生与学生必须尽可能取得相互认同，保持情感相容，力求行为相近。

一、认知因素

认知因素是班级人际关系的最显性层次。这是因为在班级活动中，交往的各主体都在进行感知、理解和判断，并产生和形成相应的观念。在师生之间的交往中，教师对学生有一定的认知和评价，包括群体评价和个体评价；同样，在每一个学生的头脑中也有对教师的认知和评价，学生之间也有相互的认知和评价。

二、情感因素

情感因素是班级人际关系的重要组成部分，是一种交往双方的内心体验，主要指交往双方在情感上的倾向，表现为教师和学生之间在情感上的相互认同、学生间的合作互助、集体的情感共鸣等外显行为。情感成分是班级人际交往和谐性与有效性的隐性前提。形成相互包容、接纳、竞争与合作的良好氛围是班级人际关系好的重要标志。

三、行为因素

行为因素是指具体的交往行为，它直接反映人际交往的价值取向和情感倾向，以行为方式是否协调一致作为相互选择的标准。行为成分是班级人际关系的最直接层面。师生在班级活动中表现出来的行为方式越类似，就越有利于良好人际关系的建立。

一般认为，班级中良好的人际关系主要有七个方面的特征：①班级成员能全面地交流，把他人当做一个独立的个体予以满腔热诚地接受和尊重；②教师的评论总要同学生竭力想表述的东西相一致；③教师视学生为解决问题的合作者；④教师对学生一视同仁；⑤教师理解学生的感情；⑥教师遵循学生的思路；⑦教师的语调应表示他完全能分享学生的感情。

三、班级人际关系的建立和发展

奥尔特曼和泰勒认为，良好的人际关系的建立和发展，从交往由浅入深的角度来看，一般要经过定向、情感探索、情感交流和稳定交往四个阶段。我们认为班级人际关系的建立和发展同样也经过四个阶段。

（一）接触探询阶段

班级中每个成员在情感志趣、学习动机和个性特征等方面存在着很大差异，在班级建立的最初阶段，成员之间仍然是缺乏认识和联系的孤立个体，成员之间暂时还缺乏相应的吸引力，但因交往需要的自然作用和教师的积极引导，学生很快就进入到接触探询期。班级成员在接触与探询中相互认识和了解，逐渐摆脱拘谨状态，进入比较坦然地表现自己的状态。在无拘束的自然情境下，班级成员表现出不同的学习能力、交往能力、表达能力和兴趣倾向等。在这样的基础上，班级人际关系逐渐建立，尤其是同学关系和非正式群体关系。

（二）情感探索阶段

班级中每个成员除了渴望与其他成员进行正常交往外，更想寻找一种超越一般正式交往模式的精神和情感的"空间"。因此，成员之间开始探索如何建立真实的情感关系。在这一阶段，随着双方共同情感领域的发现，双方的沟通也会越来越广泛，自我暴露的深度与广度也逐渐增强。但真正涉及个人私密性的东西还是比较有限的。

（三）情感交往阶段

在此阶段，双方的交往行为已经超出正式交往的范围，正式交往模式的压力逐渐消失，在人际关系上双方已经获得很强的安全感，因而谈话也开始涉及自我的许多方面，并伴随较强烈的情感体验，彼此能提供真实的评价性的反馈信息，提供建议，彼此能真诚地赞赏和批评。

（四）稳定成熟阶段

在接触探询、情感探索和情感交往的基础上，加上班级管理和班集建设的成效，班级成员在心理上已具有很强的相容性，自我袒露也更广泛深刻，彼此之间开始建立友谊关系，形成了较稳定的班级人际关系。从整体上说，这种班级人际关系已经具有高度的自主性和高度的凝聚力。高度的自主性是指班级能够高度自主地进行运转，学生的主动性、创造性得到了充分的发挥，班级成员不仅能根据学校的要求组织活动，而且能根据现实情况，提出新的班级发展目标，并采取行动来适应外界的各种挑战，如主动组织成员进行自我锻炼，从事公益活动等。班集体的高度凝聚力指班级对其成员有高度的吸引力。在具有高度凝聚力的班集体内，不仅成员之间交往频繁、心理相容，而且在为集体办事时齐心协力、朝气蓬勃，有很高的工作效率。

第三节　班集体——学生的正式群体

一、班集体的特点

（一）是教育系统的一环

班集体是所属小组、成员的母系统，又是年级、学校、社区更大系统中的一个子系统，班集体工作要以系统、整体观点为指导。

（二）组建有强制性

学生要服从学校安排编入某班成为其中一员，班集体组建之初学生常常需要一个适应过程，对此应予以关注。

（三）成员水平相仿

班集体成员一般年龄相同，发展水平接近，这能为组织共同活动提供有利条件。

（四）有共同目标

班集体都有集体主义取向的教育要求，这是所有成员的共同目标，教育要注意协调个人目标与班级目标的统一。

（五）教师处于核心地位。

教师肩负管理、教育的重任，教师要重视自己的权威核心地位，做好班集体工作。

二、班集体的心理功能

（一）满足成员需要

班级成员均有彼此了解、亲密交往、获得肯定、赢得尊重、归属群体等内心需要。班集体通过开展各种活动可以满足成员的这些需要。

（二）提供社会化机会

班级是一个小社会，成员从中懂得如何尊重他人和获得他人尊重，并形成待人接物的态度。班集体确立起共同恪守的行为规范和准则，鼓励在相互尊重基础上的交往，能对其成员的社会化起到促进作用。

（三）比较调节

每个人都有了解自己心理活动、能力个性的自然心理倾向。班集体适时、恰当地树立、培养各种榜样，能供其成员与自身比较，进而仿效或自我调节。

三、班集体的形成过程

（一）聚合阶段

学生按学校规定组成班级，班级维系的力量来自学校和教师，其成员是缺乏联系的孤立个体，班集体尚未发挥应有功能。该阶段有两个时期：一是孤立探索期。班级刚组建，成员既想了解他人，又想被人了解，他们努力探索，力求摆脱孤独感。二是水平分化期。成员经过探索彼此有所了解，就会出现按照前面所述的影响因素交往、结群，但尚未深入到能产生群体领袖的程度。

教师应该努力缩短该阶段的进程，要为学生的交往创设条件，提供机会，要进行人际交往的动机教育，要引导学生全面看待自己和他人的优缺点。

（二）前班集体阶段

班级有了自己的领袖，班集体结构、规范大体形成，学生能自主地组织、管理班级活动。该阶段有两个时期：一是垂直分化期。在水平分化之后，随交往深入成员地位和作用有了变化，有人成为集体领袖和活动主导者。二是集体雏形期。垂直分化后，班级和各小组都有了自己的领袖，还形成了集体的规范和准则，已经能自主、有效地开展班级活动。

在该阶段，教师应该特别注意班级结构和各层次的领袖人物，应该力求通过班干部的工作来影响集体的活动和发展。

（三）班集体阶段

集体雏形继续发展就进入了集体成熟期。其显著特点是高度的自主性，并形成了严肃的高质量的集体舆论。在该阶段，班级能够高度自主地进行运转，学生的主动性、创造性得到了充分的发挥，他们不仅能齐心协力、高效率地完成学校组织的活动，而且会根据现实情况，提出新的班级发展目标。

该阶段教师应重视舆论的作用，工作重心应放在集体舆论上，并由此来影响集体成员。

四、班集体形成中的社会心理问题

（一）群体目标

群体目标对成员具有导向、激励作用，其形成过程也是加深成员彼此的了解，增强群体凝聚力的过程。确立班集体目标时要注意以下几点：必须遵循教育的要求，同时考虑班级的实际，还要兼顾成员的个人需要；从感兴趣的活动入手，把学生的动机引向班集体建设的目标；除了有长期、高远的总目标，还要有切实可行的各个子目标，它们均应通过成员的交流沟通来形成；对指向目标的行为及其结果应该有相应的奖惩激励机制等。

（二）群体规范和舆论

集体都有一定的规范和舆论，它是约束其成员行为的一种准则。学生对班集体规范和舆论的遵从有三个层次：服从、认同、内化。服从，学生受制于外部要求和控制，为了获得奖励或逃避惩罚才遵从规范；认同，在教育和群体榜样的影响下认识到规范和舆论的含义，愿意接受规范和舆论的约束；内化，能够深刻认识规范和舆论的社会价值及其对自己的意义，进而产生相应的自觉行为。促成这样的内化，班集体要充分重视榜样示范、激励机制、动机教育的作用。同时，要注意制订规范时要让班级全体成员参与，让大家从一开始就形成应有的共识。

（三）心理气氛

每个群体都存在某种心理气氛，或和谐欢乐、生机勃勃，或压抑沉闷、敌对散漫。不同的心理气氛会对班集体每个成员的心理和行为造成不同程度的影响。积极向上的班级心理气氛会让学生有愉快的情绪体验，有利于教学活动的顺利进行。影响班级心理气氛的因素有很多，比如学校办学理念和管理风格、校园的文化氛围、教师的工作态度和作风、师生之间和同学之间的人际关系等。

第四节　同伴关系——非正式群体

大多数班集体都由一些小群体构成，而大多数学生又都在某个小群体中充当着一定的角色，这就构成了班集体中的非正式群体，对学生的影响很大。

一、同伴关系的含义

同伴关系是在同学之间进行交往和相互作用的基础上建立起来的同学之间的心理关系，它是除教师之外的班级成员间关系的总和，包括学生个体之间的关系、班级内的学生群体之间的关系以及学生群体与个体之间的关系。由于年龄相仿、地位相同，学生之间的交往程度相对于学生与教师的交往更加自由充分。正确理解同伴关系的类型、特点及其作用，是教师建立和改善班级人际关系，实现良好教学效果的必要条件。

二、同伴关系的特点

同伴关系是学生自由交往、自发形成的非正式群体。与正式群体班集体相比，其特点主要有以下几点：

（一）心理协调，交往频繁

非正式群体多是由于满足心理需要而自愿结合在一起的，成员之间或是有共同的观点，或是受过类似的挫折，或是兴趣爱好相投，或是有着共同的利害关系，或是性格互补。因此，非正式群体的成员之间情投意合，交往频繁，传递信息迅速，对其同伴的行为相互认可并支持。

（二）凝聚力强，有排他性

非正式群体的成员之间具有强烈的情感联系，相互之间以感情为重，每个成员对非正式群体都有一定程度的归属感，情感成分在调节彼此人际关系中起主要作用。

（三）行为一致，具有二重性

非正式群体具有共同的行为规范，这些规范是约定俗成的，而且成员往往具有共同的行为目标，并为实现共同目标而力求行动协调一致。

（四）成员的角色和数量不固定

虽然非正式群体中有领导者或中心人物，但不固定，随着情境的变化，会涌现出由成员认可的新领导者。非正式群体没有固定的数量，成员的流动性也很大，自由参加，自由退出。

三、同伴关系的类型

根据学生之间心理的相容程度，可将同伴关系分为友好型、对立型和疏远型。友好型关系指同学之间在心理上彼此相容、相互接近、相互吸引的关系，表现为融洽、信任、亲密、友好。友好关系本身又有性质与程度上的区别，有健康、积极的友好关系，也有不健康、消极的友好关系；有感情深厚的友好关系，也有感情一般的友好关系。对立型关系指同学之间在心理上彼此不相容、相互排斥的关系，表现为摩擦、反感、冲突等。对立型关系也有性质与程度上的不同，既有原则性对立，也有非原则性的对立；有公开的、剧烈的冲突，也有非公开的、一般性的排斥。疏远型关系指同学之间在心理上相互忽视，关系若有若无，同学之间情感淡漠，相互之间很少交往，几乎不进行非正式的交往。如果一个班级中疏远型的同伴关系过多，那么这个班级就会缺乏凝聚力。

根据学生自身人际交往的本质特点，可将同伴关系分为人缘型、嫌弃型和中间型。人缘型学生一般具有良好的家庭教养背景，学习生活目标明确，有主见，有较强的自制力和坚强的意志，善于自我解剖。这类学生是班级的"火车头"。无数事实证明，中间型学生普遍具有较好的天资，有较强的追求进步的愿望，但意志薄弱，缺乏克服困难的勇气和决心，因此无论做什么事总是虎头蛇尾。中间型学生一般家庭条件比较优越，父母对他们是关爱有加，他们普遍缺乏竞争意识。这类学生通常占班级的大多数，构成班级的主体。

实践证明，帮助这类学生改善人际关系，在班级中找准自己的位置，对于做好班级管理工作具有决定性的意义。嫌弃型学生长期生活在别人的冷眼里，自尊心受到了莫大的伤害。这样的学生在班级中受到同学的排斥，或者被视为异族，有时他们做了好事也极有可能被教师和同学曲解，他们在班级中很难得到温暖和关爱。这类学生人数虽然不多，但若教育不当，会对班级产生巨大的危害。所以，设法帮助这类学生改变自身的形象，改善他们在班级中的人际关系，就具有特别重要的意义。

四、同伴关系的影响

以往的教学注重师生关系，对学生之间的交往未能引起足够的重视，但根据近年来人们的研究发现，在课堂中同伴关系对于保证教学目标的实现有着重要作用。约翰逊指出，教师的课堂行为都发生在学生同伴关系的环境之中。一个学生在按照教师的要求做出某一反应的同时，还会意识到自己置身于同伴关系之中，受到同伴的情感、态度和相互关系的影响与约束。其他同学接受的观念和行动会对这个学生产生影响。例如，教师希望学生积极回答课堂上的问题，但如果积极发言被一些学生看成是假正经的话，另外一些学生也会受其影响而不积极发言。同伴关系对学生的影响主要有四个方面。

（一）对学生学业成绩的影响

同学之间友好的或敌视的关系对学习有很大的影响，在友好的、相互关怀的同伴关系中得到支持的学生比受到同伴排斥的学生在学习上更能发挥潜力。研究表明，具有更亲密同伴关系的学生，其成绩要高于没有亲密同伴关系的学生。同伴关系不仅影响个别学生的学习成绩，也会影响班级整体的学习效率和学习成绩。在一个班集体中，良好的同伴关系使学生感到和谐、愉快，避免了因同伴关系不良而带来的紧张、焦虑、冷淡等消极心理状态，进而促进学生的学习。另外，良好的同伴关系有利于教师获得愉悦的工作体验，更能全身心地投入教学，学生的学习效率也因此得到提高。

（二）对学生社会化及社会能力获得的影响

同伴间的交往为学生的社会化提供了演习、观摩及模仿的机会和场所，提供了榜样和强化途径，学生通过与同伴的交往来学习、练习、巩固与内化各种社会行为规范。研究表明，那些具有稳定的、亲密的同伴关系的学生，将获得更多的社会经验，具备更强的社会交往能力。在和同伴的交往过程中，学生还会获得一些从教师及其他成人那里得不到的信息，形成对某些事物的态度和价值观。

（三）对学生形成从他人角度看问题能力的影响

同伴间的相互作用提高了儿童从他人角度看问题的能力，特别是在争论和冲突中，儿童不得不根据他人的看法重新考虑自己原来的想法。从他人角度看问题能够对同伴之间有效地获得信息，有效地综合信息，建设性地解决人际间冲突，学会与人合作，自主地进行道德判断等产生积极的影响。研究发现，在隔离环境下进行学习的儿童，自我中心性强，很少从他人角度看问题，而能从他人角度看问题的儿童在社会活动中表现得更加积极主动，交往能力更强。

（四）对青少年自我概念和人格发展的影响

同伴关系为个体逐渐理解合作与竞争的社会规则及服从与支配的社会角色构建了基本框架，儿童、青少年时期的良好同伴关系是形成健康的自我概念所必需的。学生在良好的同伴关系中能体验到同伴的接纳，建立友谊，而这两种经验不同于其他社会经验，是学生个体第一次"通过他人的眼睛看自己"，并体验到与另一个人的真正的亲密。这类学生往往性格外向、乐观、自信，具有宏图大志。如果儿童、青少年有被群体孤立的体验，将导致自卑人格和自我概念偏差，如表现出高焦虑、低自尊、情绪不稳及出现回避行为或攻击行为等。这类儿童在进入青春期后，出现过失行为和犯罪行为的比例远远超过同伴关系良好的儿童。

五、同伴关系的倾向及其教育

同伴关系通常表现出三种倾向：一是亲集体倾向。同伴关系发挥着与班集体一致的功能。二是偏集体倾向。同伴关系的活动忽视或无视内容是否健康，社会舆论是否提倡，出现了如逃避集体活动、起哄打闹、越轨行为等问题。三是反集体倾向。如果群体活动危及他人、社会利益，那么，这个群体就已沦为不良团伙。

同伴关系的价值取向、群体规范如果与班集体一致，就会对班集体活动起促进作用，对此应该赞扬和鼓励。对于偏离集体要求、社会规范的友伴群体，要弄清情况，分析原因，加以引导。如，有的是受不良诱因的诱惑，有的是存在思想认识偏差，有的是正当需要没有得到应有的满足。教育应有不同的举措，如正面说服教育，用反面实例戒儆，组织丰富多彩的活动。总之，要引发友伴群体积极向上的精神需求，使其偏离集体的倾向得到控制和纠正。反集体倾向的友伴群体较为少见。但是，一旦出现这种情况，尽管人数很少，影响却极坏。对此，学校、家庭、社区要协调行动，综合防治。如，防止他们拉帮结派，一旦发现立即予以阻断。又如，防止他们散布流言，一旦发现立即批评并予以制止。再如，防止他们的攻击性行为，力求在萌芽状态及时干预处理。当然，所有举措都应与说理结合进行。

六、发挥同伴关系的积极作用

班级中的同伴关系是一种不可否认的客观存在。如果对此没有正确的认识，不去发挥同伴关系的积极作用，甚至压制它的产生和发展，都会导致班级中人际关系紧张，降低学生的学习效率。因此，我们应根据非正式群体的特点，充分利用其积极因素为实现班级的建设、活动、交往等目标服务。

同伴关系的成员之间具有共同的感情基础，可用来增进同学之间的友谊，增强班集体的凝聚力。同伴关系是在同伴交往过程中形成的，对学生的心理发展具有很大作用。同伴关系具有自己的目标、价值取向和行为规范，如果这些与班集体的目标、价值取向和行为规范相一致，就会对班集体的活动起到促进作用。例如，有些自发组织的学习小组和兴趣小组的活动符合班集体的规范，应给予赞扬和鼓励。

有些同伴关系的活动，可能背离了班集体的规范。例如，由一些纪律差生构成的小群体，有时会做一些阻碍班集体正常活动的事情，如打架斗殴、欺侮同学等。对这类小群体，要针对其特点进行批评、教育、引导和改造，变消极为积极。

同伴关系的成员之间信息沟通渠道畅通，可用来了解学生的思想动态和对班集体的一些意见。

同伴关系的领导者是自然涌现的，他们至少在某些方面有突出的表现，并在课外等非正式场合显示出较高的威信。如果他们也是班集体中的干部，两种群体就会和谐合作并充分发挥积极作用。但有可能是，同伴关系中的领导者不是班集体中的干部，班干部在同伴关系中处于一般角色。这种不协调可能使两种群体的领导者相互对立，以至于班集体不能发挥应有的作用。所以，班集体干部的选择，应参考同伴关系的结构，至少要兼顾同伴关系的现状，不宜把同伴关系的领导者排斥在班集体的各级领导层之外。同伴关系还有一些消极因素，需要采取一定的措施来防止其产生不良影响。首先，要防止拉帮结派的倾向；其次，要批评那些传播流言蜚语的行为；最后，对那些同伴关系领导者的不良行为一定要及时制止，但要注意方法。

第十一章　青少年的师生人际交往

老师与学生，是校园里两大基本群体。老师是学生人际交往的重要对象，师生关系是学生人际关系的重要内容。师生关系如何，直接影响到学生能不能健康地学习成长，并在很大程度上决定了学校能不能对学生的身心施加符合社会要求的影响。在教学活动中，不同的师生关系常常带来不同的教学效果。

第一节　师生关系的含义

师生关系是指师生之间在教育教学过程中所发生的交往和联系，包括为完成教育教学任务而发生的工作关系，以满足交往而形成的人际关系，以组织结构形式表现的组织关系，以情感认识等交往为表现形式的心理关系。师生关系是校园中最基本，也是最主要的人际关系，它包含十分丰富的社会、伦理、教育和心理内容。师生之间关系如何，直接影响教育教学工作的顺利进行和效果，有的教师虽然知识渊博、功底深厚，但不善于同学生建立融洽的师生关系，甚至产生对立情绪，学生往往因为这位教师的原因而不愿意学他所教授的那门学科。相反，有的教师不仅注意提高自身的业务素质和专业水平，更善于同学生建立亲密的人际关系，学生往往因为对这位教师的喜欢而特别爱学他所教的学科。青少年学生往往为博取他所喜爱和尊敬的教师的好感和关注，为获取与教师交往的机会而努力学习，所谓"亲其师，信其道"便是这个道理，教师也会因为学生对他的尊敬和爱戴而更加热爱教育工作。

越来越多的研究和实践经验表明，教师对学生深刻的、久远的、广泛的影响不仅仅是课堂上有限的知识传授，更多的可能还是教师无处不在的、无形的且强有力的内在人格和精神。毫无疑问，无论是通过什么样的手段、形式或载体来影响学生，它都要求教师要与学生保持最密切的交往，形成紧密的人际关系，缺乏这一必要的前提和环境，教师的影响力就会严重下降和大打折扣，甚至影响教育教学活动的开展。

为提高教育教学效果，增强教师对学生的影响力，作为师生关系的主导方面，教师应为开创新型师生关系积极承担更多的责任，付出更多的努力，并能真正成为学生的良师益友。

第二节　师生交往的特点

教师身心发展水平总体高于学生，教师按照社会角色的要求对学生进行教育，学生则接受教师的教育。在这一过程中，师生双方作为两代人在传承人类文化，完成共同的使命。

一种"公"的关系。师生双方最初都不能自由选择，这是有关的规章制度所决定的。所以，师生关系是一种"公"的关系，但这一关系一旦确立，则双方的教和学就在这一关系的背景下展开。

发展变化的关系。师生关系不是静止的，随着学生年龄增长和学习阶段的变化，师生关系必然发展变化。如，同样是"尊师爱生"的师生关系，年幼儿童表现为对教师的顺从、仿效，年长儿童表现为对教师学识、人品的仰慕和对问题的深入思考。

蕴涵在集体内的关系。师生关系不是通常的一对一的关系，它是在以班级为共同体的教育教学活动中发展的，同时也体现在班级共同体的活动之中。师生关系包括在这一更为广泛的关系之中。教师对整个班级的教育，每位学生懂得这也是针对自己的；教师对某一学生的奖惩，同学也懂得这是对全班的教育。

教师与学生之间的交往方式主要有两种：

一是语言交往。自古以来，教师都是借助语言"传道、授业、解惑"。教师的语言不仅影响学生对信息的理解，还关系到学生能否对信息产生共鸣。

同时，教师也通过书面语言（如板书、评语、文章等）传递信息。

二是非语言交往。目光、表情、体态、动作等非语言符号的手段，同样能使学生获得信息。如在课堂教学中，教师暗示的眼光、皱眉的神态、摇头的动作，无时无刻不在影响学生。这是一种"润物细无声"的教育，其交往效果有时胜过语言交往效果。

第三节　师生交往的类型

一、紧张型师生关系

这种类型的师生关系表现为教师以自我为中心，对待学生简单粗暴，主要依靠强制力量来影响学生，喜欢训斥、批评学生，对差生讽刺、挖苦，伤害学生的自尊与人格。学生对教师心中不满，行为多抗拒或不合作。师生情感对立，人际关系紧张，教学气氛压抑沉闷，学生厌学。

二、冷漠型师生关系

这种类型的师生关系表现为教师无视建立良好师生关系的重要性，教学缺乏热情，对学生不冷不热，不闻不问，教学管理松弛，师生之间实际交往时间很少，双方互不了解、互不信任、互不亲近，彼此漠不关心。课堂气氛平淡无奇，缺乏生气，学生对教师敬而远之，师生之间互不吸引。

三、庸俗型师生关系

这种类型的师生关系表现为师生间交往实用性、功利性、商业性色彩浓厚，教师对学生过分迁就，该严不严，该管不管，甚至拉拉扯扯，吃吃喝喝，着意迎合学生，满足学生不正当的要求，而学生对教师则曲意逢迎，刻意讨好，请客送礼，原本纯洁的师生关系沦为庸俗的物质利益关系、商品交易关系和金钱关系。

四、亲密型师生关系

这种类型的师生关系表现为教师对待学生亲切友好，学生尊敬热爱教师。师生交往正常而频繁，相互理解，相互信任，相互尊重，教学气氛生动活泼，师生配合默契，教学相长，人际关系融洽和谐。

第四节　师生交往的过程

一、接触阶段

这是教师与学生开始直接交往，由不相识到相识的阶段。这一时期，教师与学生都能按照规定的角色进行交往。学生对教师毕恭毕敬，教师对学生客客气气，礼节性行为掩盖着双方的真实面貌。但双方内心都有更多了解、熟悉对方的意图，教师尤其如此。教师总是围绕学生熟悉的话题谈话，尽量消除学生的拘束感与紧张感，努力捕捉有关学生的一切信息，如家庭背景、个人爱好，等等。初始交往给双方留下的印象，往往对以后的交往有直接影响。就教师而言，由于工作职责的缘故，无论他对学生的印象如何，都会进一步与学生交往。但学生可能不一样。如果他对教师的形象缺乏好感，那么他有可能采取敬而远之的态度，回避教师。

二、接近阶段

这是双方经过一定的交往、接触之后，陌生感逐步消除，心理距离开始缩短，感情交流代替礼节性应酬的阶段，这时双方都形成了关于对方的大致印象，并做出了较好的评价，因此有加强交往尽快使关系密切起来的意向。当然也有可能对对方的印象并不甚好，但为了取得一定的教育效果，而有意识接近对方。

三、亲密阶段

这是接近阶段深入发展的结果。其主要特征是双方从浅层的信息交流发展为心灵的沟通、情感的交融。此时双方无论是认识、情感还是行为都有较大的协调性。例如教师安排的学习任务，即使繁重且艰难，学生也非常理解教师的用心，没有丝毫怨言。同样，学生提出的要求，即使有些过分，教师也能理解，并耐心说服，不至于反感。师生间相互吸引、相互尊重和信任，已建立起一种和谐紧密的师生关系。

第五节 师生关系的发展

学生对教师的认识和对待教师的态度，对师生关系有极其重要的意义。儿童随着年龄的增长、知识的增加和社会经验的丰富，对教师的认识和态度均有不同程度的发展和变化，而这些无疑影响着师生关系的建立和维护。师生关系随着学生年龄的变化而变化，不依人的意志而转移。了解这种发展变化的轨迹，可以使教师在构建和处理师生关系时保持冷静的态度，不因关系平稳而忽视存在的问题，也不因关系不平稳而惊慌失措。

在学生的童年期，教师在学生的心目中是绝对的权威。他们对自己的老师既信赖又敬畏，教师要求他们做到的一切，他们几乎无条件地服从。并且，常以教师的是非标准为自己的是非标准，在这个时期，教师的权威地位没有受到学生的挑战，师生关系比较平稳。实际上，这种关系是向教师一边倾斜的。

到了少年期，即小学高年级和初中时期，随着同伴之间交往的增多，学生无条件信赖、服从教师的程度有所下降，而同伴的重要性和影响力显著提高。他们常常自觉不自觉地在一起评论自己的老师，对于满意的教师表现出亲近，对于不满意的教师表现出疏离或反抗。在这个时期，教师的权威地位开始受到挑战，师生关系进入不平稳状态。这种状况会给教师的工作带来一些麻烦。

进入青年初期以后，直到高中毕业之前，由于知识经验的增长和思维的独立性、批判性的增强，学生对师生关系有了新的要求，那就是希望从教师那里获得更多的尊重、关心、信任等。同时，他们对教师的专业水平、教学能力等也有了更高的期望。能满足这些要求的教师，会受到学生的欢迎，形成和谐的师生关系；反之要形成和谐的师生关系就比较困难。简而言之，这一时期的学生，要求教师的是平等的人格与出色的教学能力。

第六节　建立良好的师生关系的前提条件

一、真　诚

　　要建立良好的师生交往关系，最重要的前提是教师的真诚。假如教师对学生真诚，学生就会对教师敬重、亲近、信任、服从，易接受教育，敢于发表自己的观点，有独创精神。反之，教师业务能力虽强，但对学生不够真诚，不够尊重，教学方法简单粗暴，只讲要求，不讲道理，只讲服从，不准违抗，学生会因惧怕而对教师表面服从，内心抵触。一个教师只有真诚地把学生当做亲生儿女一样对待，才能建立起良好的交往关系。

二、严中有爱

　　在师生交往中，教师对学生爱而不严，学生不能成才；严而不爱，只会伤害学生的心灵。教师的爱要含蓄而深沉，严则真挚而理智。

　　教师的爱，能激发学生学习的"兴奋度"、"内驱力"，使他们由"亲其师"到"信其道"。当学生取得成绩或改正缺点时，教师如果表情冷漠、言语生硬、行为粗野，能唤起学生求学上进的激情吗？如果我们投去赞赏的眼神、开心的微笑，那无疑会产生良好的效应。

　　教师的严同那种粗暴的体罚、训斥或处分的做法有天壤之别。严应该是治学严谨、纪律严明、管理严格。严只有同爱结合，才会产生最佳效果。一向严厉的教师，偶尔讲几句柔和贴心的话，学生往往会感动得落泪。相反，素来宽厚慈祥的教师有一天大发雷霆，必然会使学生大吃一惊，精神为之一振。

第七节　影响师生关系的因素

一、树立正确的学生观

对学生的基本看法决定师生互动的模式，自然会影响师生关系。教师要认识到学生既有向师性，又有独立性；既有得到老师的关注、帮助、提携的倾向，又有独立活动、自我发展的倾向。教师要关注这两种倾向，必要时以适当的方式方法满足他们的需要。

二、运用正确的管理方式

如何组织、管理、开展班级工作会影响师生关系。研究表明，与专断的、放任的管理方式相比，民主的管理方式即共同制订计划，尊重成员，鼓励合作，提倡和谐有助于建立真正良好的师生关系。

三、采取正确的教育态度

其一，多用移情性评价，少用主观性评价。前者，如"你当时想到（感到、认为）……所以……对吗?"教师是以同情和理解的态度评价学生，这无疑会拉近彼此的距离。后者，如"我知道你（认为你、断定你）会……"，会给人以居高临下的感觉，即使评价在客观上没错，但师生双方的心理距离会因此而拉大。其二，对学生满怀期待。要让学生感受到教师相信我是能行的、有潜力的、有出息的、能成才的、有价值的。教师的这种殷殷之情、拳拳之意有助于密切师生关系，还会使学生发奋努力，有可能提高学业成就。

四、恰当处理纪律问题

学生发生纪律问题，教师要恰当处理，否则会影响师生关系。处理中要坚持一条原则，即对事不对人，尊重学生人格，维护学生自尊。同时，要做到"六不"：不忽视年龄特征，不混淆事实与谣传，不轻易做出结论，不忽视情境因素，不做简单推论，不投射个人感情。

第十二章　教学活动中的交往

第一节　教学交往概述

一、教学交往含义

教学交往是一种特殊的人际交流与沟通过程，它是指在教学情境中师生相互交流信息、思想、感情和共享信息的人际沟通活动。

虽然在教学活动中，既有教师与学生的交往，又有学生与学生的交往，但从抽象的意义上说，教学活动所必需的交往主要指师生交往。而且教学活动有着不同于其他社会实践活动的特殊性，这就决定了教学交往和其他交往在交往主体、交往目的、交往方式等方面的不同。

（一）教学交往是教学情境中的人际交往

在教学过程中的交往与教学是密切联系的，只有发生人际交往的教学，才是真正意义上的教学，才能实现教学的育人功能。所以，教学交往的发生必须以教学情境中的人际交往活动为前提条件，离开了教学这一情境中的人际交往不属于教学交往，属于一般意义上的学校人际交往。因此，教学情境中的人际交往是教学结构中的重要组成部分。

（二）师生是教学交往的主体

由于教学活动中的师生之间相互作用的复杂性，教育者、受教育者自身力量及他们的目的、需要的差异性，教学交往中的主客体地位以及构成的主客体关系具有不同的表现形态，但在教学过程中，教育者和受教育者都是有意识、有目的、有主观能动性的人，他们始终处于有交往的自觉的主体意识状态，从而使教学交往的内容和形式产生一种动态变化。其中，师生主体性发挥的程度将直接影响交往活动的质量。

（三）教学交往是师生间的信息交流与共享活动

教学情境中的师生交往，涉及教师与学生在教学的各个环节、各个层面中各自的认知、情感、技能、人格、社会适应性等方面。通过以上各方面信息的交流与共享，师生彼此了解、交互作用并形成共同的观点和思想，产生良好的人际沟通效果，进而协调学与教的认知活动、情感活动，保证教学目标的实现。

二、教学交往的主要特点

（一）主体之间的互动性和连续性

教学交往是主体间动态的活动和交流，教师与学生、学生与学生之间，均以语言、行为、思想等信息作用于对方，导致双方观念或行为的适应和调整，进而促进人际沟通和互动。互动是一种交互影响和相互作用，互动中的双方总是基于对方行为来做出自己的反应。师生作为教学交往的主体总是根据自己的交往需要、交往对象的特点和反应来确定和拓展交往的主题，通过相互讨论增强双方的相互理解，通过思想载体转换增强互动的活力。同时，师生间的这种双向、交互影响不是时断时续的，而是连续的、循环的。这种交往不但对当前互动的双方产生较大影响，而且还会对后继的互动行为产生影响，从而形成一个既交互又呈链状的循环过程。

（二）信息内容的整合性和创造性

师生交往涉及主体的精神世界，精神从本质上看是一个有机的整体，包括知识的、思想的、情感的、人格的、生活经验的多元信息的相互影响和相互协调。这就意味着教学交往中的信息内容将会是全面的、和有效的，是在相互倾吐与接受的过程中实现精神的相遇、生命的融合。尽管有时是以精神的某些因素开始的，但是主体所表达的永远是自己整个的思想。只有从整个思想去寻找其意义，表达的内容才会丰富，才能获得全面的、真正的理解。

同时，师生在教学交往中从主题的提出到对对话内容的理解，以及从理解中产生的新问题到新问题的解决都反映了双方对信息整合的能动性和创造性。

（三）情绪体验的愉悦性

交往是人的基本需要，教学交往能够满足身心发展需要，使人产生愉悦的情绪体验。教学交往以师生平等对话为前提，将主体之间的关系转换为"你—我"关系，由此构建的课堂气氛必然是全开放的。"心交心"的对话状态，将使交往的双方增进理解，使课堂教学充满愉悦、宽松的气氛。同时，作为知识的亲历者、生活的体验者的双方通过相互对话与沟通，将教学的功能有效放大，使教学过程变得更加生动形象，使主体获得多种意义的满足。

（四）教学效益的互惠性

交往中存在普遍的个体差异性，人们总是希望通过交往满足自己某些方面的需要。在教学中师生之间存在知识、能力、智慧、个性等方面的差异，这为实现交往双方的互补互惠打下了基础，即差异是交流的基础。交往中教师以自己的知识才学、人格魅力等影响学生，促进学生的发展，学生以自己的积极行动反馈于教师，使教师从学生的成长中受到鼓舞，体会到自己的劳动价值，实现自己的事业理想，所以教学交往的结果并非只是学生受益，而是师生双向受益，互补互惠，这亦即"教学相长"。

（五）师生人际关系的可控性

教师处于领导者、组织者和教育者的地位，在教学活动中起主导作用，教师完全可以根据教学目标、学生身心特点和教学情境，通过创造或调节控制某些影响因素来引导教学交往的方向。从这一意义来说，教学交往中的师生人际关系具有可控的特点。因此，在教学交往中，教师的教学行为往往能影响或改变师生人际关系的基本倾向，决定师生人际关系的性质。当然，这种可控性也有一定的局限，因为教学交往中人际关系还受到其他诸多因素的影响。

三、教学活动中的交往的基本类型

一是从交往主体的构成来看，可分为师生间的交往和生生间的交往，其中师生间的交往是最基本的交往。具体来说，师生间的交往又可分为教师个体与学生集体间的交往和教师个体与学生个体之间的交往；生生间的交往可分为个体间的交往、三人以上小团体的交往、小团体之间的交往、小团体与群体间的交往、个体与团体的交往。

二是从交往主体的发展来看，既有补充性的交往，又有对称性的交往。所谓补充性的交往，是指在交往过程中，教师起主导作用，使学生在经验、知识、理解等方面得到补充的交往形式；而对称性交往，则是指师生在交往中处于平等的地位，双方具有同等的权利。从学生主体性的发展程度来看，教学交往是从补充性的交往向对称性的交往过渡的。

三是从交往的方式来看，既有单向交往、双向交往，又有多向交往。单向交往是指师生之间仅仅保持"授—受"的单线信息联系。其特点是信息传递的单向性、学生学习的被动性，师生缺乏交互作用，课堂气氛单调、沉闷，教学效果差。

双向交往是指师生之间进行双向的互送、互收、互相反馈的交往方式。这种交往模式刺激了学生交往的欲望并能够使学生的交往目的迅速实现，容易形成比较融洽的师生关系，在一定程度上克服了学习的被动性，课堂教学气氛相对比较活跃，但不能满足学生之间的交往需要。

多向交往是指师生之间、学生之间在知识信息、情感信息、行为信息等方面进行全面开放，多向传递、反馈的交往形式。这个过程处于积极和活跃状态。这种交往方式既体现了教师的主导作用，又能体现学生的主体作用，是提高教学与管理效能的一种较为理想的交往模式。教学实践证明，多向交往有以下优点。首先，有助于学生接受多方面的知识信息。学生既能够接受来自教师的知识信息，又能够接受来自同学的知识信息，从而扩大知识面，提高学习的兴趣和效率。其次，有助于学生主动学习。在多向交往中，教师确信学生是有能力从事教学认识活动的独立的个体，尊重学生的思想和能力，这有助于学生主动学习，能提高学生独立解决问题的能力及合作学习的精神。再次，有助于活跃课堂气氛，发挥学生的学习潜能。在多向交往中，师生平等相处，互相尊重，学生易获得肯定的评价和成功的体验，而同学之间在交往中交流学习目的、动机、方法等，行动趋于协调，因而学习气氛友好、和谐，有助于充分发挥学生的学习潜能。最后，有助于因材施教。在多向交往中，教师由主讲、主问变成了主导，学生有更多的学习自主性，可以有较多机会获得教师的指导，教师也可对一部分学生给予更多的点拨，而让其余学生独立思考，有助于因材施教。

四是从交往的信息媒体看，既有言语交往，又有非言语交往。人际交往必须借助于一定的手段才能实现。语言符号系统和非语言符号系统是主要的人际交往工具。所谓言语交往是指以语言符号系统实现的交往。由于语言是最为规范化的符号系统，所以在同一种语言背景中，不同的人对以一定声、形符号为载体的字词所建立起来的概念的理解是高度接近的。语言的这种特点，决定了人们在日常社会生活中的大部分沟通都能够借助于言语来实现。而非言语交往则是运用非语言符号如表情、姿势、手势、目光、人际距离等进行的人际沟通，它能够对增强言语交往效果能够起到极为重要的作用。

教学交往是以语言符号为中介的精神沟通，但并不意味着把言语当做唯一有意义的交流方式，实际上，言语的交流方式只有和非言语的交流方式相结合，才能使"死"的语言符号"活起来"，取得良好的交流效果。所以，教育中的师生双方的知识交流和情感沟通，是通过言语和非言语两种基本形式进行的，交往的过程是交往双方言语和非言语协调统一的过程。但必须指出的是，教师应在言语活动方面加以规范，以获得满意的效果：认真、科学地组织教学信息；提高对自己言语的意识及对学生反应的敏感性；尽可能为学生提供词义理解的机会；建立合作、默契、和谐的师生关系。此外，教师还要教会学生使用各种交流符号的技能，让学生表达自己的思想，增进与教师、同学的相互了解，建立、维持和发展良好的人际关系。

第二节　教学活动中的交往原则

为使教学交往有利于师生间的人际沟通、信息传输、情感交流、教学目标的实现和教学质量的提高，必须遵循以下五条原则。

一、尊重性原则

尊重性原则是指在教学交往中，师生之间要相互尊重，教师要尊重学生的人格，体谅学生的情感和要求；学生要尊敬教师，理解教师的要求，尊重教师的劳动。教师对学生的尊重尤其要做到：尊重学生的主体地位，不包办代替；尊重学生的自尊心，不挫伤学生；尊重学生的个体差异，不搞"一刀切"。在教学交往中贯彻相互尊重原则的关键是师生之间的相互理解。师生只有在相互尊重、理解的基础上，才能建立起良好的交往关系，否则就只能是只有教学交往的形式表现而无实质性交往的假教学。

二、互动性原则

互动性原则要求对同我们交往的人，我们首先应接纳、肯定、喜爱他们，保持在人际交往中的主动地位。只有这样才能建立融洽、愉快的气氛，产生互动效应。在教学交往中，贯彻互动原则一是指教学交往信息与交往意图的协调一致，通过师生之间的情感沟通以实现目标；二是师生交往应与具体课堂教学心理气氛协调一致，使师生处于相互促进、相互作用、相互影响的互动之中。

三、适度调控原则

适度调控原则指运用交往规范和目标对教学交往过程的有效组织。它包括教师的调控和学生的自我调控两个方面。教师对教学交往过程的调控是教师作为教学组织者的职能的体现。从现代教育心理学观点看，教学交往既不应以教师为中心，控制得过死过严，又不应放任自流。教学组织者既应给学生适度的交往自由，教会学生自我调控，又要根据交往规范和教学目标进行适度控制。

四、最佳组合原则

最佳组合原则指教师在教学交往中对交往条件或形式的最优化安排。一般情况下，教学交往中言语交往和非言语交往都会运用到，关键是如何有机组合，最佳搭配。组合得当，搭配合理，交往的效果就好，反之则会弄巧成拙。教学交往中如何才能做到有机组合、最佳搭配呢？首先，教师应熟练掌握教学交往中言语交往和非言语交往的知识、技能，并对此有一定的研究和较多的经验，对它们之间的相互关系有清晰的认识。其次，对具体教学情境和课堂心理气氛有准确的判断力、灵活的应变能力与驾驭能力。最后，有根据教学交往中的突发事件及时调整交往形式的教育机制和教育技巧。

五、合理交往原则

合理交往原则主要指交往各方以合作的精神、平等的态度、民主的意识、求知的兴趣进行的自由自主的交往。合理交往应具有如下特点：①合理的交往是一种合作式的交往；②交往者都能放弃权威地位，相互持平等的态度；③在交往中不使民主流于形式，而是真正做到民主；④由于交往的参加者实际地位不是同等的，因此师生之间必须相互取长补短，理智地采取合理的行为；⑤建立不带支配性的交往条件；⑥相互传递的信息是最佳信息；⑦现在的交往将为以后的合理交往创造条件；⑧合理交往的结果将取得一致的认识，但并非一切交往都必须达成一致认识，尤其不应在交往结束时盲目做出决定。

第三节　教师对学生的影响

在师生关系中教师对学生的影响是很大的，它主要通过教师对学生的理解、对学生的期待、对学生的指导三种渠道达到影响学生的认知、情感、行为的目的。

一、教师对学生的理解

教师理解学生，意味着教师对每一个学生的素质、生活环境、成长经历、个性特征等不持任何偏见或成见，而是对学生进行客观、合理的评价。教师能否正确地理解学生，是关系到师生关系能否协调，能否形成正确的学生观的必要前提。对学生的理解，一般分为两个层次：一个是把学生作为一个整体来了解和认识，这就是通常所说的学生观；另一个是对每个学生的了解和认识。学生观所包含的内容很多，其主要内容是如何看待学生的学习过程、发展过程、智力与人格上的差异，及其影响因素。学生观与对学生个人的理解是相互联系的，从学生观的形成来看，不仅需要掌握有关的心理学知识，而且需要通过认识一个个具体的学生来验证和矫正自己的看法。从学生观的作用来看，它要体现在对学生个人的理解之中，同时它对理解每个学生都具有定向的作用。所以，我们可把对学生理解笼统地称为学生观。

教师的学生观是在师生互动过程中形成的，并受教师的教育经验和相关知识的影响。因此，教师在理解学生时可能因自身教育经验的客观性和准确性的问题，以及对学生行为的归因方式问题而出现偏差，从而妨碍教师正确地理解学生和教育学生。

同时，教师对学生行为的归因方式不同也影响其对学生的态度和行为，从而影响着对学生的正确理解。归因指人对行为或事件的原因所进行的分析和推论。有些行为与事件的原因不明或存在多种原因，从而导致教师在对学生的行为进行归因时容易出现两类偏差。第一类偏差是教师容易把学生出现的问题归结为学生自身的因素，而不是教师方面的因素。如，一旦学生成绩不好，就归因于这个班学生能力偏低。这种归因偏差的危害在于教师把问题的责任推给了学生，在教育之前就已放弃了教育者应负的责任；第二类归因偏差是教师对优秀生和后进生的归因不一样。当优秀生取得优异成绩时，就归结为个人的能力、品质等内部因素，但当他们出现问题时，就往往归因于外部因素。相反，当后进生同样干了好事或取得好成绩时，却往往被教师归因于任务简单、碰上了运气等外部因素，而后进生出现问题时却总是被归因于其自身的内部因素。

因此，要正确地理解学生，首先就必须了解学生身心发展的规律，并形成按照这些规律去教育学生的严谨态度；其次要认真学习心理学和教育学的知识，特别是在积累了一些教育经验之后，再系统学习有关的知识更有利于形成科学的学生观；最后要积极开展教育科研，教育科研是教师学习有关学生观的科学知识，探索学生心理发展规律，形成科学地对待学生的态度的重要途径。

二、教师对学生的期待

教师在理解每个学生的基础上，会根据学生的性别、身心特征、社会经济地位等各种信息，推测某个学生未来发展的潜力，这被称为教师对学生的期待。教师对不同的学生会有不同的期待，而这种期待对学生未来的发展将产生重要影响。一般来说，教师是根据学生的家庭背景、年龄特征、学习成绩、平时的表现等各种信息形成对学生的期待，然后通过营造社会情绪性氛围、言语输入和反馈等形式将期望传达给学生，学生也接受了教师对自己的看法，实现教师对自己的期望，逐渐地使自己的行为表现符合教师的要求，而学生的行为表现又进一步影响教师的期待。从本质上说，教师对学生的期待并不是自动形成的，它是师生互动的一种表现和结果，其实现取决于师生之间的相互作用和相互影响。

教师对学生的不同期待，会影响其在营造社会情绪性氛围、言语输入和反馈等环节上的差异性。如教师对高期望的学生，更易于营造一种较为温暖的社会情绪氛围，与高期望的学生有更多的交往，授予更多较难的学习材料，给予更多表扬鼓励，从而对学生行为产生深刻影响。表现在三个方面：一是在学生的自信心上，低期待的学生会感到自己能力低或品行不好，产生无力感。而高期望的学生易于接受新材料和困难材料的挑战，表现出较强的自我效能感。同时，教师期待的影响会进一步表现在学生的各种行为与学习成绩上，低期待的学生会放弃努力或继续表现出一些不良行为，导致学习成绩下降。二是在师生关系上，低期待的学生与教师的关系逐渐疏远。三是在师生互动上，高期望的学生更愿意参与教学活动，与教师的交往互动的行为更为积极。由此可见，受到教师高期待的学生会得到充分的发展，而受到教师低期待的学生则不能够充分地发展其所具备的潜力。

教师对学生的期待包括两方面的内容：一是对学习潜力的推测，二是对品德发展的推测。教师对有些学生在这两方面抱有较高的期待，而对有些学生的期待水平不高，甚至是消极的期待，如认为某个学生"没有前途"、"不可救药"等。根据布罗菲的归纳，教师对自己抱有不同期待的学生所表现出的行为有很大差异，对高期待学生，教师行为更多地表现为积极和肯定的，而对低期待学生则明显倾向于消极和否定的行为。

因此，教师应该充分理解每一个学生，建立起积极的期待；首先，要认真了解每个学生的特点，发现他们的长处，对每个学生都抱有积极的期待；其次，教师要不断反省自身的行为和态度，不能因为自己的不公正而延误了学生的发展；最后，对学生采用移情性的理解方式，即不用自己已形成的期待去"套"学生，而是以同情的态度设身处地地理解学生的感情与行为，这样才能真正了解每个学生的长处。

三、教师对学生的指导

教师在完成教学目标的过程中，要对学生的各个方面进行指导，尤其是学习指导。不同的教师在进行学生学习指导时具有不同的风格，表现出不同的行为方式。我们从民主与专制的维度把教师划分为民主、专制和放任三种类型，不同类型教师在指导学生时的表现不一样，对学生的影响也不同。

依据学生学会学习的途径和教师学习指导的方式将学习指导模式分为四类：一是教师提供一定的学习策略规范使学生学会学习的指导模式，如课程模式（系统传授式）、专题模式（专题讲座式）、规程模式（规程引导式）、诊疗模式（咨询诊疗式）等；二是教师自身的示范使学生学会学习的指导模式，如渗透模式（学科渗透式）、示范模式（示范点拨式）等；三是教师引导学生反省自悟使学生学会学习的指导模式，如省悟模式（省悟自得式）；四是教师组织学生交流经验使学生学会学习的指导模式，如交流模式（经验交流式）。这些学习指导模式各有特点，它们在师生关系的建立、学生的学习行为和自我效能感等方面发挥着不同的作用。据研究，教师的认知示范和说教式的指导对学生自我效能感有着重要影响，但示范性的讲解比说教式的指导更有效。因为认知示范包括示范性的讲解、用言语说明榜样的思路及采取某种行动的理由，学生可以在教师示范性的讲解中，明确容易犯错误的原因，掌握识别和处理错误的方法。这种认知示范指导不仅可使学生获得更多的数学运算技能，而且还能使他们准确地认知自身的能力，而说教式的指导则会使学生高估自己的能力。因此，教师应根据学生的智力水平、知识结构、学习方式和教学环境、教学条件、教学内容等情况进行合理选择和灵活运用。

第四节 教学交往的心理功能

在学校教学情境中，师生交往是教学交往的基本形式。揭示和认识教学交往的心理功能，掌握有效的教学交往的方法和措施，是保证教学交往心理功能得以实现的重要条件。因此，努力探索教学交往的心理功能及其实现的条件，不仅有利于从整体上把握教学交往的发展规律，提高教学质量，而且对于构建教学心理学理论体系具有重要意义。

一、教学交往的交互影响功能

教学交往的交互影响，主要指目标、态度和规范等因素的交互作用对交往效果的影响。

（一）目标追求的交互影响

师生教与学的积极性及其方向的协调一致性是教学有效性的条件之一。师生的积极性主要受各自内在动机的驱使，而内在动机又是在相互需要和满足需要的目标的共同作用下产生的。因此，需要和目标追求一致是师生积极性趋向同一方向的心理条件。在这种情况下，师生交往顺利，教学效果好。反之，如果师生的需要和目标不一致，那么需要和目标相差越悬殊，双方的心理距离越大，交互影响的正效应越难以发挥，师生交往越流于形式或受阻。因此，确定师生都能接受的目标，是师生有效交往的前提。

（二）教与学态度的交互影响

师生对待教与学的态度，直接影响教学交往的效率，尤其是教师的态度至关重要。在教学交往中，教师主导作用的发挥通常存在两种截然不同的态度，一种是权利主义或专制主义的态度，一种是民主的或人道主义的态度。前者倾向于用分数、奖惩、升留级等制度性措施来制服学生，对学生施加压力，以强迫的方式让学生接受惩罚。这种态度可能使学生顺从，也可能引起对抗。后者善于运用教学中师生的情感因素，对学生怀着真诚的爱和尊重，乐观地看待学生的成功与失败，精心设计教学过程，善于把自己的教学目标变为学生自身积极追求的目标，把学生的学习兴趣引向认识世界并完善自我的正确方向。

（三）群体规范的交互影响

师生都生活在特定的群体之中，各自群体的不成文的规范会影响彼此的交往行为。学生群体的非正式规范，有许多是与教育者群体的规范相矛盾的。例如，学生向教师报告伙伴的违纪行为（教师群体制订的规范），可能被其所属的非正式群体视为"告密"而受到该群体的心理制裁。因此，许多学生不敢按学校要求向教师报告同学的缺点。即使一些优秀生，在公开场合（尤其是非正式场合）也会顺从非正式群体的规范，否则就会受到孤立。

二、教学交往的相互认同功能

相互认同是在相互认知基础上达成的，这里是指彼此在相互认知的基础上的相互接纳。相互认同既是人际交往的内容又是人际交往的条件。

（一）师生相互认同的过程

师生相互认同是一个复杂的社会认知过程，这一过程要顺利完成，一般需要在头脑中形成"四个形象"和"一种关系"的认知。"四个形象"指双方各自客观存在的本来形象，双方通过自省形成的自我形象，对方在自己头脑中的形象，自己在对方头脑中可能的形象。"一种关系"的认知即对双方人际关系的认知。师生对"四个形象"和"一种关系"的认知水平影响着师生教学交往的协调程度。一般来说，如果这"四个形象"比较同一，双方的交往关系就比较稳定，教学交往协调、成效高；如果这"四个形象"不同一，交往关系就易产生障碍，教学交往不协调、成效低或无效甚至产生负效。因此，师生相互认知对其交往的影响，取决于师生自我认知和对对方认知的同一程度。

（二）个性因素对师生相互认同的影响

在教学交往中，师生不时表现出喜欢或厌恶对方的某些品质。如有研究表明，中学生喜欢有理解力、耐心温和、可信赖、公平、能使学生学懂、开朗、不感情用事、热心负责、不缺课、学识广、上课生动有趣、活泼、守信用、讲民主、人格高尚、教法好的教师；他们厌恶经常训人、情绪不稳定、布置作业过难、要求过高、无耐心、缺乏同情心、态度拘谨、讨厌学生、不接近学生、爱体罚、偏爱、不公正、缺乏知识和修养、教法不好的教师。师生间相互喜爱的个性品质越多，彼此关系就越融洽；反之，则容易发生矛盾。在教学情境中，也存在学生对教师的客观形象的认知与教师自我感知形象的不一致现象，究其原因主要有：第一，教师本身不善于表现或不能正确表现出自己的特点；第二，学生缺乏认知能力，对观察到的现象产生推断或归因的错误；第三，受人际知觉效应的影响，有的学生因对教师的第一印象不好，形成了偏见或成见。

教师对学生的认知也受其个性的影响。总的来看，多数教师常常过高估计优秀生而过低估计后进生，因此与后进生冲突多些。对同一问题的处理，不同个性的教师采取的方式也不同。例如某学生期末考试失败，严于律己的教师往往归因于自己的教学缺陷，自负的教师则完全责怪学生的懒惰和笨拙。教师对学生的认知也可能受人际知觉心理效应的影响，如有些教师看待学生，以貌取人，以俊遮丑，以点代面。这些都可能是由第一印象和刻板印象等人际知觉效应所致。

（三）角色扮演对师生相互认同的影响

在教学交往中，师生都在扮演与自己地位和作用相适应的角色，并根据对方的角色表现去认知对方。例如，教师因意识到自己的角色地位和作用，在学生面前表现出标准教师的行为方式，用以身作则来要求自己，使表现的自我比真实自我在形象上更高大些。学生观察教师时，借助课堂教学情境，以教师的角色身份为信息来源，把教师神圣化，对教师的错误言行也深信不疑。另外，当学生以其自身的角色身份评价教师时，对教师的期望就特别高，要求特别苛刻，似乎教师不应有缺点和错误，而一旦发现教师隐藏着污秽之处时，就对教师失望，甚至产生排斥心理。因此，师生之间的相互认同度是建立和维持良好师生关系的重要条件。

（四）所属群体对师生相互认同的影响

学校和班级群体的声誉影响着师生的自我认知和相互认知，甚至影响着他们的言行表现和个性。教师对一个学生群体若已形成刻板印象或成见，就难以认清这个群体中的个人的真实面貌。同样，学生群体对某个教师有了评价倾向，群体中的个人无形中也会如此评价这个教师。此外，参照群体也会影响人际认知。如教师一般总是对优秀生产生好印象，对后进生产生坏印象。

研究表明，师生相互认同经常出现脱节现象。为了增进师生相互了解，克服相互认同上的脱节，教师可采用以下方法：①创造师生相互接触的情境，以便相互捕捉能反映对方真实面貌的信息；②师生间进行平等的相互评价和互相"画像"；③提倡教师尊重学生，理解学生；④师生经常在心理上进行角色互换。

三、教学交往的信息交流功能

师生教学交往的过程实际上是师生之间信息的传输与反馈的过程。教学的知识、教师的要求、学生的反映等都是教学信息。因此，师生必须努力提高教学交往效率，实现教学信息交流功能的最大限度发挥。

（一）师生信息交流的基本任务和运作程序

教师对学生的影响，在教学过程中主要是通过师生间的信息交流来实现的。教学过程中的信息交流有三项基本任务：一是把信息转换为学生头脑中的知识，二是学生将已掌握的知识转化为能力，三是促进学生人格的良好发展。

教学是一个动态过程，信息在信源、信宿之间必须形成正向输入和反向回流，才能产生作用，发挥功能。对教学信息交流而言，教师即信源，学生即信宿，中介即信道信号或共用信号，其主要形式为语言、板书、模型等。当然，教学不是信息的单向运行、线性联系，而是一个二元串联耦合系统。其耦合行为取决于逆向直接反馈信号，其主要形式为问题、作业、试卷等。据此，有的研究者主张用以下指标来衡量教学信息交流的成效。

在教学信息交流程序中，教学效果取决于：（1）在特定时间内教师发送的信息中有多大信息量被学生接受；（2）学生对接受的信息是否理解，达到的抽象概括水平有多高。一般情况下，教师发送的信息不可能全部转换成学生的知识、能力和人格特征。这里存在教学信息交流中的信息流失问题，解决这个问题的关键是弄清教学交往中信息流失的主要原因。

（二）师生交往对教学信息交流流通量的影响

在教学中信息不足或过多都会影响教学效果。而教学信息交流的流通量不仅取决于教师发送的信息量的大小，而且受师生个性、角色、群体的气氛、学风、规范等因素的影响。

从个性层面上看，学生在教学中接受的信息量受多种个性因素的制约。学生的学习兴趣、注意力和智力水平有差异，因而造成个人的信息接受率不等，流失量各异，如冲动型学生在接受与理解信息上就与反思型学生有差异。

从角色扮演层面上看，教师代表成人社会对学生施加影响，倾向于依据国家规定的课程标准、教学计划和教科书来决定信息流通量。而学生处在成长期，对信息的需要常出现角色矛盾：一方面好奇心强，希望教师多传授些他们感兴趣的新鲜信息；另一方面，因受某些心理需求的驱动，又要求教师减少信息量。例如，当学生期望在考试中获得高分或免遭考试失败时，他们可能要求教师仅把与考试有关的信息发布出来才好。显然上述角色扮演都会妨碍教学信息量的最佳流通。

（三）师生交往对学生理解教学信息内容的意义的影响

在教学中，信息内容决定着信息的价值和科学意义，学生对信息内容的理解是决定教学效果的主要方面。师生交往中的个体发展水平、角色扮演和群体作用对教学信息的转换有重要的影响。

从个体发展水平上看，学生不能理解或不能更高水平地掌握信息，是因为存在以下问题。

1. 智力操作系统的问题。教与学活动的智力操作程序不同。教师将教材信息的含义进行信息编码（把教材用信号形式，如语言、图表、公式和非语言信号系统等组成一个表达系统），用一定方式发送教学信息。学生感知和接受信息（发送者发送的符号系统）进行信息译码（即将编码还原），反复地多层次地理解信息含义。这是两个不同过程，前者是编码过程，理解信息内容先于符号表达；后者是译码过程，感受符号系统先于对信息内容的领会。

教学实践证明，师生双方在智力操作过程中的任意误差，都会影响信息的有效转换。例如教师对信息理解不确切，编出的符号系统缺乏逻辑性，发送信息时不善于运用交际手段，缺乏表现力和吸引力；学生在接受信息时出现感知障碍、译码偏差，对信息遗漏、误解、曲解或断章取义，都会损害信息的有效转换。

2. 文化和知识系统问题。师生有不同的文化习俗背景，因而有不同的语言和非语言的表达系统，有不同的习惯和偏好态度。学生接受新信息的动机和知识准备不同，师生双方社会观的差异和共同语言的多寡等都制约着学生对信息的理解。

3. 性格系统问题。师生双方存在着性格差异。例如，一方敏感、不耐烦，另一方迟钝、反应不敏捷；一方胆小、害羞，另一方交际主动；双方都过分自尊，甚至傲慢，互相瞧不起；双方或有一方对信息交流所起作用不抱希望。凡此种种都会制约信息交流的效果。

4. 角色层面问题。从师生扮演的角色来看，教师负有把学科的系统理论知识传递给学生的责任，因而在教学中注意理论的系统性、深刻性和概念术语的准确性；而学生的角色地位使其喜欢接受趣味性、实用性和思考性的知识，这种角色差异也可能影响对信息内容的理解和掌握。

5. 群体层面问题。从群体作用层面上来看，师生信息交流的沟通网络对教学信息的转换有一定影响。一般来说，学生理解信息的含义和提高其抽象概括能力与群体的心理氛围和规范密切相关，积极、开放、互动的群体心理氛围有助于个体成员对教学信息的理解与概括。因此，教师要允许学生群体间多向交流或广泛讨论，要杜绝教师讲、学生听的传统的单向信息流通方式。

以上分析表明，为了促进教学的顺利进行，教师应提高自己输出信息的技能，理顺师生信息传递的通道，改善学生感知和处理信息的心理准备状态，并注意进行师生信息交流的适应性训练，把握教学信息的最佳流通量和教学的最佳节奏。

第五节　实现教学交往的条件

一、教学交往的主体心理条件

教学交往必然产生主体（教师和学生）之间的交互作用。交往主体的心理水平、心理状态、心理特征，对交往的质量有极为重要的影响，是教学交往的心理条件。

（一）教学交往主体的心理基础

教学交往主体的心理基础，是指在教学交往中，师生双方的心理要素及其相互关系系统。主要由以下心理要素构成。

1. 心理背景因素。心理背景因素是指师生在教学交往开始前已有的心理水平，也叫心理基础因素，包括知识基础、智能水平、个性品质以及心理定势等。在教学中，师生具备与其年龄特征和教学内容要求相适应的心理背景因素，是顺利实现教学交往和提高教学质量的前提条件。

2. 心理动力因素。心理动力因素是指推动教学活动进行和完成的主体心理动力的各个方面。它包括师生双方教与学的动机、目的、兴趣、志向、态度、求知欲、责任感和成就动机等，是驱动主体进行教学交往的内部动力，其水平的高低直接影响交往的成效。

3. 心理状态因素。心理状态因素是指教学交往中，师生双方心理运行的机能状态，如注意、热情、觉醒、创造等。在教学交往中，良好的心理状态可以促使心理背景因素和心理动力因素得到最佳发挥并产生最大效能。

4. 心理成果因素。心理成果因素是指通过教学交往，在师生心理发展、变化中产生的影响。这种影响，对学生来说，不仅包括知识、智能等认知因素的变化，还包括品德、情感、性格等非认知因素的变化。同时，上一阶段的心理成果因素，又会成为下一阶段教学交往的心理背景因素。

教学交往主体的上述心理结构要素是一个统一体。若这些心理因素都符合主体年龄特征和教学目标要求，就具备了有效教学交往的心理条件。

（二）师生关系

师生关系是学校教学中最主要的人际关系，教学过程是教师与学生在理智、情感和行为诸方面进行的动态人际交往的过程。有效的教学交往必须以融洽的师生关系为前提。有了融洽的师生关系，学生的想象力和创造力就能得到充分发挥，学习的自觉性就会增强，教师传输的信息学生才乐意接受。

（三）学生的学习心向

学生的学习心向包含比较广泛的内容，主要包括学习动机、学习积极性和学习态度。学生的学习心向也是教学交往主体心理基础中的心理动力因素，因其在教学交往中具有重要作用，故单列出来。

1. 学习动机。学习动机是推动学生进行学习活动的内部动力，是学习需要的体现，表现为学习的意向、愿望或兴趣等形式。

2. 中等程度的焦虑。焦虑是个体对当前或在预计到对自尊心有潜在威胁的情境时产生的一种担忧的反应倾向。焦虑对教学交往起促进作用还是抑制作用，取决于教师原有的焦虑水平、教材难易程度和教师的能力水平等因素。一般来说，焦虑过高或过低的教师，都难以取得好的教学效果。焦虑过低，缺乏激励力量；焦虑过高，容易产生恐慌反应，使人固执、呆板，缺乏随机应变的能力。只有当自尊心受到威胁而产生的焦虑达到中等程度时，才会激起教师努力改变现状的愿望而进入唤起状态，推动教师不断努力以实现教学目标。此外，焦虑对教学交往的影响还与教师的能力有关：高焦虑与强能力结合，效果好；高焦虑与中等以下能力结合，则会阻碍教学交往。

3. 较强的挫折忍受力。教学工作是一项非常复杂艰辛的工作，在教学中出现挫折是不可避免的。教师的挫折感可能由自然环境和社会环境等客观因素引起，也可能由自身的容貌、知识经验和个性品质等主观因素引起。挫折感一经产生就给人以心理压力，影响行为效果。面对同样的挫折，不同的教师产生的心理压力不同，究其原因，主要是个人对挫折忍受力有差异。研究表明，只有挫折忍受力强的教师，才能较好地适应环境，取得良好的教学效果。

二、教学信息的有效传输

教学交往的过程实际上是主体间信息的输出、传递、转换、加工和储存的过程。教学信息传输的程序、转换的特点影响教学信息传输的效能，而教学信息传输的效能又制约着教学交往的成效。

（一）确保教学信息传输的畅通性

1. 教学信息明确、清晰。教学信息不应含糊、不确定、似是而非。这就要求教师正确理解教材，语言表达准确、鲜明。研究表明，学生接受的信息同教师表达的清晰度呈显著正相关。

2. 教学信息的传输必须有序。序，即教学信息传输的先后次序、前后联系和组织方式。有序的教学信息分层次、有系统，便于学生接受、理解；无序的教学信息是支离破碎的知识，缺乏系统性、规律性，学生难以接受和掌握。

3. 心理上的同步效应。心理同步效应不仅要求学生适应教师，也要求教师适应学生，教师不但应适应"尖子"学生，而且应适应中等生和后进生，针对差异，因材施教。

4. 排除干扰，疏通信道，及时调控。为了信息传输的畅通，教师应及时排除各种干扰，保持信道的通畅。例如当学生不认真听课时，教师用目光注视或临近控制，都可起到及时调控、排除干扰、疏通信道的作用。

（二）提高教学信息传输的效率

教学信息传输率是指单位时间所传输的信息量。据此，提高教学信息传输效率应注意以下几点：

1. 简化信号，合理编码。特定教学目标的信息量会因教师的编码不同而有很大的差异，简化的编码能够使单位时间传输的信息量减少，提高学生的掌握程度。认知心理学的研究表明，信息一般以组块为单位储存在人脑中。增大组块信息容量的有效措施就是教师根据各门学科知识的特点，化繁为简，彼此联系，减少信息组块的数量，增大每个组块的信息容量。

2. 多通道传输信息。教学交往中，传输信息的渠道越多效率越高。

3. 重视非语言信息在教学交往中的作用。

4. 传输的教学信息量要适度。学生在单位时间内所能接受的信息量是有限的。以记忆为例，据研究，一个信息组块进入短时记忆需 0.5 秒，少于 0.5 秒就难以记住。一个信息组块从短时记忆到长时记忆需 8 秒，少于 8 秒，就难以记住。由此可见，在其他条件一致的情况下，教学信息传输的效率主要取决于信息量的多少。过多，超过学生心理的接受负荷，欲速则不达；过少，学生"吃不饱"，造成智力资源浪费；适度，才能使得效率最高，效果最佳。

（三）提高教学信息传输的有效性

1. 教师在教学交往中要增加有效信息，减少无效信息。有效信息是指能消除或减少学生不确定性的信息，无效信息是指不能消除或减少学生不确定性的信息。

2. 传输的教学信息要能够为学生所接受、理解。实践表明，教学的有效性，不是以教师传输多少信息来决定，而是以学生接受、理解了多少信息来衡量的。教师讲得很多，学生听不懂或不愿听，其教学的有效性仍然是很低的。

3. 遵循教学信息有效性的条件进行教学。①保证教学信息的清晰度和强度；②语言适度简明，利于情感的表达，使信息简单直接；③使信息具体和完整，给出一切所需要的信息，确保学生正确理解；④保持语言描述和非语言信息协调一致；⑤鼓励学生思考性倾听和做出适当的反应；⑥建立良好的师生关系；⑦增强教师传输信息的度；⑧学生具备相应的接受、理解信息的能力。这种能力首先表现在具备接受、理解新知识的知识基础；其次应具有一定的接受信息的能力，如理解力和记忆力等；最后学生应具有一定的信息转换能力，包括对信息理解加工、储存提取、语言表达等方面的能力。

三、教学反馈功能的有效发挥

反馈就是某一系统将信息传出后，将其作用的结果返回原系统，用以调控传输信息的过程。教学中有无反馈信息，其效果大不一样。

为了充分发挥教学反馈的功能，教师在教学交往中应注意以下几点。

（一）主动接收教学反馈信息

教师传输的信息是否被学生接受、理解，只有通过教学反馈信息来了解。要想取得好的教学效果，教师应主动积极去收集教学反馈信息，不断改进自己的教学水平。教师在接收教学反馈信息时有两种不正确的态度需要克服：一种是缺乏责任心，不愿接受教学反馈信息，不管学生有什么反应，照讲稿讲完就算完成任务；另一种是喜欢按自己的主观意图去"操纵"教学，拒绝依据学生的反馈信息调整课堂教学。

（二）善于接收教学反馈信息

教师要善于捕捉学生关于教学的反馈信息，善于从他们的目光、表情、姿态、问答中了解学生对教学信息的接受情况，进而判断自己的教学内容是否适度、教学方法是否得当、要求是否合理等。这对教师提出了以下要求：

1. 应有一定的灵敏性，对反馈信息的捕捉及时、敏感，不迟疑、不迟钝。

2. 应有一定的辨别力。反馈信息多种多样，重要性各不相同，教师应有洞察力与辨别力，以免本末倒置或舍本逐末。

3. 获得全面的反馈信息，扩大反馈面，了解不同层次学生的反应。

4. 讲究策略，提高反馈的积极性。如对答问不准确甚至错误的学生多鼓励、引导，而不是讥讽和指责。只有这样，才能收集到不同层次学生的反馈信息，使教学面向全体学生。

（三）分清反馈信息的主次

分清反馈信息的主次，及时将学习结果反馈给学生，恰当进行教学调控。教师获得反馈信息之后，应分清其主次，抓住主要问题，根据教学的任务，进行调节控制，达到教学交往的最优化目的。亨利等的实验证明，教师将学习结果及时反馈给学生是增强教学效果的重要条件。他们把一班学生分为三组，每天学习后进行测验。对第一组每天告知其学习结果，对第二组每周告知其学习结果，对第三组则不告知其学习结果。如此进行八周后，学习成绩明显不同：第一组最好，第二组中等，第三组最差。八周后改变办法，第一、三组对换，第二组照旧，即第一组不再告知其学习结果，第三组每天告知其学习结果。这样再进行八周，结果学习成绩也随之改变，第一组由最好变成最差，第三组由最差变成最好。这一实验，不仅表明反馈在学习上的效果显著，而且表明，每日的及时反馈比每周反馈效率更高。

教学信息的反馈很少是一次性的，一般都要经过多次反馈，但教学反馈并非越多越好，只有数量得当，才能起到调控作用。就整个教学过程而言，主要应抓好四次大的反馈：①温故知新阶段的反馈，主要了解学生对新旧知识的连接点和新知识的生长点的把握情况；②理解新知识阶段的反馈，了解学生对新概念本质的理解程度和掌握新知识时的思维过程；③应用新知识阶段的反馈，着重了解学生运用新知识解决问题的方法和步骤；④巩固和迁移新知识阶段的反馈，着重了解学生对新旧知识的联系和区别的掌握的深度。

四、教学交往风格的灵活运用

教学交往风格是指教师在长期教学交往实践中逐步形成的、富有成效的、较稳定的交往观念和交往习惯，是交往作风的综合表现。大量的实验研究证明，教师的教学交往风格与教学有效性有极大的关系。美国学者诺顿的研究结果表明，教师的教学交往风格特征与教学有效性息息相关。教师认为教学有效性较强的教学交往风格应具有的特点是：关心学生的态度、情感、学习的进展情况；在整个教学过程中密切注意学生的反应，根据学生的不同反应对教学计划进行相应地调整，并且教学要富有特色，能给学生留下深刻的印象。学生认为富有成效的教师的教学交往风格在具备以上几个方面特点之外，还应该是放松的，即教师要对学生表现出友好的态度，为学生的学习创造一个宽松的环境。

由于受教学内容、班级规模、教学环境、学生个性特征、心理发展水平以及教师个人的个性特征等多种因素的影响，每个教师在教学交往过程中的交往风格特点存在差异。研究发现，目前我国中小学教师的教学交往风格主要有权威型、逻辑型、争论型、放任型和民主型五种。权威型（专制型）教师对学生是绝对权威，教师的话好像具有法律效应一般，学生只能执行不能违抗，师生沟通不畅，很少交流。逻辑型教师注重知识的内在逻辑结构，按照知识的内在联系进行有层次地讲解，教学语言简洁、明确、富有逻辑性和层次性，教学环节严谨，衔接恰当，学生思维能够按照教师的讲解有层次地递进，不断地深入。争论型教师注重与学生对话，通过提出各种具有启发性的问题，让学生思考，并引起争论，从而使学生掌握知识并能促进学生的发展。放任型教师对学生放任自流，缺乏明确而严格的要求，教学缺乏完善的计划，教师把教学质量低的责任推给学生及其他客观原因，师生缺乏沟通与交流。民主型教师的主导作用与学生的主动性结合较好，在教师引导下，学生能主动积极地学习，师生情感沟通流畅。

五、教学中有效的交往风格

一是从学生的喜欢程度上看，学生对风趣幽默型的教师及运用这种风格进行教学的喜欢程度，明显高于其他类型。

二是从课堂纪律和教学气氛上看，风趣幽默型教学交往风格呈现出活跃、轻松、愉快的特征，学生学习积极性高，交往意识强，活而不乱，秩序井然。而权威型、逻辑型教学交往风格则呈现紧张严肃的教学气氛，学生易于疲劳，导致许多学生注意力不集中，有小动作。特别应该强调的是逻辑型教学交往风格，从学生课堂纪律性和思维的积极性上看有明显的两极分化现象。这主要是，一部分学习好的学生能够适应教师的风格，跟上教师讲课的思路，能够很好地理解教师讲授的内容。相反，基础差的学生，跟不上教师的讲课思路，因此影响其学习的积极性，甚至放弃学习，造成两极分化现象。

三是从课堂教学的效果上看，逻辑型优于权威型，风趣幽默型优于逻辑型，特别是在语文、外语两个学科表现更为明显。

四是最富有效性的教学交往风格并非是绝对的哪一种，不同的教学交往风格有其不同的功能，各有其优点和缺点。选择什么样的教学交往风格应该根据不同条件而定。没有一种极端的教学风格可以被期待适用于大多数学生。同样，某位教师能以某种教学交往风格取得满意的教学效果，但对于另一位教师来说，则未必如此。因此，教师应根据不同的教学交往环境、交往对象的特点和自身的个性特征以及学科的不同特点，有意识地选择和学会灵活运用不同的教学交往风格，以提高交往的有效性。

六、对于有效教学交往的建议

一是在教学交往过程中投入更多的精力，这是教师能够在教学过程中充满热情、思想活跃和使行为及语言更具戏剧性变化的基本条件。

二是事先考虑怎样吸引学生的注意力，考虑不同交往风格特征的运用。

三是向富有成效的教师学习怎样使学生对教学内容感兴趣。

四是学习如何使班级教学交往气氛保持活跃状态，如改变教学形式，从而使学生注意教学内容。

五是学习怎样控制班级的情绪，这要求良好的时间安排、权力的适当使用、在教室里充满自信地使用新技术。

第十三章　青少年的同学关系

第一节　同学关系的含义

　　同学关系是在同学之间进行交往和相互作用的基础上建立起来的学生与学生之间的心理关系，它是除教师之外的班级成员之间关系的总和，包括学生个体之间的关系、班级内的学生群体之间的关系以及学生群体与个体之间的关系。同学关系是学生人际关系的主体，它既要受成人的人际关系的影响，又具有学生自身的年龄特征。在学校情境中，学生间的相互作用和交往以及由此而形成的同学关系是课堂教学的前提和背景之一。

　　校园及课堂是人际关系的重要场所，人们历来重视师生之间的交往和相互作用，相对比较忽视学生之间的交往和关系。一般认为师生关系非常重要，而同学关系被认为对学生学习没有什么影响。虽然，人们有时认为同学关系在学校和课堂中确实有些影响，但往往将其看成是偶然的影响，甚至是消极的影响。根据这一观点，学校里往往只允许学生们在课外进行交往，而在课堂上要求的是教师讲解练习与学生独立学习，同学之间的相互关系被看成是与课堂目标不一致的行为。

　　一个学生按照教师的要求做出某一反应时，他已意识到自己置身于同学关系之中，受到同学的情感、态度和相互关系的影响与约束。例如，教师希望学生积极回答课堂的问题，但如果积极发言被一些学生视为假积极，出风头的话，这个学生和另外一些学生也会受其影响不积极思考，不愿发言。所以同学关系对学生的心理与行为的影响是比较大的。学生在学校的绝大部分时间是与同伴一起度过的，同学关系对他们有极其重要的意义。

第二节　同学交往的特点

一、交往的强烈需要

少年期，一种内在的交往需要发展得更为强烈，至高中阶段，则几乎到达高峰。少年期的孩子，由于其自我意识的发展，独立性的发展，已不满足于家庭成员之间的接触，他们强烈地需要到家庭之外去寻求同龄伙伴。父母和子女，是长辈和晚辈关系，而同龄伙伴之间则是平等的关系。父母和子女之间，也不像同龄伙伴之间有着共同的角色体验、共同的心理需求和共同的喜怒哀乐。与同龄伙伴的交往，能提供父母不能提供的心理稳定感、认同感，并提供他发挥能动性的独特舞台。与此相联系，儿童时期，个体感情的依恋对象是父母（或祖父母、外祖父母），他的同龄伙伴处于次要地位。到了少年期、青年期，他们感情的依恋重心逐渐转向同龄人。

二、交往的社会化水平日益提高

交往需要是随着自我意识的发展而发展的。随着青少年自我意识的日益发展完善，不仅其交往需要日益强烈，而且随着年龄的增长，其交往的社会化水平也日益提高。

在初中阶段，学生的交友圈较小，大多只有 2～3 个甚至更少的关系密切的朋友；在交友对象的选择上，具有较多的随机性，一般因物理位置的远近和接触的多少而确定，如同桌、邻居等最易成为好朋友；在交往的性别特征上，主要以同性朋友为主；在交往活动的内容上，则主要围绕学习活动进行，较少进行与班级和学校无关的社会活动。

而在高中阶段，随着交往需要的进一步发展，学生交往的特点有了明显变化。首先，交友圈扩大，大多数学生都有 3～5 个亲密的朋友，1～3 个关系最密切的朋友。其次，交友的标准明确化，主要表现为交友选择的随机性减少，转向以性格、兴趣爱好、对事物的共同看法等标准选择交往对象，在交往中表现出更大的主动性。再次在性别特征上，表现出与异性朋友交往的强烈愿望，一些高中生还表现出早恋的倾向。最后，交往过程中的活动范围扩大，不仅与同龄伙伴一起开展与学习和学校有关的活动，而且还在课后和校外共同开展感兴趣的活动。

三、交往内容日益丰富与深刻

到了中学阶段，交往从活动的外在层面逐渐向个体内在的认识和体验方面发展。初中生之间，已常常交换对人对事的评价、对学校和老师的态度和感受。他们开始互诉一些个人的内心隐私之事。与此相应，他们对朋友要求信任和忠诚。

高中阶段的交往内容更加丰富而深刻。高中生已相对更多地涉及青年人的职业志愿、未来理想，甚至关注某些社会问题了。

四、异性交往日益发展

青春期交往中不可避免的一个问题是异性交往的特性。小学生之间的交往，不论男孩女孩，常是"两小无猜"。到了而中学阶段情形则起了变化。

一般认为，人的性成熟，女性从 12、13 岁开始，男性从 13、14 岁开始。也就是说，男女成熟的开始期都处于初中阶段。随着性的发育，个体开始产生对异性的关注和向往。

青少年内心出现对异性的关注和向往，使其交往行为具有特殊的表现形式。

五、交往态度日益成熟

交往态度随着青少年自我意识的增强而发生质的变化，青少年的交往有了更多的自我意识的控制，他们的交往态度从儿童期的表面的、顺从的、简单的态度逐步向深思熟虑的、从内心深处信任他人的观点的复杂态度转变。尽管由于身心不够成熟导致交往显得较为主观片面，极不稳定，但较之成人，他们的交往态度还是明确、真诚而直接的。同时整个交往过程中伴随着强烈的个人情绪情感体验，从家庭关系中走出来的青少年对伙伴依恋有所增加，以家庭为主的情感作用逐渐缩小，而在与同伴、社会环境的不断交往接触中产生的情感情绪内容形式却日益丰富多彩而显复杂。青少年时期人际交往经常受到情绪、情感的牵制，整个时期表现得情绪化，比较容易激动。他们会因为受了老师的教训而闷闷不乐或一蹶不振，也会因为开心事而高兴得忘乎所以，会因为冲动好奇去做事而不计后果，还会在异性面前做出异乎寻常的举动以争表现以至有时显得扭捏怩不安。他们在人际交往的过程中表现出的这种特有的激情和冲动性，有时会显得过分，甚至失去控制，暴露出许多弱点，这往往容易被坏人利用。因此在青少年中出现拉帮结派、无事生非、打架斗殴等不良现象，甚至反社会行为时有发生。随着年龄的增长、交往的深入，这种波动极大的情绪感会逐步内化走向稳定。

六、交往方式日益多元、复杂

青少年交往的重心转向同伴后，形成规模不等的群体。同伴群体的交往成为他们生活学习中某种必不可少的需要，并且交往的方式不再单一而是日趋复杂，交往中出现隐晦、文饰等倾向，交往不再局限于面对面的交往，而是打破了以周围地域为主的交往，将交往的触角伸向更广阔的空间。

七、网络人际交往是一种新型人际互动方式

青少年作为易感人群，网络人际交往给他们的生活方式、价值观念带来的挑战和改变是前所未有的。青少年网络人际交往的主要特点如下：

一是交往角色的虚拟性。双方都没有任何心理负担，而有一种为所欲为、肆无忌惮的心理。

二是交往主体的平等性。网络是一个自由、平等的世界。无论你在现实生活中的身份是何等显赫，但到了网上，你只不过是一个网民而已，同其他任何人一样无任何特权，大家都是平等的。

三是交往心理的隐秘性。网上人际交往虽然可以通过文字来传情达意，但这种文字交流大多是经过刻意加工的信息，交往的心理也是经过包装的，这种"网交"无论持续多长的时间，网友之间也很难明白对方的"真心真意"。

四是交往过程的弱社会性和弱规范性。在现实人际交往中十分看重的身份、职业、金钱、容貌、家世等交际主体的社会地位，在网上的人际交往中不那么重要；在现实交往中要遵守的一些社会规范，在网络交往中也不必遵守，只要按照网络技术要求去操作，就可顺利完成网上人际交往。这种弱社会性、弱规范性的网络人际交往，容易使一些人暂时摆脱现实社会诸多人伦关系的束缚和行为的约束，甚至放纵自己，从而造成非人性化的倾向。

五是交往动机多样性。异性间的情感交往是年龄较大的青少年网上交往的"主旋律"。异性效应在网上交往中不仅存在，而且表现得很明显。不少人上网聊天、浏览的潜在动机在于寻找异性，在追求休闲娱乐和心理享受的同时，也有很多人抱有和异性调情的目的。网络是一把"双刃剑"，网络人际交往对青少年的健康成长既有正面效应，也有负面效应。

第三节 同学关系的影响

一、影响青少年学生的学习

许多研究表明，同学之间友好的或敌视的关系对学习有很大的影响，在友好的、相互关怀的同学关系中得到支持的学生比受到同伴排斥的学生在学习上更能发挥潜力。研究发现，具有亲密同伴的学生，其成绩要高于没有亲密同伴的学生。同学关系的好坏不仅影响着个别学生的学习成绩，也会影响班级整体的学习效率和学习成绩。在一个班集体中，良好的同学关系使学生感到愉快，避免了因同伴关系不良而带来的紧张、焦虑、冷淡等消极心理状态，进而促进了学生的学习。另外，同学关系还会影响教师的工作体验和工作的顺利进行。良好的同学关系有利于教学工作的进行和教学目标的实现，使教师不因不能解决学生之间的矛盾而烦恼，全身心投入教学，提高学生的学习效率。

二、影响青少年学生的社会化及社会能力的获得

同学间的交往为学生的社会化提供了演习、观摩及模仿的机会，学生通过与同伴交往培养从他人角度看问题的能力，即能够理解他人怎样看待某个情境，设想他人在认知和情绪上会对这一情境做出什么样的反应。学生通过与同伴的交往来学习、练习、巩固与内化各种社会行为规范。研究表明，那些具有稳定的、亲密的同伴关系的学生，将获得更多的社会经验，掌握更强的社会交往能力。在和同学的交往过程中，学生形成对某些事物的态度和价值观，获得一些从教师及其他成人处得不到的信息，如需要培养哪些能力，阅读哪些书籍，欣赏哪些音乐等。同时，社会能力如社会认知能力、社交技能和策略，又与社交地位是密不可分的。如果学生具有熟练地掌握、建立、维护友谊的社会技能，那么他会比那些缺少社交策略的同学更受同伴的欢迎。一些研究也发现，不喜欢某些同学的原因被提到得最多的是各种攻击性行为，学生没有表现出适宜的社交策略，所以变得不受同伴的欢迎。

三、影响青少年学生的心理健康

与人交往和合作是心理健康的主要指标之一。研究表明，孤独儿童会表现出高焦虑、低自尊、情绪不稳状态，出现回避行为或攻击性行为等一系列不正常行为。很多研究都证明，孤独儿童在进入青春期后，出现过失行为和犯罪行为的比例远远超过同伴关系良好的儿童。以攻击性行为为例来说明其原因可以发现，在同伴交往中，儿童获得了平等的相互攻击的尝试机会。在相互攻击过程中，儿童能学会有效的攻击行为，同时也掌握了限制攻击行为的规则，攻击行为因此而得到调节，出现的比例下降。

第十四章　青少年学生的异性交往

第一节　青少年学生性意识的发展

青少年学生心里萌发的对异性的好奇、关注是性心理和性生理走向成熟的必然结果，是一种正常的自然表现。异性交往不仅有利于学习的进步，也有利于个性的全面发展。研究表明，男女同学间的交往有利于增进对异性的了解，丰富自身的情感体验，扩大社会交往的范围，在学习上得到异性同学的帮助，增进与人沟通的社会交往能力，促进人格的全面、健康的发展。一般来说，既有同性朋友又有异性朋友的青少年学生，往往性格比较开朗，为人诚恳热情，乐于帮助同学，自制力也比较强。而那些只在同性同学中交朋友的人，往往缺乏健全的情感体验，不具备与异性沟通的社会交往能力，社交范围和生活水平圈子也比较狭小，人格发展不甚完善。

一、对性知识和异性的探求和了解

随着第二性征的出现，两性身心差异拉大。自我性意识觉醒的青少年学生既对此感到好奇、敏感，又迫切希望掌握性知识，对自己和异性的生理变化进行探求和了解。调查显示，青少年学生对性知识和异性的了解渴望，主要指向男女生殖器的构造、性生理现象、生殖及性行为、解脱性烦恼的方法等。

二、对异性的疏离和排斥

青少年学生对异性的兴趣与爱恋，有一个逐渐产生、发展的过程。其前期往往表现为对异性的疏离与排斥。

青春初期，由于对性别、性角色的心理认同增强，以及对第二性征发育现象的不安与烦恼，不少中学生对异性进行心理封锁，同性交往趋向增强。同时，由于完全缺乏与异性交往的技巧，对异性的陌生、畏惧感尚未消除，不安和羞涩使一些青少年学生以反向的方式来表达自己对异性的关注，这就出现了"心相近而形相远"的现象。

三、对异性的关注与接近

对异性向往的心理的发展便是接近异性的行为，其主要表现为：一是刻意修饰打扮自己，以良好的形象吸引异性的注意。这一阶段注意自己的衣着打扮、容貌身姿者明显增多，且女生多于男生。二是，以各种理由接近异性，以男子气或女子气的表现来博取异性的喜欢。男女同学愿意在一起活动、游玩、学习，主动接近异性者增多。

四、对异性的追求与爱恋

随着对异性关注的增多，青少年学生会感受到异性吸引的情感撞击和性欲的冲动。当这种心理较为专一地指向某一异性时，便进入了纯洁、幼稚的初恋阶段，并产生相应的追求行为。在这过程中充满着复杂多样的情感体验，比如欢乐喜悦感、痴迷陶醉感、羞涩不安感、疑惑戒备感等。

第二节　青少年的心理发展阶段

异性交往是人类社会生活中不可缺少的重要组成部分，异性交往在个体成长历程中的各个阶段都是必不可少的。中学阶段主要是指从十一二岁到十七八岁这一生长阶段。此时由异性吸引所萌发的异性交往是性心理和性生理走向成熟的必然结果，是一种自然表现，没有这种表现，反而是不正常的。有渴望与异性交往的心理并自然而正常地进行交往，是开朗、纯真的表现，而压抑或扭曲自己，往往会造成一定的心理障碍。在中学时代，异性同学交往是一个颇为敏感的话题，其实对中学生而言，异性同学之间的正常交往不仅有利于学习进步，而且也有利于个性的全面发展。如果男女同学之间的交往处理不当，也会影响和妨碍中学生的学习和身心健康，带来情绪和行为上的困扰。

中学生正处在身体生长发育的"第二个高峰期"，少年男女的身体发生了巨大的变化，开始显现各自鲜明的性别特征。在这一时期，人的性器官明显发育并出现第二性特征，性意识迅猛觉醒，从而进入性的活跃期。

一、对异性的疏离与排斥

这是一段短暂的、引发日后对异性兴趣与爱恋的前奏曲。这一阶段大约出现在小学高年级及中学低年级。青春初期，由于对性别、性角色的心理认同的增强，以及对第二性征发育的不安和烦恼，一些学生此时对异性有意疏远。常表现为：不愿与异性同座（儿童阶段并不避讳），与异性同座划分"楚河汉界"，在活动中躲避与异性接触，对比较接近的男女同学进行嘲讽等。不过，表面上男女界限分明的真正原因，恐怕还在于与异性交往的不安与羞涩，出现了"心相近而形相远"的现象。

二、对异性的关注与接近

短暂的疏远与相斥之后，是渐浓的关注与接近。大约在初二三年级逐渐明显，表现为刻意修饰打扮自己，并以各种理由接近异性。少数大胆者会从眉目传情发展到写纸条、写信示爱。此阶段的少男少女正处于思春的朦胧状态，其对异性的关注具有明显的好奇性、试验性、模仿性和盲目性，其交往指向多是泛泛的，大多是因相互的好感而自然吸引。

三、对异性的追求与爱恋

随着对异性关注的增多和接近的频繁，高年级的学生已经能感受到异性吸引的情感撞击和性欲的冲动。当这种心理较为专一地指向某一异性时，便有了纯洁而幼稚的初恋，并产生相应的追求行为。

第三节 青少年学生异性交往的原则

中学生正处在长身体，学知识，形成自我认知和人生观的关键时期，融洽的同学关系（包括同性和异性）对于中学生的身心健康成长是十分有利的。一般来讲，既有同性朋友又有异性朋友的中学生，往往性格比较开朗，为人诚恳热情，乐于帮助同学，自制力也比较强；而那些只在同性同学中交朋友的人，往往缺乏健全的情感体验，不具备与异性沟通的社交能力，社交范围和生活圈子也比较狭小，人格发展不甚完善。建立起积极向上、健康有益的异性同学关系是十分必要的。

一、自然交往原则

在与异性交往的过程中，言语、表情、行为举止、情感流露及所思所想要做到自然、顺畅，既不过分夸张，也不闪烁其词；既不盲目冲动，也不矫揉造作。消除异性交往中的不自然感是建立正常异性关系的前提。自然交往原则的最好体现是，像对待同性同学那样对待异性同学，像建立同性关系那样建立异性关系，像进行同性交往那样进行异性交往。同学关系不要因为异性因素而变得不舒服或不自然。因此，一要做到不宜过分亲昵。过分亲昵不仅会使自己显得太轻佻，引起人们的反感，而且还容易造成不必要的误会，即使是有一定亲缘关系或非常熟悉的异性同学之间也不要随意表露热情和过早地亲昵。比如，在异性同学面前扭捏作态，举止轻浮，或异性同学之间拉手、搭肩，更有甚者，与异性同学进行亲吻、拥抱等。二是不宜过分冷淡。因为冷淡会伤害对方的自尊心，也会使人觉得你高傲无礼，孤芳自赏。三是不必过分拘谨。在和异性的交往中，要该说就说，该笑就笑，扭捏作态反而使人生厌。反之，过分随便也不好，男女毕竟有别，有些话题只能在同性之间交谈，有些玩笑不宜在异性面前开，这都是要注意的。四是不可太严肃。太严肃叫人不敢接近，望而生畏，但也不可太轻薄。幽默感是讨人喜欢的，而故意出洋相，还自以为幽默，就适得其反了。

二、适度交往原则

异性交往的程度和方式要恰到好处，应为大多数人所接受。既不为异性交往过早地萌动情爱，又不因回避或拒绝异性而对交往双方造成心灵伤害。当然，要做到为大多数人所接受有时也并不容易，建议只要做到自然适度，心中无愧，就不必过多顾虑。

三、真实坦诚原则

这是指异性交往的态度问题，在交往过程中要做到坦荡无私、以诚相待，相互信任是建立和发展良好异性关系的前提和基础。

四、留有余地原则

虽然是结交知心朋友，但是异性交往中，所言所行要留有余地，不能毫无顾忌。比如谈话中涉及两性之间的一些敏感话题时要回避，交往中的身体接触要有分寸等。特别是在与某位异性的长期交往中，要注意把握好双方关系的程度。

青春期的少男少女要大大方方地接近，堂堂正正地交往。这种坦诚的正常交往对青少年的身心健康及学习生活都有促进作用。

第四节 "异性效应"对中学生的积极影响

进入青春期的青少年，性生理上的急剧变化引起了心理上的一系列微妙而复杂的反应。异性间的相互交往及由相互吸引而产生的愉悦的情绪体验是一种良好的、积极的情绪体验。它不仅对身体健康十分有益，而且对整个心理活动都会产生良好的生理效应，它可激发人的潜能，使人敏捷活跃而奋发向上。这就是所说的"异性效应"，这种"异性效应"对中学生有着积极的影响。

一、"异性效应"可使同学间相互取长补短，丰富、完善个性

进入青春期以后，少男少女由于性激素的分泌，第二性特征的出现，身体外形及体内功能发生了很大的变化。这一变化既影响周围的人们的评价，又促使自己性别角色认知的发展，因此少男少女心理上的差异越来越明显。男孩子往往性格开朗、勇敢刚强、果断机智，不拘泥于细枝末节，不计较点滴得失，好问、好动、好想。当然也有的男孩粗暴骄横，逞强好胜。女孩往往文静怯懦、优柔寡断、感情细腻丰富、举止文雅、灵活、委婉，较被动。男女同学相互交往，相互吸引，往往易于发现对方的长处和自己的不足，利于相互学习、取长补短，丰富、完善自己的个性。

二、利用"异性效应"可以提高学习与活动效率

男孩子在思维方法上偏重于抽象化，概括能力较强。女孩子在思维方法上多倾向于形象化，观察细致，富有想象力。男女同学在一起学习可以相互启发，使思路更加宽阔，思维更加活跃。相互交流思想观点，往往能触发智慧的火花。在活动中男女同学相互交往，心理交融，也易取得明显效果。

三、利用"异性效应"可以提高自我评价的能力

青春期的男女学生由于性意识的发展，往往非常留心异性同学（特别是自己喜欢的异性学生）的一笑一颦、一举一动，喜欢对异性同学评头论足，同时男女同学又都很重视异性对自己的评价。男女同学在评价对方的同时，当然也一定会注意规范自己，塑造自己，完善自己，从而在评价别人中学会评价自己，自己自我评价的能力得到了提高。

四、利用"异性效应"可以激励自己奋发向上

由于"异性效应"，青春期的男女学生都希望引起异性的关注，都希望能因自己的某些特点或特长受到异性的青睐。由于"异性效应"，男孩往往激励自己，成绩优异，谈吐文明礼貌，举止潇洒自如，服饰整洁大方，富于探索精神，具有豁达的胸怀和男子汉的气概。女孩子也不知不觉地对自己提出了

要求，学习刻苦努力，举止优美大方，待人温文尔雅，言谈风趣，富有修养。这种相互激励就成为男女同学发展的动力和"促进剂"。

当然男女同学在交往中既要无拘无束、坦诚相待、相互激励、共同进步，又要注意男女有别，适当把握异性之间交往的度，才能使异性交往健康顺畅地进行。

第五节　对青少年异性关系的曲解

在不少人看来，中学生的异性关系是一个不应该讨论，至少不应该让中学生一起来讨论的问题。当意识到自己的孩子或学生已经情窦初开时，很多家长和教师或者在心里暗暗着急，或者旁敲侧击地去劝阻，或者不由分说地去制止，却很少与青少年开诚布公地沟通，更不会为他们提供指导。这些做法很可能使中学生的异性交往隐蔽化，成为"父母和老师听不到的故事"，因而无法得到及时的引导，这对中学生的身心发展相当不利。家长和教师之所以这样做，原因之一是他们对青春期的异性关系存在不少偏见和误解，如下：

一、学生的主要任务是读书，与异性交往是长大以后的事

学生的主要任务是成长，而不只是读书。成长包括很多方面，如身体的发育、心理的发展、个性的形成、智力的发展、道德品质的培养，等等。读书求知主要涉及智力发展，这只是成长的一个方面。而学校不仅仅是一个传授知识的场所，也应该是一个促进学生全面成长的天地。学会与人交往，包括与异性交往，是个人成长不可或缺的内容，因此，也是一门意义重大的功课。

儿童青少年的心理发展一般有三个阶段。第一阶段是学龄前早期的自我社交性时期。在此阶段，儿童的主要愉悦和满足来自自身。第二阶段是小学时的同质社交性时期。在此阶段，儿童的主要愉悦和满足来自相同性别的小朋友的友谊。第三阶段是异质社交性时期，从初中开始，一直延续到成年。在此阶段，人的主要愉悦和满足来自多方面的交往，包括同性友谊和异性友

谊。这期间能不能与异性形成一种密切的关系相当重要，不少青少年觉得与异性结识并自如地相处是一个痛苦的过程。在这方面的失败，可能造成一些严重的心理后果，如焦虑、自卑、对异性的畏惧，等等。

学会与异性交往，达成异质社交是青春期最重要的社会目标之一。按照人类心理社会发展的自然进程，一个正常人从初中开始就需要学习建立异性友谊。因此，与异性交往并非是"长大以后的事"。相反，如果真的等到离开学校走上社会以后才开始学习与异性交往，很可能就会因为缺乏锻炼而成为这方面的"困难户"。

二、青少年还不成熟，不懂事，不具备与异性交往的条件

这一看法的潜台词是：与异性交往是一种很特别的任务，需要准备好特别的能力，而这种能力又不能通过与异性交往本身的锻炼来形成。这实际上是在将异性交往神秘化，把异性交往划为禁区。它可能有效地阻止了一些青少年的尝试行为，但是，它同时也加重了青少年在异性交往方面的心理负担，给青少年造成异性社交增添了不必要的障碍。

青少年确实还不成熟，在与异性交往时肯定会遇到不少困难，出现一些问题。但是，人的心理成熟不可能靠等待得到，与异性交往的技能也只能在实践中去摸索、去提高。事实上，一个没有学会与异性交往，没有达成异质社交性的人很难说是一个成熟的人。在一定程度上，学习与异性交往是青少年走向成熟的一个重要途径。

三、与异性交往会分散精力，影响学习

许多因与异性交往而影响了学习（主要是影响考试成绩）的学生，真正的原因并不在于他们分散了精力，而是因为他们承受不了巨大的精神压力，这种压力又往往来自教师或家长对于异性交往的过敏反应。

精力不是一个静态的固定的东西。一个人在某个时期的精力大小有很大的伸缩性，而且受到情绪的强烈影响。心情不好时，人们往往无精打采；心情愉快时，人们就会浑身是劲。研究发现，一个与异性交往很成功的人，往往情绪饱满，精力充沛，学习和工作的效率都很高。因此，与异性交往本身

并不会对学习造成负面影响，相反可能还有积极作用。当然，在与异性交往时，可能会发生一些矛盾，遇到某些挫折，影响人的情绪，但是，我们不能因此就反对异性交往，正如不能因噎废食一样。

四、与异性交往很容易发展为早恋，使中学生犯错误

早恋可能是最容易让家长和老师神经过敏的字眼。可以说，在一些家长和老师身上存在早恋恐慌症。一看到两个男女学生单独在一起，就怀疑他们早恋了。一怀疑他们早恋，就如临大敌：一方面把他们打入另类，当做问题学生，另一方面千方百计控制其负面影响，害怕他们起了坏的带头作用，使早恋流行蔓延。

异性交往的动机多种多样，在很多时候并不是为了谈恋爱。即使是一对一的男女约会，也不能与恋爱画等号。两个男女学生单独在一起，可能是在讨论学习问题，也可能是在交流对一些事情的看法，甚至可能是在讨论怎么样才能避免早恋。虽然青少年还不成熟，容易冲动，但是，他们都有正常的自我保护意识和自制能力，在恋爱问题上一般会相当慎重。

在某种程序上，早恋是成人世界制造的一个标签，一些人拿着这个标签到处乱贴。例如，如果两个男女学生关系很密切，经常在一起，那么我们本来应该给他们贴一个"异性友谊"的标签，然而，不少教师和家长却不由分说地给他们贴上"早恋"标签。一旦被贴了这个标签，这两个学生就有嘴难辩，外界压力就可能迫使他们真的恋爱起来。

如果青少年真的早恋，也不是什么见不得人的丑事。早恋的学生也不一定是坏学生。早恋是一个心理现象，而不是道德品质错误。对早恋的学生，教师和家长不应该孤立、打击，而应该更多地关心和引导。

五、中学生谈恋爱成功率很低，中学生与异性交往没有什么好处

对于中学生谈恋爱的成功率，肯定没有任何正式的权威统计数字。这个成功率往往是由中学教师总结出来的。他们的根据就是自己的经验——他们教过的学生中，有多少人早恋，其中又有多少人最终没有结为夫妻。

这种统计方法显然是有问题的，因为一些被教师贴上"早恋"标签的学

生其实并没有谈恋爱，他们不存在成功与否的问题。

这种思考的逻辑也是不成立的。一是恋爱的成功与否不能以是否结婚来衡量。如果一次恋爱使双方都得到成长，它就是有价值的。初恋的成功率可能很低，但是这决不意味着初恋没有价值或没有必要。二是早恋的成功率低也不能作为否定异性交往的理由。相反，这一点倒可以作为要加强异性交往的理由。如果教师和家长能够多做一些工作，引导学生学会与异性交往，他们将来的恋爱和婚姻就会更顺利、更成功。

六、与异性交往是少数学生的行为，好学生不应该仿效

与异性交往是青少年心理社会发展的正常需要，所有发育正常的中学生都会自然地产生这方面的需求。但是，由于中学生被灌输了对异性交往的很多偏见，他们可能自觉或不自觉地压抑自己的需求，不敢做出相应的举动。一些学生则用地下活动的方式来与异性交往，不敢让老师和家长发现。这样的境况对于学生中正当的异性交往是非常不利的。如果一个学校真的只有少数学生对异性交往感兴趣，我们就不得不怀疑这个学校出了什么问题。

七、如何处理异性关系不需要别人指导，到时自然就会

对涉世不深的青少年来说，与异性交往是一个全新的领域，有很多的疑问和困惑。资料表明，在社会风气十分开放的美国都有相当一部分大中学生把异性交往当做一个难题。在观念相对保守，而且对青少年异性交往充满偏见的中国，不难想象青少年在这方面的问题和困难会更多。据一些心理咨询专家反映，我国青少年来电来信所寻求帮助的问题中，与异性交往有关的占了相当大的比例。

八、如何处理异性关系不属于教育范围，教师对此没有责任

如何与异性交往虽然不在考试范围之内，但是，它应该在教育范围之内，尤其是当我们强调素质教育的时候。在某种程度上，与异性交往是对一个人的综合素质的考验。教师和家长如果能够主动地指导和帮助学生发展这方面的能力，将会使他们受益终生。

正是由于诸如此类的误解，很多家长和教师不能正视青春期的异性关系，于是往往采取压抑、堵塞的办法来被动应付，而不是积极引导。一些在异性交往上遇到问题的青少年，不仅得不到及时的正面的指导，反而会遭受来自各个方面的误解和责备，在巨大的精神压力下，他们可能做出不计后果的行为，青春期的异性关系也因此成为一个危险问题。如果要解决问题，首要的事情是家长和教师要改变自己的观念，了解中学生在这个阶段的心理特点，理解他们的情感需求，与他们多沟通，以一种开明的态度去引导他们建立健康的异性关系。

异性交往是人类社会生活中不可或缺的重要组成部分。处于青少年时期的中学生，随着其生理发育的不断成熟以及社会环境影响的不断增大，尤其是性生理发育引起的第二性特征的突变和自我意识的逐步增强，两性身心差异愈发明显。性意识的觉醒促使他们普遍表现出一种特有的情感体验——对异性的向往。

第六节　中学阶段异性交往的意义

中学阶段是异性交往的敏感时期，中学生对性知识和异性了解的渴望是身心发展的必然结果。正确地认识异性交往对中学生身心发展有积极意义，给予正确及时的引导，有利于青少年学生的身心健康成长和人格的完善。对其成年之后的婚恋生活也会奠定良好的基础。

一、异性交往有利于智力上的取长补短和情感的相互交流

男女的智力类型存在着差异。男性思维往往离奇、大胆、灵活，擅长抽象逻辑思维。女性思维敏捷、细腻，更擅长具体形象思维。通过交往，男女同学均可以从对方那里取长补短，从而有助于提高自己的智力活动水平。同时异性之间不带爱情色彩的情感交流，可以使人感到温暖，达到心理上的平衡。一般来说，女性的情感比较细腻温和，富有同情心；男性的情感粗犷热烈，容易外露。异性间的情感交流是微妙的，也是在同性朋友身上得不到的。

二、异性交往有利于个性的丰富，增进心理健康

处于集体中的个人，交往范围越广泛，精神世界也就越丰富，个性发展也就越全面。英国著名作家萧伯纳曾经说："假如你有一个苹果，我有一个苹果，彼此交换后，我们每个人都只还有一个苹果。但是，如果你有一种思想，我有一种思想，那么彼此交换以后，我们每个人都有两种思想。甚至，两种思想发生碰撞，还可以产生出两种思想以外的其他思想。"中学生正处在思想的敏感期和活跃期，其在思想观念上的片面性、局限性不利于自身的成熟和完善，异性交往利于双方在信息传递、思想沟通和感情交流方面取长补短，对其思想的成熟和身心的健康发展起着重要的作用。

在现实生活中，我们不难发现，交往范围广泛，同时拥有同性朋友和异性朋友的人，性格相对来说豁达开朗，情感体验比较丰富。反之，缺乏异性交往的人，往往容易发生性心理扭曲，导致性变态或性功能障碍。许多临床资料表明，不少性偏离患者的病因，就是由于患者长时期不敢与异性接触，对异性怀有自卑、胆怯、不满等心理所引起的。而通过异性交往，加强异性双方在观念、思想上的沟通和交流，往往有助于他们消除变态心理。

三、异性交往具有激励作用

中学生之间的异性交往能够激发和增强欢娱情绪，使双方获得不同程度的愉悦感，并激发其内在的积极性和创造力。"异性效应"是一种普遍存在的心理现象，在相同条件下，中学生的情感往往会偏向于异性同学，乐于向对方提供帮助，也希望得到对方的理解和接纳。在两性共同参与的活动中，参与者会感到更愉快，干得也更起劲，更出色。

四、异性交往具有抑制和改变不良行为的作用

在相同条件下，中学生的情感往往会偏向于异性同学。交往过程中，异性的行为常常会起到榜样和示范的作用，从而使对方抑制自身不良的行为习惯，并消除不良情绪。这种交往方式对于存在行为与情绪困扰的学生（尤其是男生）具有很好的矫正作用，同时可促进其改善自身的形象，培养良好的

行为习惯。

第七节　青少年早恋的危害

由于机体的发育、心理活动的发展以及客观环境等影响，少年逐渐产生了对异性的爱慕，求偶心理开始萌发。但他们受知识结构、认识水平和生活阅历所限，对爱情的认识尚是肤浅而朦胧的，因而显得幼稚和不成熟。从心理学的角度看，青少年学生恋爱是一个较为复杂的问题，他们一方面感情纯真而敏感，另一方面又不得不承受较大的社会和心理压力，结果很容易造成心理上的伤害。所以，少年男女在情窦初开之时应谨慎驾驭情感之舟，切莫过早涉入爱河。早恋就像是一束塑料花，虽然色彩缤纷，却没有真正的生命力。

人际交往是个人社会化的起点，对青少年来说，同伴交往尤其重要，在与同伴的接触中，青少年发现他们的某些言行举止是同伴喜欢的，这种喜欢作为一种奖励，对这些行为起到了正强化作用，从而就会提高此类言行举止的再度出现。反之，若他们的某些言行举止不被同伴所接受，就能较有效地抑制这些行为的再度出现。在与同伴的交往中，青少年积累了社会生活的经验，学到了社会生活所必需的知识、技能、态度、伦理道德规范等，意识到了自我在社会中的地位和责任，学会了与人平等相处和竞争，从而自立于社会，取得了社会的认可，成为一个成熟的社会化人。要完成这一进程，异性交往具有不可替代的作用，因为，社会本身就是由男性和女性共同组成的。但是，如果男女同学的交往处理不当，也会给他们带来一些情绪和行为上的困扰，从而影响正常的学习和身心健康。

一、青少年学生正处于增长知识、开发智力的黄金时期，应该集中精力学习

如果把大好的光阴都白白浪费在谈情说爱上，那简直得不偿失，世界上有许多东西是可以补救挽回的，但虚度了青春年华，那是无论如何也不可能

再追回来的。

二、青少年学生的心理尚处于成长阶段

异性同学过于频繁地单独交往，很容易超越普通交往的界线而过早萌发对异性的情爱，导致早恋的产生。而青少年时期正是身体发育迅速、求知欲旺盛的时期，早恋造成学生对其他活动或事物的兴趣减少，影响其个性心理的全面发展，极易导致遗憾终生。

三、青少年学生驾驭自己的感情能力较差

如果任凭情感像决口的洪水一样泛滥，那就会搞得不可收拾，甚至做出抱憾终身的事，那就会为此付出沉重的代价，使自己悔之晚矣。况且在恋爱的过程中会遇到很多的感情纠葛，作为中学生，难以应付和妥善处理，弄得不好，将会给双方带来无尽的心理烦恼与心理折磨，最后不仅恋情中断，而且友情也消失了。

四、存在对异性的矛盾心理

这种心理使得双方在相处时变得紧张、胆怯、少言寡语，行为乖僻，情绪复杂多变。长此以往，容易产生自卑、孤僻、冷漠等不良性感体验，甚至发展为社交恐惧症。

五、生活经历造成了对异性的偏见，从内心深处对异性没有好感

他们可能目睹过异性家长对同性家长的责骂与侵害，经历过父母感情破裂带来的孤独和冷漠。也有的同学亲身经历过异性给自己造成的伤害，这些情况都可能使他们厌恶乃至仇视异性，回避或拒绝与异性任何形式的接触与交流。显然，这种异常心理对青少年身心的健康发展是极为不利的。

通过上述分析，我们可以看出，中学生异性之间的交往既有利又有弊，关键在于如何正确引导他们建立积极、健康的异性关系。只要处理得当，引导正确，正常的异性交往就会充分发挥其自身优势，促进青少年个性全面、健康、和谐发展。

第八节　青少年学生异性交往的心理压力

从人类生命的三个基本维度（即生理、心理、社会）中的任何一个维度来看，给中学生提供一个可以进行异性正常交往的环境或者说气候都是必要的。

有一种观点认为，青少年有一种潜在的对自身生理吸引力的担忧，认为男女生约会行为的一个潜在目的，往往是为了确定、澄清和强化性别身份，也就是说男生与女生是通过约会来印证自己对异性的吸引力，同时来确定自己的身份，并试图承担成人的社交角色。当然这里所提的这种青少年交往目的，只是一种潜在意识目的，并不是说男女生交往一开始就是以此为目的的，但正是这种潜意识目的存在，使青少年异性交往本身具备了生理的动力因素。我们不需要把观念拿到学生中去宣扬，但作为教育工作者，自己则应当理解青少年异性交往的合理性，既不必压抑青少年异性交往的欲望，又要帮助他们去学会理智地控制自己。况且，在这一阶段适度地与异性交往，将使他们学习到异性交往的知识，为今后更进一步的、终身的异性交往奠定基础。

接连不断的各种考试，充满竞争气息的全日制学习，学业课程难度的增大，以及源于社会的某些方面的信息，都给中学生带来了巨大的心理压力。由此，给他们造成了一系列的焦虑冲突。正常的异性交往，有利于减缓青少年的焦虑感。或者说，倘若我们乐意为他们创造更多的适当的接触机会，将极大地有助于那些在这方面存在困难的学生，使其心境得以调整。实际上，青少年心理焦虑的一部分，还是源于生理的原因。奥苏贝尔认为，青少年情绪的不稳定主要是由性驱动和文化规范的矛盾所导致的，开通异性交往的正常渠道，能为这种驱动力提供一个正常的释放场所，使其将性的能量用于建设性的、与学校任务相关的活动中，从而有效地减缓青少年情绪的不稳定因素。同时，使青少年以学习、工作、奋斗目标等为导向的稳定因素得以加强。

进入中学就意味着自己已不是儿童，而是青少年了，中学生们往往用大人的行为、价值作为参照，希望自己自主地决定自己的事情。过度地限制他们，容易使他们产生不被认可的矛盾心理，而有意跟你对抗。倘若我们将他们视为"成人"，在加强引导的前提下，给他们以更大的自由，他们便会产生被尊重的自豪感，从而激发起他们作为"大人"的责任感，从某种角度来看，这反倒有益于问题的解决，对中学生完整人格的形成也具有积极的影响。

　　总之，青少年异性交往在受到外界因素严重限制的时候，由于缺乏正常的接触与交往，男女生对异性的好奇心便被不正常地强化了，这更容易导致那些意志力不强的青少年在这个问题上出事，就是那些意志力很强的学生，也常常因为长时间的自我压抑而心情焦虑，甚至于产生不少的心理问题，故有人把中学时代称为多事之秋。以上主要从生理和心理两个基本维度说明了给中学生提供正常异性交往环境的必要性。从社会这一维度看，社会人的形成也需要中学生有一个良好的人际交往环境，这种人际交往既包括同性交往，也包括异性交往。